Florenz

Zeit für das Beste!

W0407185

HIGHLIGHTS | GEHEIMTIPPS | WOHLFÜHLADRESSEN

»Wenn Italien, wie die Dichter singen,
mit einer schönen Frau vergleichbar,
so ist Florenz der Blumenstrauß
an ihrem Herzen.«

Heinrich Heine

BRUCKMANN

Florenz

Zeit für das Beste!

Susanne Asal
Franz Marc Frei

BRUCKMANN

INHALT

Hercules und David a
der Piazza della Signc

Blick von San Miniato del Monte

DER OSTEN

MEHR WISSEN

Der Dom Santa Maria del Fiore

MEHR ERLEBEN

DER NORDEN

Im Quartiere di Santo Spirito

DER WESTEN

AUSFLÜGE

Einen Espresso, bitte!

Tradition trifft auf Moderne

FLORENZ – verwirrend schön

Es gibt nur zwei Städte von Weltrang, denen nachgesagt wird, Wahrnehmung und Realitätssinn nachhaltig zu verwirren. Das ist zum einen Jerusalem, in dem sich Besucher plötzlich für Erlöser und Heiler, Retter und Propheten halten, und das ist Florenz, in dem man vor Schönheit förmlich in Ohnmacht fallen kann. Buchstäblich so geschehen ist dies im Jahr 1817. Der französische Romancier und Essayist Stendhal, der berühmte Autor von Rot und Schwarz, erlitt dieses besondere Schicksal.

Der sensible Autor ging in der Kirche Santa Croce vor lauter Ehrfurcht ganz einfach in die Knie, wurde ohnmächtig angesichts der Grabmäler von Rossini, Dante, Macchiavelli, Leonardo da Vinci, Michelangelo und Galileo Galilei, war überwältigt von der Schönheit der Fresken und Gemälde. Überwältigt sicher auch davon, was in dieser Stadt stattgefunden hat an Neuerung, Reflexion, Aufbruch und ja: auch Schönheit.

Seitdem gibt es das »Stendhal-Syndrom«. Es hat Eingang in die Literatur gefunden. Jeder Stadtführer erzählt davon. Wer glaubt, das sei alles liebenswert, aber trotzdem Humbug, stelle sich auf die Piazza della Signoria. Da erhebt sich

Dolce far niente geht in Florenz ausgesprochen gut. Die Piazza Santo Spirito

Auslöser für das Stendhal-Syndrom – die Kirche Santa Croce

plötzlich dieser junge schöne stolze *David* in dieser unglaublichen Haltung vor dem zinnengekrönten ritterburggleichen Palazzo Vecchio, und gleich daneben liegt die Arkaden-Loggia mit einer Parade berühmtester Skulpturen. Ein paar Schritte weiter ist in den Uffizien *La Primavera* von Botticelli mit dem damals schönsten Malermodell der Welt zu bewundern, und im Hintergrund erhebt sich eine der berühmtesten Kuppeln überhaupt, die *cupolona* des Doms Santa Maria del Fiore. Diese Bilderflut, tausendmal auf Fotografien, Gemälden und in Filmen gesehen, wird plötzlich Wirklichkeit, tritt heraus aus dem virtuellen Dasein, wird Materie auf unglaublich wenigen Quadratmetern.

Die Schönheit

Das ist einfach sehr viel! Dieses Konzentrat an Schönheit und Bedeutung kann tatsächlich die Sinne verwirren. Und es gibt ja noch viel mehr davon: Unzählige Fresken höchster Qualität befinden sich in den zahlreichen Kirchen, und nicht nur in den bekannten, sondern eigentlich in jeder. In den Museen prangen Gemälde kostbarster Provenienz. Die bedeutendsten Maler und Bildhauer seit der byzantinischen Kunstperiode des

Detail der Fresken in der Castellani-Kapelle, Santa Croce

Spätmittelalters und besonders natürlich der Renaissance sind hier alle ausnahmslos versammelt. Wie wohlhabend muss dieser Stadtstaat gewesen sein? Wie stark erblühte das Mäzenatentum? Wie sehr wollten sich die reichen Familien in Fresken verewigt sehen? Und wie viel erzählen diese Kunstwerke von dieser so wechselvollen, konfliktbeherrschten Geschichte der Stadt, die viele Regenten von außen nicht duldete, sondern sich selbst organisierte, strukturierte und eigene wirtschaftliche sowie politische Gremien und einen eigenen (Geld-)Adel schuf?

Wie stark aber auch war der Wille, sich aus der Umklammerung des Mittelalters zu befreien und ein neues Gesellschaftsideal zu definieren, das sich auch in neuen Vorstellungen von Schönheit zeigen sollte. Dieses Neue, Moderne in der Kunst sollte den im Handelsgeschäft reich gewordenen Bürgeradel der Stadt begleiten und ihn definieren. Maler, Architekten, Bildhauer und Freskenmaler standen ihm zu Diensten. Sieht man genauer hin, entdeckt man, wie viele Sassetti, Rucellai und vor allem Medici sich auf den Gemälden von Ghirlandaio, Botticelli, Gozzoli und all den anderen tummeln. Sie reiten als die hl. Drei Könige durch biblische Landschaften, sind inmitten einer Prozession zu sehen oder einfach ganz pur wie im Palazzo Pitti.

Und so entstand ein Bild von den mächtigen Oberen der Stadt, exakt so, wie sie sich abgebildet sowie repräsentiert sehen wollten.

Das ist die Geschichte »von oben«. Bilder einer Geschichte »von unten« sind weitaus seltener, nicht nur, weil die billig hergestellten Wohnhäuser der Ärmeren, Handwerker und Tagelöhner natürlich nicht bis in unsere Zeit überlebt haben, sondern einfach abgerissen wurden, sollte ein neuer Palast gebaut, ein neues Stadtprojekt verwirklicht werden. Auch in den Bildern, Fresken und Gemälden wird man sie nicht finden, höchstens einmal als Detail und Hintergrund.

Die Renaissance in Florenz – Glanz und soziale Ungerechtigkeit

Florenz, obgleich zuvor schon ein politisches Gewicht (mit über 50 000 Einwohnern im 13. Jahrhundert!), ist vor allem mit dem Zeitalter der Renaissance im 15. Jahrhundert verknüpft. In ihren Mauern wurde diese künstlerisch, philo-

Eine bronzene Heiligen-Skulptur am Orsanmichele

Das Zentrum der Macht: die Piazza della Signoria mit Giambolognas *Der Raub der Sabinerin*

sophisch und politisch definiert. Renaissance bedeutet: Wiedergeburt, und wieder geboren wurden die griechischen und römischen Ideale, die das Mittelalter als heidnisch apostrophiert hatte. Die Texte der griechischen Gelehrten erschienen in neuer Übersetzung, Architekten kopierten die Modelle und Maße antiker Gebäude, Wissenschaftler übernahmen deren Grundformeln und entwickelten sie weiter. Lorenzo de Medici rief schon wie sein Großvater Cosimo der Ältere gemeinsam mit anderen einen neoplatonischen Philosophie- und Wissenschaftszirkel ins Leben.

Die Stadt am Arno war im 15. Jahrhundert eine der bedeutendsten Städte der (bekannten) Welt, Mittelpunkt sämtlicher gesellschaftlicher, wirtschaftlicher und künstlerischer Entwicklungen. Aber sie war auch zerrissen von blutig ausgefochtenen Familienfehden, von politischen und wirtschaftlichen Niederlagen und Höhenflügen, von Simonie und Betrug, von Ausbeutung und durch Korruption beförderter Machtanhäufung.

Am Mercato Nuovo, der zwar »neu« heißt, aber alt ist, wird ein Mann geehrt, der im Frühjahr 1378 den Aufstand der Wollweber, *ciompi*, anführte, Michele di Lando. Dieser Aufstand entlarvt die Hohlheit der republikanischen Geste, mit der sich die »Herr«schaften der Stadt selbst feierten. Florenz war dem Buchstaben nach zwar seit 1293 republikanisch, doch bei aller unbestrittenen

Hochgeistigkeit ging es um Macht, Geld und Allianzen. Diejenigen, die im Wollgeschäft beschäftigt waren, die Färber, Kämmer und Weber, wurden in die mächtige Wollzunft *Arte della Lana* nicht eingelassen, besaßen keine Bürgerrechte und waren von allen Ämtern ausgeschlossen. Der wütende Aufstand veränderte diese Struktur. Sie gründeten eine eigene Zunft und waren später auch im Stadtrat vertreten.

Die Pest

Wieder geboren, wieder auferstanden ist Florenz auch aus der Pest und aus der Flut. Die Pest raffte in der Mitte des 14. Jahrhunderts in Florenz ein Drittel der Bevölkerung hin. Heute noch sieht man an vielen Straßenecken in der Altstadt Tabernakel, kleine Heiligen-, Madonnen- oder Jesusschreine, zu denen gebetet werden konnte. Die Florentiner konnten ihre Andacht dort verrichten und brauchten nicht lange durch die Straßen zu laufen, um zu einer Kirche zu gelangen. Die an der Pest Verstorbenen ließ man in den Straßen liegen, die Erkrankten wurden verbannt; die Bewohner fürchteten sich davor, die »schlechten Gerüche« einzuatmen, die man als Ursache für den Ausbruch der Pest hinnahm. Holzhaufen wurden angezündet, um die Luft vom Pesthauch zu reinigen. Dass aus Asien eingeführte Ratten der genuesischen Handelsschiffe die schreckliche Seuche verbreiteten, war damals unbekannt.

Ein Freskendetail im Palazzo Vecchio

Die Überschwemmungen

Und dann die Flut: Das Wasser stieg, drei, fünf, sieben Meter hoch. An einigen Plätzen in der Stadt kann man auf Plaketten nachlesen, wie hoch der Pegel stand, z.B. an der Piazza del Limbo ganz in der Nähe der Ponte Vecchio und im Stadtteil Ognissanti auf der Via Montebello. Die schrecklichste aller Fluten war nicht die spätmittelalterliche von 1356, sondern die von 1966. Zehntausende von Florentinern waren betroffen, verloren Haus und Besitz. Die Flut bedeutete eine Tragödie auch für die Kunstschätze. Das historische Archiv stand vollständig unter Wasser, und das hieß: eine Million Handschriften und Bücher. Schlamm begrub Tausende von kostbaren Skulpturen, Bildwerken und Gemälden. Kunstwerke schienen unrettbar verloren.

Mud Angels, Angeli di fango

Die Geschehnisse riefen eine beispiellose Aktion hervor: Sachverständige und Kunststudenten aus aller Welt, die spä-

Die Brücke Ponte Santa Trinita – eine Paradestrecke der Renaissance

ter sogenannten *mud angels*, Schlammengel, strömten in die toskanische Metropole, um Seite an Seite mit ortsansässigen Wissenschaftlern ihren Beitrag zur Rettung des Vermächtnisses der Renaissance zu leisten. Mit diesem tragischen Datum ist auch eine engere Ebene der Zusammenarbeit verknüpft: Angesichts des Ausmaßes der Schäden wurden Kräfte und Wissen gebündelt, neue Techniken erprobt, die Restauration – so sagt man - neu erfunden. Und Florenz war plötzlich die Metropole der internationalen Jugendbewegung.

Elizabeth Taylor und Richard Burton, zum Zeitpunkt des Unglücks in Italien, halfen auf ihre Weise. Der Schauspieler richtete in perfektem Italienisch – obwohl er kein Wort konnte – einen eindringlichen Appell an die internationale Öffentlichkeit und sprach bei dem Dokumentarfilm, den der Florentiner Film- und Opernregisseur Franco Zeffirelli drehte, den Text. Ted und Jacqueline Kennedy gründeten einen Hilfsfonds. Zeffirelli war es auch, der dem ganzen Unglück etwas Lobendes abzugewinnen wusste: Die Florentiner und die Welt haben ihre Ärmel hochgekrempelt und gearbeitet. Plötzlich wehte da ein neuer Geist durch die Renaissance-Metropole. Es ist berechtigt, im Rückblick auf dieses Unglück von der »Wiedergeburt« der Restauration zu sprechen. Schaut man sich die Liste bedeutender Museumskuratoren und Restaurateure an, von Tate Modern bis zum MoMa in New York, so

Von der Piazza Santa Trinita mit
der Justitia-Säule geht es ins Herz des alten Florenz.

wird man viele Namen von Leuten entdecken, die damals dabei waren.

Dass einem so friedlich dahinströmenden Fluss dieses zerstörerische Potenzial innewohnt, mag kaum glauben, der auf den Lungarni promeniert, den schönen Uferstraßen entlang des Arno. Mark Twain hat in seinem *Die Arglosen im Ausland* die armen Florentiner bedauert, dass sie ein solch schäbiges Rinnsal Fluss nennen müssten und dessen armseligen Zustand beschönigten, indem sie sogar Brücken darüber bauten. »Sie sollten etwas Wasser hineintun«, empfahl er ihnen.

Ein Tagesspaziergang zur Annäherung

Vielleicht die entspannendste Annäherung an die Stadt ist ein morgendlicher Spaziergang entlang des Flusses. Immer wird man den Glockenturm (Campanile) und die Kuppel im Blick haben, die berühmteste Kuppel der Welt, noch bekannter als die des Petersdoms oder der Hagia Sophia. Sie ist nicht nur wegen ihrer schieren Größe berühmt, sondern auch wegen der unglaublichen Chuzpe, mit der ein zum Goldschmied ausgebildeter Baumeister namens Filippo Brunelleschi im 15. Jahrhundert das Wagnis einging, sie nach einem nahezu unfassbar riskanten und noch nie so erdachten Plan zu bauen.

Florenz ist nicht zu groß für einen Entdeckungsspaziergang. Die alte Stadtstruktur ist im Wesentlichen beibehalten

Ein Blick auf die Brückenlandschaft

worden und orientiert sich an den Klostergründungen und den alten *quartieri*, die um sie herum entstanden waren: Santa Maria Novella im Westen, Santa Croce im Osten, Santo Spirito im Süden. San Giovanni bezeichnet das Zentrum um Duomo und San Lorenzo. Der Arno trennt die Stadt in zwei Hälften – die südliche wird unter dem Begriff Oltrarno zusammengefasst und umfasst San Niccolò, Santo Spirito und San Frediano. Und alles liegt in Laufnähe beieinander.

Man sieht im Glast des Sonnenlichts die Brücken langsam Gestalt annehmen. Die Umrisse der Kirchen, die Silhouette der Synagoge schälen sich allmählich aus dem Morgendunst. Aus dem Meer an rot geziegelten Dächern stechen die Renaissance-Palazzi mit ihren Steinquadern heraus, und im Hintergrund wellen sich die Hügel hinunter ins Tal des Arno, ge-

Die Badia Fiorentina und der Bargello – vom Campanile des Domes aus betrachtet

sprenkelt mit dem einen oder anderen hell leuchtenden Landpalast, eingefasst von Alleen voller Zypressen. Es überrascht, wie ländlich und ruhig Florenz dann wirkt. Eine Symphonie aus ockerfarbenem Mauerwerk, saftiggrün gestrichenen Fensterläden und Ziegeldächern.

Im Mittelalter

Die Gassen, die parallel zu den Uferpromenaden liegen, sind oft schmal und gewunden, haben, Durchlässen gleich, Brückenbogen in den ersten Stockwerken. Kein Zweifel, man ist im mittelalterlichen Florenz gelandet. Wer San Gimignano besucht hat, kennt die Turmhäuser und die Chiassi, die Gassen, die hier zum Arno führen. In Florenz wurde ihre Höhe im 15. Jahrhundert auf 20 Meter begrenzt, zuvor waren sie bis zu 70 Meter hoch gebaut worden.

In den engen Hauseingängen drängeln sich kleine Geschäfte: eine Eisenwarenhandlung, ein Posamentensticker, ein Rahmenmacher, ein Restaurator. Schon fragt man sich, wie sie die sicher hohen Mieten in Ufernähe bezahlen können, da kommen schon die ersten Kunden auf ein Schwätzchen. In den Bars klackern und dampfen derweil die Espressomaschinen, man fischt sich ein *dolce* von der Theke, überfliegt im Stehen die Zeitung, und *ciao*! Das war es mit dem Frühstück. Die Florentiner sind stets in Bewegung, derweil die ausländischen Gäste in den Cafés entlang der Uferpromenade noch an ihrem frischen Orangensaft nippen.

Kurz vor der Ponte Vecchio, auf der einst Wollfärber und Metzger und nicht wie heutzutage Goldschmiede ihre Arbeit verrichteten, wirbt eine Gelateria

Perseus und Herkules – zwei berühmte Skulpturen in der Loggia dei Lanzi und der Piazza della Signoria

mit der Eissorte »Buontalenti«, die auszuprobieren sich allein schon deswegen lohnt, weil sie kein Geringerer als Bernardo Buontalenti kreiert haben soll. Der Architekt und Maler des Manierismus, der im 16. Jahrhundert hoch in der Gunst der reichen Familien stand, soll Vanilleeis und Marsalawein zusammengemischt haben – und fertig war die neue Eissorte. Spuren seiner Arbeit sind über das gesamte Stadtgebiet verteilt: Er hat die Grotte im Boboli-Garten ersonnen, war an den Uffizien beteiligt, schuf die Fassade der Kirche Santa Trinita und die Mauern des Belvedere.

Die Macht in Florenz und ihr Platz

Die Piazza della Signoria mit dem Palazzo Vecchio, das politische Kraftzentrum der Stadt, befindet sich fünf Minuten vom Arno entfernt. In ihrem Namen verewigt die Piazza della Signoria ein besonderes Machtkonstrukt der norditalienischen Städte ab dem 10. Jahrhundert, in der ein Einzelner von einer Ratsversammlung, der Signoria, zum Stadtoberhaupt bestimmt wird. Die Geschicke einer Stadtgesellschaft wurden von meist im Handel und im Bankenwesen wohlhabend gewordenen Familien bestimmt, die häufig auf das Heftigste miteinander rivalisierten. Rund 300 einflussreiche Familien beherrschten Florenz. Die Geschichte der Auseinandersetzungen ist lang und gipfelt in dem Mord an Giuliano de Medici am Ostersonntag 1478 durch die Pazzi-Familie.

Ein Gedenkstein erinnert im Pflaster der Piazza an den Verbrennungstod des Girolamo Savonarola, eines fanatischen Dominikanerpriesters, der im 15. Jahrhundert Simonie, Nepotismus und Lasterhaftigkeit des Klerus attackierte, viele Anhänger um sich scharte und starken politischen Einfluss gewann. Lange übrigens durfte der Name von Savonarola nicht öffentlich genannt werden. Die Piazza della Signoria und der Palazzo Vecchio waren Plätze der Macht – und der Hinrichtungen.

Das gesellschaftliche Gefüge verdeutlicht überdies der ungewöhnlichste Kirchenbau in Florenz, der Orsanmichele an der Via dell'Arte della Lana. Der Orsanmichele war eigentlich ein Profanbau, das Handelshaus der mächtigsten Gilde der Stadt, der Wollhändler. Auch der Getreidemarkt war in dem Gebäude untergebracht. Was ihn so faszinierend macht, sind, außer dem ungewöhnlichen architektonischen Aufbau, der Fassadenschmuck, der aus Skulpturen der bedeutendsten Bildhauer der Frührenaissance besteht. Donatello schuf den hl. Matthäus und den hl. Georg – im Auftrag nicht eines Königs oder Herzogs, sondern der Wollgilde.

Auch das Einfache kann extrem lecker sein.

Wer sich nun einen Platz für die Mittagspause sucht, wird erstaunt sein über die Liebe zum Volkstümlichen, die in den florentinischen Restaurantküchen herrscht. Sie kennen keine Scheu vor Kutteln, Innereien, Kohleintopf und Weiße-Bohnen-Brotsuppe, dargebracht auf karierten Tischdecken zwischen Weinregalen und Postkartengrüßen als Wanddekoration. Sie zu versuchen, ist auf alle Fälle einen Versuch wert. Viele dieser typischen Restaurants breiten sich im historischen Zentrum aus.

Hauptstadt Italiens

Florenz ist nicht nur Renaissance und Mittelalter. Von 1865 bis 1871 war es sechs Jahre lang die Hauptstadt des neuen, geeinten Italien. Zuvor war das Land in Königreiche, Herzogtümer und dem Vatikanstaat zersplittert, Spielball ausländischer Höfe und Interessen, die

Die Loggia del Bigallo. Sie ist Museum und Touristenauskunft in einem.

oft genug gegeneinander gerichtet waren. Der nationale Aufbruch sollte sich in Florenz auch städtebaulich ausdrücken. Ein modernes Konzept sollte die Stadt neu strukturieren und vor allem aus dem mittelalterlichen Korsett befreien. Der Architekt Guiseppe Poggi lieferte 1864 die architektonischen Vorlagen. Das heutige Aussehen von Florenz hat er im Wesentlichen mit gestaltet. Die aus dem Mittelalter stammenden Stadtmauern wurden abgerissen, nach der Vorgabe des Pariser Stadtplaners Haussmann zu boulevardähnlichen Alleen gewandelt und zu einer Ringallee zusammengefügt. Die Stadttore bleiben unversehrt; um sie herum entstanden Plätze und Großbürgervillen. Südlich des Arno wurde die Via dei Colli angelegt, die Hügelpromenade, die in dem Piazzale Michelangelo gipfelt. Ein Symbol dieser Umstrukturierung ist die große Piazza della Repubblica mit Triumphbogen und der Siegessäule sowie einem Kranz der pariserischsten und gleichzeitig touristischsten Cafés der Stadt.

Mit dem Gewinn der Piazza della Repubblica ging allerdings der Verlust eines Teiles der inneren Altstadt verloren. War es schon seit der Renaissance üblich gewesen, ganze Straßenzüge den Bauvorhaben der Mächtigen der Stadt zu opfern, ohne auf die Anwohner Rücksicht zu nehmen, so wurden jetzt Teile des Marktes, des jüdischen Viertels, Synagogen und Kirchen vernichtet, ohne eine Entschädigung zu veranlassen.

Die englische Kolonie ...

1864 – das war auch das Jahr, als der britische Kunstsammler Hubert Percy Horne nach Florenz kam, um eine Biografie über Botticelli zu schreiben. Die Renaissance nämlich stand damals in englischen Kunstkreisen hoch im Kurs. Es brach eine regelrechte Florenzmanie aus. Eine Boheme blühte auf. Oscar Wilde mietete sich 1894 im Palazzo Spini Feroni ein, als er noch ein Hotel war und noch nicht dem Schuhimperium Ferragamo gehörte. Die Präraffaeliten entdeckten ihre ideelle Heimat. Ein Bild der damaligen Zeit zeichnet der Spielfilm *Zimmer mit Aussicht*, der tatsächlich in einem Florentiner Hotel an der Brücke Ponte Vecchio gedreht wurde.

Straßenszene mit Florentiner Lilie in der Via Ghibellina

Aber der britische Zirkel wusste auch zu kämpfen: Als Teile der Altstadt den Modernisierungsplänen geopfert werden sollten, engagierte sich die angloamerikanische Gesellschaft für den Erhalt zahlreicher Bauwerke und Denkmäler.

... und die jungen US-Amerikaner

Ob die jungen US-Amerikaner, die heute in Scharen durch die Viertel Santo Spirito und Santa Croce strömen, dies wohl auch tun würden? Florenz zieht so viele Auslandsstudenten an wie kaum eine andere Stadt. Begeistert von der Kultur, aber auch von dem so Lässig-Ungezwungenen, von der freundlichen Offenheit der Bewohner bevölkern sie Sprachschulen und Architekturpraktika, prägen das öffentliche Leben, wie sie Laptop

Selfies mit Fluss

lesend in den Cafés sitzen, sich in den Fitness-Studios in Renaissancepalästen abstrampeln, und man möchte sich vorstellen, dass sie genau deswegen hier sind – aber trotzdem: die Nachbarschaft wandelt sich, Boutiquen ziehen in Läden ein, wo es zuvor eine Bäckerei gab oder einen Rahmenmacher, in San Frediano, in San Niccolò, Sant Ambrogio oder in Santa Croce. Wie sehr weiß man da altmodische Stoffgeschäfte zu schätzen, den Buchdrucker, den kleinen Imbissladen. Sie mögen doch bitte nicht verloren gehen, denn sie sind für die Atmosphäre der Stadt ebenso unverzichtbar wie ihre Renaissancepaläste.

Aber klar doch: Die Einnahmen aus dem Tourismus stützen die Wirtschaft der toskanischen Metropole. Auf den folgenden Plätzen rangieren landwirtschaftliche Produkte – vor allem Weinsektor, Mode und Textilwirtschaft. Doch das sollte, so wünscht man es sich, nicht zu einem Verdrängungsprozess führen.

Die Stadt als Kunstwerk?

Das Image von Florenz erscheint übermächtig: Es ist nicht das einer Stadt, in der man lebt, isst, trinkt, arbeitet, schlafen geht, sich ärgert, sich über die neuen Fahrradwege freut, sich verabredet, abends einen trinken oder ins Kino geht, ein Buch liest oder Fernsehen guckt, sondern die reine Schönheit, die pure Renaissance, die romantische Brücke, das überragende Denkmal, der idealisierte Herrscher, das zauberhafteste Gemälde. Aber das genau ist sie – auch.

Steckbrief Florenz

Lage: Florenz liegt am Arno, Mugnone und Greve münden in oder bei der Stadt in den Arno. Eingerahmt wird Florenz im Norden vom Höhenzug des Apennins und im Süden vom Hügelland des Weinbaugebiets Chianti.

Fläche: 102,4 km^2

Einwohner: 377 207

Bevölkerungsdichte: 3698 Menschen pro km^2

Stadtwappen: Das Stadtwappen zeigt eine Lilie, deren Besonderheit es ist, mit Staubfäden abgebildet zu sein – im Gegensatz beispielsweise zur Bourbonenlilie. Sie taucht schon auf den ersten Münzen der Stadt auf, den Goldflorinen im Jahr 1252. Das Wappen ist im Stadtbild omnipräsent, markiert z. B. die Bushaltestellen, ist auf den Fahrkarten aufgedruckt, ziert die Müllcontainer.

Stadtgliederung: Florenz war ursprünglich in vier Teile (*quartieri*) strukturiert, die den Kirchenbezirken entsprachen. Nach mehrmaligen Erweiterungen gibt es seit 1990 fünf Verwaltungsbezirke: Centro Storico, die historische Innenstadt, Campo di Marte, Gavinana/Galluzzo, Isolotto/Legnaia und Rifredi.

Wirtschaft: Der bedeutendste Wirtschaftszweig ist die Industrie ohne Schornsteine, der Tourismus. Die folgenden Plätze belegen die Textilwirtschaft, Lebensmittelverarbeitung (Oliven und Wein), Bekleidungsindustrie und Schuhproduktion.

Währung: Euro

Kultur: Seit 1982 ist das Zentrum von Florenz Weltkulturerbe der UNESCO. Ganz besonders die italienische Renaissance ist mit der Stadt verknüpft, und in ihren Mauern wurden die bedeutendsten Künstler dieser Stilepoche im 14. und 15. Jahrhundert geboren, wie Giotto di Bondone, Michelangelo Buonarotti, Leonardo da Vinci, Sandro Botticelli, Genni di Pepo (Cimabue), Donatello, Felippo Brunelleschi, Lorenzo Ghiberti, um nur einige zu nennen. Der Biograf der bedeutendsten Künstler war selber einer und gilt als der Vater der Kunstgeschichte, Giorgio Vasari. Aber auch die darauffolgende Stilepoche des Manierismus ist in Florenz gut vertreten, z. B. durch Battista Giambologna. Mit den zahlreichen Renaissancepalästen, Museen, Galerien, Skulpturen und Kirchen gleicht Florenz einem Freiluftmuseum.

Öffentliche Verkehrsmittel: 85 Buslinien und eine Straßenbahn erschließen die Stadt gründlich und effektiv.

Geschichte im Überblick

18–59 v. Chr. Über das Gründungsdatum gehen die Meinungen auseinander. Florenz ist keine etruskische Gründung wie viele Orte in der Umgebung, sondern eine römische Kolonie, Florentia, und wird mit einem Forum, Thermen und einem Amphitheater ausgestattet.

313 Schriftliche Erwähnung eines Bischofs von Florenz

568 Die Langobarden erobern die Toskana, erste Kirchen entstehen in Florenz.

1138 erste Regierung der Städterepublik

1155 Florenz ist eine unabhängige Kommune, wird aber in den Konflikt zwischen Papst und den deutschen Kaisern hineingezogen. Die deutschen Kaiser wollen ein zentral gelenktes Kaiserreich durchsetzen; ihre Anhänger nennen sich Ghibellinen. Die Päpste streben nach einer Aufsplitterung der Region, woran den Stadtstaaten gelegen ist. Florenz schlägt sich auf die Seite der papsttreuen Markgräfin Mathilde von Tuszien (Toskana) und der Guelfen.

Im 12. Jahrhundert gewinnen die reichen Kaufmanns- und Händlerfamilien, die oft gleichzeitig als Bankiers arbeiten, zunehmend an Macht. Sie schließen sich zu Zünften zusammen. Der durch politische Machtkriege zersplitterte Adel spielt politisch keine Rolle mehr.

1282 besteht die Signoria (Stadtrat) von Florenz ausschließlich aus in Zünften zusammengeschlossenen Kaufleuten und reichen Bürgern. Adel, Handwerker und Arbeiter sind von der Teilnahme an der Signoria ausgeschlossen.

1252 wird der »Goldflorin« geprägt. Die Florentiner Münze wird bald zur »Leit«-Währung und wird in anderen Ländern akzeptiert.

1256 Dante Alighieri wird in Florenz geboren.

1333 Eine katastrophale Flut des Arno fordert viele Menschenleben.

1348 Die Pest fegt über Florenz und tötet mehr als ein Drittel der Bevölkerung.

1377 ist das Geburtsjahr des Baumeisters der berühmten Kuppel des Doms von Florenz, Filippo Brunelleschi.

1378 Der *Tumulto dei Ciompi*, der Aufstand der Wollarbeiter, erschüttert und revolutioniert die Stadt. Die Arbeiter fordern politische Beteiligung und gründen eine eigene Zunft.

1389 wird Cosimo de Medici geboren, der Vater der Medici-Dynastie, später Cosimo Il Vecchio genannt.

1452 Der Weltumsegler, Naturhistoriker und Wissenschaftler Amerigo Vespucci erblickt in Florenz das Licht der Welt. Sein Name bezeichnet später den Kontinent Amerika, und er tauft Venezuela, Veneciola, weil ihn die Kanallandschaften bei Maracaibo an Venedig erinnern.

Im selben Jahr wird Leonardo da Vinci geboren.

Im 15. Jahrhundert entstehen die wichtigsten Renaissancepaläste.

1478 Während des Oster-Gottesdienstes wird Giuliano de Medici im Dom ermordet, sein Bruder Lorenzo (Il Magnifico) kann fliehen.

1555 Florenz besiegt Siena.

1569 Cosimo de Medici wird erster Großherzog der Toskana.

1737 fällt das Großherzogtum an die österreichische Habsburger Dynastie. Sie zieht in den Palazzo Pitti ein.

1765 Der spätere Großherzog Leopold wird geboren. Er wird die Toskana politisch umgestalten, Konvente schließen, Folter und Todesstrafe abschaffen.

1826 Der politische Schriftsteller und Journalist Carlo Collodi, Pinocchios »Vater«, wird geboren.

1844 Erneut verheerende Flut

1859 Während des *Risorgimento*, der Kriege um die Einigkeit Italiens unter Guiseppe Garibaldi, verliert die Habsburger Dynastie Florenz und die Toskana, die sich dem Königreich Piemont unter Vittorio Emanuele II. anschließt.

1865–1871 Florenz ist die neue Hauptstadt des geeinten Italien.

Um die Jahrhundertwende wächst die Bevölkerung stark an, neue Wohnräume werden erschlossen, z. B. Rifredi. Wie in vielen anderen größeren Städten werden Projekte des sozialen Wohnungsbaus erarbeitet und verwirklicht, um die Porta San Niccolò und die Porta San Frediano herum.

1943–1945 Florenz leidet unter der Besatzung deutscher Truppen, alle Brücken bis auf die Ponte Vecchio werden in die Luft gesprengt.

1946 Nach Beendigung des Krieges wird Florenz sozialistisch-kommunistisch regiert.

1966 Die schlimmste Überschwemmung, die der Arno bislang angerichtet hat, vernichtet zahlreiche Menschenleben. Auch unzählige Kunstwerke sind gefährdet.

1982 Die historische Innenstadt wird zum Weltkulturerbe erklärt.

Juni 2009 Matteo Renzi vom linksliberalen Partito Democratico wird zum Bürgermeister von Florenz gewählt.

2011 Der in Florenz sehr erfolgreiche Matteo Renzi kündigt seine Präsidentschaftskandidatur an.

2014 Matteo Renzi gewinnt die Präsidentschaftswahlen gegen den Herausforderer Silvio Berlusconi. Sein Stil: links, scharfzüngig, sozial engagiert und unerschrocken.

EIN WOCHENENDE IN FLORENZ

Ein Wochenende in Florenz mit Muße zu verbringen ist gar nicht so einfach: Es gibt so unendlich viel zu sehen. Selbst die hintersten Winkel stecken voller Überraschungen. Da tragen sogar die Mülltonnen die rote florentinische Lilie und die Bus-Haltestellen auch. Auf engstem Platz wird man von Botticelli, Donatello, Brunelleschi und Michelangelo förmlich bombardiert, von Turmhäusern, Palästen und Kirchenfassaden. Dazu kommen noch die vielen verlockenden Modegeschäfte und Designläden, die einladenden Märkte und Caffès.

FREITAG

AB 18:00 GALLERIA DELLA ACCADEMIA

Die Galerie der Kunstakademie, die von den Medici gefördert wurde, zeigt die beiden berühmtesten Skulpturen der Stadt, den *David* von Michelangelo im Original und den *Raub der Sabinerin* von Battista Giambologna in einer Kopie. Dazu gibt es noch unvollendete Bildhauerarbeiten von Michelangelo zu sehen, also nur halb aus dem Marmorblock gehauene Statuen, und einige wundervolle Gemälde der Renaissance von u. a. Andrea del Sarto und Sandro Botticelli.

GEGEN 21:00 PIAZZA DELLA SIGNORIA

Jetzt zieht man zur Piazza della Signoria und betrachtet die Skulpturen im Original – die Tagestouristen sind dann schon weg – und genießt in Ruhe einen Aperitif oder einen *caffè* auf der Terrasse des wunderschönen Fin de Siècle-Cafés »Rivoire«. Dieses Kaffeehaus ist eine Florentiner Institution.

SAMSTAG

10:00 ÜBERBLICK GEWINNEN

beginnt mit einem Überblick. Die Buslinien 12 oder 13 (von Santa Maria Novella aus, mehrere Stationen am Arno) kurven hoch zum Piazzale Michelangelo, eine der schönsten und auf alle Fälle die größte Aussichtsplattform über der Stadt. Ganz Florenz liegt einem zu Füßen, die Domkuppel, der Campanile, der Palazzo Vecchio, die Kuppel der Synagoge, Ponte Vecchio, Santa Croce, Santa Maria Novella.

Der Neptunsbrunnen und die Loggia dei Lanzi zu nächtlicher Zeit

11:00 ZUM ARNO

Von der Piazzale Michelangelo (schön, freundlicher Service: das Ristorante La Loggia) mit einem kurzen Abstecher in den Rosengarten Giardino delle Rose läuft man in 20 Minuten hinunter zur Porta San Niccolò ans Arnoufer. Im Sommer – etwa bis Mitte September - wird dort ein Strandbad eingerichtet, und dazu gehört auch ein Kiosk mit einer kleinen Bar im Schatten. Gut für eine Kaffeepause, und die Aussicht ist gut! Denn am anderen Ufer warten schon die Kirche und das Franziskanerkloster Santa Croce, und es lassen sich die Brücke Ponte Vecchio und die Silhouette der Stadt bewundern.

14:00 ZIEL: UFFIZIEN

Santa Croce ist eine der ältesten Kirchen der Stadt, nahezu alle berühmten Stadtsöhne sind hier begraben, von Michelangelo über Dante bis zu Machiavelli. Eine beeindruckende Dante-Skulptur dominiert den riesigen, von Renaissancepalästen gerahmten Platz. Anschließend geht es den Arno entlang zu einer der berühmtesten Gemäldegalerien der Welt, den Uffizien, mit ihrem ganz besonderen Reichtum an Werken von Giotto, Cimabue, Botticelli, Caravaggio und Tizian. Für diesen Besuch sollte man sich Zeit lassen und die Karten am besten schon im Vorfeld besorgt haben, damit man sich lange Warteschlangen ersparen kann.

19:00 ENTSPANNT SCHLENDERN

Abends steht ein Schlendern durch das Viertel Santa Croce bis zum Viertel Sant'Ambrogio an, gefolgt von einem Essen in einem der Restaurants des Florentiner Starkochs Fabio Picchi, im »Cibreo« oder im »Cibreino«. Diese beiden Viertel mit ihren hübschen, fast volkstümlichen Gassen zeigen das geschäftige, »normale« Florenz mit den Eck-Caffès, den kleinen Trödelläden, das Alltagsleben, je weiter man sich vom Arno entfernt.

SONNTAG

10:00 AB INS GETÜMMEL

Am Sonntag ist man gut vorbereitet aufs Getümmel, das sich unweigerlich um die Höhepunkte der Stadt einstellt, im Palazzo Vecchio und auf der Piazza della Signoria. Auch der berühmte Dom steht auf dem Plan, allerdings kann man sonntags zwar den Campanile, nicht aber die Kuppel erklimmen, die ist am Sonntag geschlossen.

14:00 PAUSE AM ARNO

Wer anschließend über die Ponte Vecchio schlendert, kann die Mittagspause direkt am Arno verbringen. Einen tollen Blick bietet das Restaurant des Luxushotels Lungarno Collection. Alternativ: »Golden View Open Bar« oder ganz einfach eine köstliche *schiacciata* aus der Hand.

15:00 DAS VIERTEL DER MEDICI

Zum Abschluss geht's ins Viertel der Medici nach San Giovanni mit dem Palazzo Medici Riccardi an der Via Cavour (So bis 19 Uhr) und der Basilica di San Lorenzo (So: 13–17.30 Uhr). Hier sind wir mittendrin in der prachtvollen Geschichte der Medici. Mittelalterliche Gässchen neben eleganten Vias, Märkte neben bemerkenswerten Aussichten auf den Dom verzaubern diesen Spaziergang zusätzlich.

19:00 EINEN APERITIF ZUM ABSCHLUSS

Zeit, sich einen Aperitif auf der Piazza della Repubblica in den Traditionscafés der Stadt, Giubbe Rosse, Paszlawski oder Gilli, zu gönnen und das Treiben auf der Piazza und unter den Kolonnaden zu beobachten. Auf dieser repräsentativen geräumigen Piazza, luxuriöses Glanzstück des Stadtumbaus anlässlich der Wahl zur Hauptstadt Italiens, versammeln sich die Florentiner gern.

DAS ZENTRUM

Santa Maria Novella
Le Ménagére
Biblioteca Laurenziana
Paolo Penko Bottega Orafa Juwelier Workshop
Via de' del Giglio
Via dell' Alloro
Via de' Conti
Via F. Zanetti
Piazza Santa Maria Novella
Via Panzani
Via dei Banchi
Via d. Cerretani
Scudieri
Pza. di S.M. Maggiore
Piazza d. Olio
Via de' Rondinelli
Profumeria Inglese
Via delle Belle Donne
Via del Trebbio
Palazzo Antinori
Piazza Antinori
Via degli Agli
Via de'Pecori
Infopoint
Museo NOVECENTO
Via del Moro
Cantinetta Antinori
S. Gaetano
Via Palazzuolo
Via del Sole
Via de' Giacomini
Via de' Corsi
Via d. Campidoglio
Via de' Tosinghi
Via Roma
Via d. Spada
Palazzo Larderel
Via de Pescioni
Via de' Vecchietti
Via Brunelleschi
Corsi Palace
Red Firenze
Caffè Concerto Paszkowski
Via de' Fossi
Obicà - Firenze
Hotel Helvetia & Bristol
Il Latini
Caffè Giacosa Srl
Museo M. Marini
Via dè Tornabuoni
Hotel Pendini
V.d. Palchetti
Via del Moro
Via degli Strozzi
Piazza della Repubblica Florenz
7
Via dei Federighi
Rucellai Palace
Room Mate Isabella
13
Pza. d. Strozzi
Via Sasseti
Strozzi Palace
Via d. Vigna Nuova
Giubbe Rosse
Via dell'Inferno
Vicolo degli Strozzi
Via d. Anselmi
Piazza Goldoni
8
Cavalieri Palace Luxury Residences
Via del Purgatorio
Medici Tornaquinci Palace
Via Monalda
Cinema Odeon
Via del Parione
Minerbetti Palace
Hotel Tornabuoni Beacci
Yab
Via Pellicceria
Via de' Lamberti
Palazzo Corsini
Firenze Florian
Palazzo Bartolini Salimbeni
NH Collection Firenze Porta Rossa
Lungarno Corsini
Via Parioncino
Maliparmi Boutique
14
Via Porta Rossa
Piazza del Mercato Nuovo
Hotel Bretagna
Santa Trinita
Piazza Santa Trinita
Palazzo Davanzati
Passamaneria Valmar
Ristorante La Grotta Guelfa
Via Calimala
Palazzo Alfieri Firenze
Via delle Terme
12
Via Borgo Santi Apostoli
Palazzo di Parte Guelfa
Rivalta Cafe
Museo Salvatore Ferragamo
Via del Fiordaliso
Palazzo Spini-Ferroni
Chiasso d. Altoviti
Santi Apostoli
Cacio Vino Trallallà
Ch. d. Manetto
Hotel della Signoria
Piazza del Limbo
Via S. Maria
Caffè Lambert
Buondelmonti Palace
St Trinity Bridge
Gallery Hotel Art
Via Lamberti
Lungarno Acciaioli
Vicolo dell'Oro
Girolami Palace
Lungarno Guicciardini
Ponte S. Trinita
Fiume Arno
Via Por S. Maria
Hotel Hermitage
Via di Santo Spirito
Via Coverelli
Palazzo Frescobaldi
Buca dell'Orafo
Lungarno Archibusieri
Piazza de Frescobaldi
San Jacopo Sopr'Arno
10
Santo Spirito
Via dello Sprone
Borgo San Jacopo
Ponte Vecchio
Via de'
Via Maggio
Quartiere/Chiesa di Santo Spirito
Via de Sapiti
Toscanella
Vasari Corridor
15
V. del Presto di San Martino
Via d. Pavone
Via de'Ramaglianti
Via de'Barbadori
Via de' Vellutini
Via de' Bardi
Via dei Velluti
Via d. Guicciardini
Piazza di Santa Felicita
Pza. di S. Maria Soprarno

Sehenswürdigkeit, Museum
Aktivitäten, Ausgehen
Information
Kirche, Synagoge, Moschee
Theater
Shopping
Restaurant, Bar, Café
Übernachtungsmöglichkeit
0
60 m
N
Vintage Couture
Eataly Firenze
Via de' Martelli
Via Ricasoli
Via de' Pucci
Via dei Servi
Piazza di S. Michele Visdomini
Consigli Anna
Decumanus
Via Bufalini
Teatro Niccolini
Duomo Santa Maria del Fiore
Domkuppel
Piazza di S. Maria Nuova
Museum of Opera of Saint Maria of Fiore
Campanile von Giotto
Via F. Portinari
Museo Firenze com'era
Via dell'Oriuolo
Biblioteca delle Oblate
Via Sant' Egidio
Piazza del Capitolo
Via d. Canonica
Gelateria Grom
Via dello Studio
S. Maria in Campo
Via dell' Oche
Congrega
Lounge Bar
Elisabetta
V. S.
Pza del Giglio
Museo di Antropologia
Altoviti Palace
Volta di San Pietro
Condominio Borgo Degli Albizi 27 Firenze Palazzo Tanagli
Miso di Riso
Palazzo d. Albizi
Bar Reverse Firenze
Hotel Brunelleschi
Calzaiuoli
Trattoria Le Mossacce
Hotel Bavaria Firenze
Borgo degli Albizi
Locanda Orchidea
Via del Corso
La Loggia degli Albizi
Piazza San Pier Maggiore
Fabriano Boutique
Grand Hotel Cavour
Vintage Di Antonini Alessandra
Vicolo del Bazar
Palazzo dei Pazzi
V. delle Seggiole
Osteria Ganino
Casa di Dante
Palmieri
V. d. Badesse
Via Dante Alighieri
Via Proconsolo
Via de' Pandolfini
Via dei Tavolini
Via de' Giraldi
Palazzo Borghese
Via M.
Badia Fiorentina
Museo Nazionale del Bargello
V. dei Cimatori
V. d. Cerchi
Via Ghibellina
Il Gatto e la Volpe
Osteria Vini e Vecchi Sapori
V. dell' Acqua
Vigna Vecchia
Teatro G. Verdi
Via della
Moranduzzo
Pza. San Firenze
Bartolucci
Palazzo Uguccioni
Casa del Garbo
Ristorante Il Barroccio
Via delle Burella
Via d. Lavatoi
S. Simone
Via Giuseppe Verdi
Gucci Museo
San Firenze Suites & Spa
Via dell' Anguillara
Fontana del Nettuno
Palazzo Gondi
Via Torta
Via G. da Verrazzano
Piazza della Signoria
Via de' Gondi
San Firenze
Via Borgognona
Palazzo Vecchio
Borgo de' Greci
Via Bentaccordi
Piazza di Santa Croce
Loggia dei Lanzi
Via dei Leoni
V. d. Corno
V. d. Parlascio
Via de' Magalotti
Piazza de Peruzzi
Via Vinegia
All'Antico Vinaio
Via de' Rustici
Ple. d. Uffizi
Via dei Neri
San Remigio
La Prosciutteria
Via delle Brache
Via de' Benci
Uffizien
Via de' Castellani
Via Castello d'Altafronte
Hotel Fiorino Florence
Via Osteria del Guanto
Borgo Santa Croce
Via della Mosca
Via Antonio Magliabechi
Museo Galileo
Museums-shop
Piazza de' Giudici
Via d. Saponai
Piazza Mentana
Via dei Vagellai
Corso dei Tintori
Museo Horne
Via Malenchini
Via dei Tintori
Lungarno Gen. Diaz
Lungarno d. Grazie

Oben: Der Palazzo Vecchio mit seinem 98 Meter hohen Turm überragt die Piazza della Signoria. **Unten:** Ein Skulpturenspektakel ohnegleichen – vereint unter dem schützenden Dach der Loggia dei Lanzi.

1 Piazza della Signoria
Das Herz der Stadt

Das unbestrittene Herzstück und gleichzeitig einer der kulturellen Höhepunkte von Florenz ist die Piazza della Signoria. Seit dem 13. Jahrhundert konzentrieren sich hier das Gemeindeleben und die politische Macht der Stadtrepublik, ikonografisch verherrlicht durch die vermutlich berühmteste Marmorskulptur der Welt, des David – geschaffen von Michelangelo Buonarroti.

Zwischen das Meisterwerk des Doms, die Galerien der Uffizien und die Ponte Vecchio schiebt sich die L-förmige Piazza della Signoria. Keines der dort versammelten Bau- und Kunstwerke ist nicht schon tausendfach abgebildet, gezeichnet, gemalt, fotografiert, kommentiert worden – aber es ist doch überwältigend, dies alles auf einmal selbst betrachten zu können. Man kann sich drehen und wenden wie man will – vom Palazzo Vecchio mit seinem hohen Turm zum Arkadenbau der Loggia dei Lanzi, zum *David* des Michelangelo und zur Statue des Cosimo de Medici hoch zu Ross – man bewegt sich zwischen Kunstschätzen, die Maßstäbe gesetzt haben und gleichzeitig voller kraftvoller politischer Symbolik sind.

Die elegante Fußgängerzone Via dei Calzaiuoli (»Straße der Schuhmacher«), geleitet direkt zur Piazza. Ihr Name besagt, wer früher hier arbeitete. Überall finden sich Bezüge auf die Viertel und Straßen, in denen Handwerker lebten und leben. Das Nebeneinander von repräsentativen Gebäuden, eleganten Palaststraßen und schummerigen Werkstätten überrascht bis auf den heutigen Tag immer wieder – und ist typisch für Florenz.

Blick auf die Franziskanerkirche Santa Croce

Das architektonische Vorbild der Piazza della Signoria, die Piazza dei Priori, liegt weiter südlich im toskanischen Volterra. Sie ist allerdings kleiner als die Florentiner Version. Auch der Palazzo Vecchio bezieht sich auf sein Volterraner Ebenbild. Beide sind nahezu zeitgleich entstanden und entsprachen der damaligen Mode – aber natürlich auch ihrer Nutzung. Ihr abweisender Charakter hat damit zu tun, dass man eben wirklich eine Art Festung bauen musste. Die Zeitläufte mit den häufigen kriegerischen Auseinandersetzungen verliefen für Florenz alles andere als ruhig.

Im Palazzo Vecchio

Der »alte Palast« Palazzo Vecchio ist ein dreigeschossiges Bauwerk aus wuchtigen Steinquadern mit einem Schmuck aus Fenstern mit eingestellten Marmorsäulchen und einem hervorkragenden obersten Geschoss, gekrönt von einem Zinnenkranz, der sowohl die guelfische (rechteckige) als auch die ghibellinische (schwalbenschwanzförmige) Formgebung aufweist. Der zweigestufte schmale Turm misst stolze 98 Meter Höhe.
Das älteste Bauwerk auf der Piazza della Signoria ist also zugleich ihr größtes, der Turm ihr höchster. Zunächst hieß es Palazzo della Signoria; doch nachdem die florentinische Herrscherfamilie Me-

Nicht verpassen

MUSEO GUCCI IM PALAZZO MERCANTANZIA

Was 1930 als Werkstatt und Fachgeschäft für feines Reisegepäck aus Leder begann, trägt heute einen der bekanntesten Namen in der Modewelt. Zum einen, weil die Familie Gucci immer wieder Taschenmodelle entwarf, die in Hollywood-Kreisen begehrt waren, zum anderen, weil der für die Damenmodelinie im Jahr 1994 engagierte US-Amerikaner Tom Ford das Bild der Gucci-Käuferin auf ein neues Fundament stellte. Plötzlich war sie cool, stark und auf eine unterkühlte Art erotisch. Seine Signatur prägte das Design, mit dem sich Gucci bis heute umgibt, und das sieht man auch dem Museum an, in dem gut komponierte Wechselausstellungen zu sehen sind. Da geht es um Mode, aber auch um Künstler wie Bill Viola und Cindy Sherman. Dazu gibt es im Icon-Store die Designs der Firma wie der Tasche mit Bambusgriffen oder die Entwürfe für Jackie Kennedy zu bestaunen.

Museo Gucci. Tgl. 10–20 Uhr, Piazza della Signoria 10, www.guccimuseo.com.de

dici, von denen an anderer Stelle noch viel zu hören sein wird, 1559 die Uffizien als Regierungssitz bauen ließ, bekam er den noch gültigen Namen Palazzo Vecchi. Heute dient er als Rathaus. Der Palazzo Vecchio wurde 1299 als Regierungsgebäude mit riesigem Sitzungssaal nach Entwürfen von Arnolfo die Cambio (1220–1310) erbaut. Die Mitglieder des Parlaments der Republik Florenz fanden darin Schlaf-, Wohn und Dienstäume.

Die Signoria

Der Palazzo Vecchio ist ein bedeutsames Symbol seiner Zeit, stand er doch für eine republikanische Verfassung, die äußerst kompliziert geregelt war. Auch in Mantua, Verona, Pisa, Siena und Volterra gab es ähnliche Stadtregierungsmodelle. Florenz bestand damals aus vier Bezirken, die jeweils zwei »Prior« in die Signoria (Stadtrat) entsandten. Sie waren mit einer nur zweimonatigen Amtszeit ausgestattet und repräsentierten die herrschenden Adelsfamilien und das Patriziat. Ihnen zur Seite standen zwölf Berater, die sogenannten Buonomini (mit einer dreimonatigen Amtsperiode) und 16 Gonfalonieri aus dem gesamten Stadtgebiet (jeweils vier Monate im Amt). Der Gonfaloniero di

Oben: Kunstvoll bemaltes Tonnengewölbe im Palazzo Vecchio
Mitte: Im »alten Palast« überrascht die Schönheit der Freskengemälde im Innenhof.
Unten: Der Blick hinauf in den Turm geht in schwindelerregende Höhen.

GUT ZU WISSEN

JA – ES IST TEUER

Es gibt Plätze, die einfach teuer sind. Die Piazza della Signoria ist so einer. Wer sich dort niederlässt und in Ruhe seinen Kaffee trinken möchte, zahlt mehr als üblich. Aber er hat natürlich einiges im Blickfeld: die großartigsten Skulpturen (auch wenn es Kopien sind), die außergewöhnlichsten Architekturen ihrer Epoche. Man trinkt seinen *caffè* an einem Ort, der die Welt bewegt hat. Ist das den höheren Preis auf den Terrassen des noblen Gucci-Cafés und des entzückenden Rivoire wert? Ich finde: ja.

Giustizia repräsentierte den obersten Gerichtsbeamten. Insgesamt gab es jährlich etwa 3000 Stellen zu besetzen. Die Mitglieder mussten einer Zunft angehören und Kreditwürdigkeit besitzen; der Adel war ausgeschlossen.

Das Innere des Palastes betritt man durch einen von Bartolomeo Michelozzo (1393–1472) entworfenen, wunderbaren spätmittelalterlichen Hof, dessen Mauern mit verblassenden Landschaftsfresken geschmückt sind. Vorbei an steinernen Löwen, dem Symbol der Stadt, das überall in Florenz anzutreffen ist, gelangt man über eine ausladende Treppe in die Repräsentationsräume, mit dessen Gestaltung der Maler, Architekt und Baumeister Giorgio Vasari (1511–1574) von Cosimo I. beauftragt worden war. Er hatte die nun gewiss nicht leichte Aufgabe zu bewältigen, aus dem Sitz des Stadtparlaments, der die Signoria ja zuvor war, einen Medici-Hof zu erschaffen, ohne die äußeren Proportionen zu verändern.

Der Rundgang führt zunächst in den gigantischen Saal der Fünfhundert, den der Dominikanerprediger Girolamo Savonarola (s. S. 74) 1494 anlegen ließ, um den Großen Rat der 500 den *Consiglio Maggiore*, dort tagen zu lassen. Cosimo I. (1519–1574) ließ ihn erweitern. Die Decke wurde angehoben, Oberlichter installiert. Der Boden zeigt ein großmaschiges Gitter aus schwarzem Marmor auf tiefrotem Grund. Mit 1100 Quadratmetern Fläche war er zu seiner Zeit der größte umbaute Raum der Welt. Von Michelangelo Buonarroti (1475–1564) stammt die Skulptur *Genius des Sieges*, die einfach so in einer Ecke steht. Battista Giambologna (1529–1608) schuf *Florenz siegt über Pisa*. Im Studiolo, dem einer Schatztruhe nachgebildeten Studierzimmer von Francesco de Medici (1551–1587), beeindrucken die im manieristischen Stil

Einfach gut!

LESEEMPFEHLUNG

Florenz – eine literarische Einladung. Hrsg. von Marianne Schneider. Literarische Streifzüge – italienische Autoren stellen »ihr« Florenz vor, darunter Dante, Bocaccio, Roberto Benigni, Collodi und Gurzio Malaparte. Wagenbach, Salto.

Ross King: Das Wunder von Florenz. Architekturgeschichte und Biografie des Kuppel-Bauers Felippo Brunelleschi. So spannend wie ein Krimi. btb.

Franz Kotteder: Florenz – eine Stadt in Biografien. Von Botticelli bis Gucci. Merian Porträts.

James Cleugh: Die Medici – Macht und Glanz einer europäischen Familie. Piper.

Peter Burke: Die Renaissance. Wagenbach, Salto. Ersterscheinen zwar bereits 1990, aber immer noch gültig.

Florenz: Katalog zur Ausstellung in der Bonner Kunst- und Ausstellungshalle der Bundesrepublik Deutschland. 2013.

Irving Stone: Michelangelo – ein biografischer Roman. Bei der Lektüre Fiktion und Wirklichkeit nicht verwechseln. Rororo.

Ein Fresken-Detail der Treppenaufgänge: Putti und der Medici-Ring

Oben: Die Gemächer der Medici-Gattin Eleonora von Toledo strahlen im Glanz zarter Fresken – hier: *Die Geburt der Venus*, diesmal nicht von Botticelli.
Unten: Der schönste Jüngling der Welt im Close-up

gemalten Bilder, die die Wände nahezu vollständig bedecken. Das Deckengewölbe wurde von Giorgio Vasari und seiner Werkstatt ausgemalt. Weitere Höhepunkte warten im zweiten Stock, z. B. die Raumflut der *apartamenti* der Eleonora di Toledo, der ersten Frau Cosimos I. (1522–1562), mit vielen luftig-zarten Gemälden und Fresken. Den Saal der Lilien schmücken die Fresken von Domenico Ghirlandaio (1449–1494), auf denen römische Staatsmänner zu sehen sind. Und unvermittelt stößt man auf die Totenmaske des allergrößten Dichters der Stadt, Dante Alighieri.

Der schönste Jüngling der Welt

Zurück auf der Piazza della Signoria: Aus den hier versammelten Kunstwerken ragt eines hervor: der schönste Jüngling der Welt, der 1501–1504 geschaffene Marmor-*David* des Michelangelo Buonarroti. Allerdings steht hier nur seine Kopie, das Original befindet sich in der Galleria dell'Accademia. Nach der Fertigstellung interpretierte man den *David* in Florenz als Symbol für den Widerstand gegen übermächtige Herrscher, eine Sichtweise, die sich im Florentiner Stadtstaat großer Beliebtheit erfreute. Mit dem *David* schuf Michelangelo die erste frei stehende Marmorskulptur in solch monumentaler Größe seit der Antike – und versinnbildlichte damit den Begriff der *rinascita* (= der Renaissance/der Wiedergeburt), den Giorgio Vasari 1550 prägte. Nicht nur *Davids* gelassene Schönheit, auch seine Nacktheit provozierte.

Auch eine zweite Skulptur auf der Piazza darf für sich beanspruchen, etwas Bahnbrechendes, Einzigartiges zu sein: *Der Raub der Sabinerin* von Battisto Giambologna. Sie hat keine klar definierte Hauptansicht, sondern entspricht exemplarisch einer Vorgabe des im 16. Jahrhundert aufkommenden manieristischen Stils: Figuren sollten nicht statisch, sondern in Bewegung gezeigt werden. So hat die Skulptur rundherum ästhetisch gleichwertige Ansichten. Wählte Michelangelo für seinen David das Stilmittel des *contraposte*, um Bewegung anzudeuten (»die abgeknickte Hüfte«), so ist es hier, 80 Jahre später, die *figura serpentinata*, die aufwärtsstrebende und in sich gedrehte Figurengruppe. Um den *Raub der Sabinerin* darzustellen, wählte Giambologna die Figur eines alten wehrlosen Mannes, der vergeblich versucht, die widerstrebende junge Frau dem rohen Zugriff eines jungen Mannes zu entziehen.

Terrasse zum Repräsentieren

Von Giambologna stammt auch die Reiterskulptur von Cosimo I., der den Stadtherrscher in der Positur eines römischen Konsuls zeigt. Und es gibt noch weitere bedeutende Kunstwerke, aufgestellt vor und in der Loggia dei Lanzi, dem einst als Empfangs- und Repräsentationsterrasse entworfenen Arkadenbau: den Neptunsbrunnen und die Herkulesgruppe. Vor ihr eingesenkt befindet sich ein Namensstein, der auf die Stelle hinweist, an der der Dominikanerpriester Giralamo Savonarola verbrannt wurde.

Oben: Ein Paradebeispiel für den Manierismus: *Der Raub der Sabinerin* von Battista Giambologna
Unten: Eindrucksvoll auch am Abend: die Loggia dei Lanzi

Infos und Adressen

Der Straßenmusiker hat seinen Platz vor dem Eingang des Palazzo Vecchio gut gewählt.

SEHENSWÜRDIGKEITEN

Palazzo Vecchio. Fr– Mi 9–23 Uhr, Do 9–14 Uhr.

ESSEN UND TRINKEN

Café Rivoire. Schon beim Betreten dieses Salons beginnt die Zeitreise ins Fin de Siècle. Wunderbares Traditionscafé im eleganten, leicht verspielten Stil. Höfliches zuvorkommendes Personal. Schöne, stets belegte Terrasse zur Piazza della Signoria. Tipp: Nach neun Uhr abends kommen! Di–So 7.30–24 Uhr. Piazza della Signoria, 5, Tel. 055 21 44 12.

Osteria da Ganino. Bodenständiges, kleines Restaurant mit typisch Florentiner Rezepten und einer netten Weinauswahl. Abends mit Kerzenschein, für warme Abende gibt es auch eine kleine Terrasse. Schwarzkohl, *ribollita*, Tagliatelle mit Wildschweinragout, die Küche ist deftig. Mo–Sa 12–16, 19–23 Uhr. Piazza die Cimatori 4, Tel. 347 38 80 76 (Handy).

Ristorante Osteria al Desco. Hier gibt es Traditionsküche, die in Florenz so beliebt ist. Kleines Restaurant im Bistro-Stil mit guter Weinauswahl. Tgl. 12–14.30 und 19–22.30 Uhr. Via delle Terme 23 r, Tel. 055 29 48 82, www.hostariaildesco.com

Vini & Vecchi Sapori. Toskanische Hausfrauenrezepte, exquisit zubereitet, dazu eine gute Weinauswahl, machen dieses kleine freundliche Restaurant zu einem Renner – Vorbestellung ist ratsam. So geschl., montags nur ab 19 Uhr, sonst 12–14.30 Uhr und 19–22.30 Uhr. Via dei Magazzini 3, Tel 055 29 30 45.

ÜBERNACHTEN

Palazzo Uguccioni. Lohnt sich bei längerem Aufenthalt und wenn man zu mehreren reist: In diesem Palast aus dem 16. Jahrhundert gibt es fünf sehr unterschiedlich, aber immer hübsch, persönlich und großzügig ausgestattete Apartments. Piazza della Signoria, 7,Tel. 333 476 53 30 (Handy), www.palazzouguccioni.com

Palast aller Paläste: der Palazzo Vecchio

Relais Piazza Signoria. Ebenfalls eine empfehlenswerte Adresse für Apartments: drei einladend und romantisch-hell möblierte und sehr gepflegte Apartments mit Terrassen. Blick über die Piazza. Via Vacchereccia 3, Tel 055 5 35 97 96.

San Firenze Suites & Spa. Sehr elegantes Hotel, mit viel Fingerspitzengefühl eingerichtet. Die

Suiten und Zimmer sind nicht groß. Wie könnte es anders in dieser Zentrumslage sein, ist auch dieses Haus in einem restaurierten und umgebauten Palast untergebracht. Bietet Massagen für gestresste Florenzbesucher. Piazza di San Firenze, Tel. 055 28 50 09, www.sanfirenzesuites.com

Hotel Calzaiuoli. Ein klassisches Viersterne-Hotel von einer zurückhaltenden Eleganz und mit viel Bequemlichkeit ausgestattet. Die Zimmer sind nicht groß. Liegt absolut zentral. Via Calzaiuoli, 6, Tel. 055 21 24 56, www.calzaiuolihotel.com.

Albergo HS Hotel della Signoria. Zentraler geht es wirklich kaum: Dieses familiäre Dreisterne-Hotel punktet mit seiner Lage und einer eigenen Garage, das ist für Autoreisende wichtig. Die Zimmer sind eher klein, hell, modern und gepflegt und haben kleine Balkone. Frühstücksterrasse zur Piazza. Via delle Terme 1, Tel. 055 21 45 30, www.hoteldellasignoria.com

BB Casa del Garbo. Ist in einem Teil des Uguccioni-Palastes untergebracht (s. o.) und also ähnlich historisch, aber ein klassisches Bed and Breakfast mit Zimmern und kleinen Suiten, die klassisch und elegant möbliert sind. Die Zimmer sind nicht groß. Piazza della Signoria 8, Tel. 055 29 33 66, www.casadelgarbo.it

EINKAUFEN

Cioccogelateria Venchi. Dieser elegante Laden ist ein Paradies für Schokoladenliebhaber. Die Venchi stellen seit 1867 Schokolade her. Eigene Pralinenherstellung, verkaufen aber auch die besten Marken aus Italien, edel in großen Bonbongläsern präsentiert. Sehr gutes Eis. Im Sommer: So–Do 9–24 Uhr, Fr/Sa 9.30–1 Uhr. Im Winter: So–Do 10.30–24 Uhr, Fr/Sa 10.30–1 Uhr. Via Calzaiuoli 65r, Tel. 055 26 43 39, www.venchi.com.it

Bartolucci. Ein wahrhaft tönender Spielzeugladen mit Abertausenden von Pinocchio- und anderen Holzfiguren, die strampeln, summen oder singen. Mobiles, Wandfiguren, Puppenuhren. Kurios. Mo–Sa 10–20 Uhr. Via Condotta 12, Tel. 055 21 17 73.

Florentiner Kaffeehaus-Tradition verkörpert das »Rivoire«.

2 Bargello

Palast aus *pietra serena*

Das Zentrum von Florenz ist an historischen Bauwerken und Zeugnissen aus dem Spätmittelalter und der Renaissance nicht gerade arm. Und so steht auch der Palast des Bargello – man möchte fast sagen – einfach so an der Ecke, zwischen Café und Tabacchi. Der Palast selbst ist ein schönes Beispiel für die Architektur der Renaissance. Drinnen werden ausgesuchte Kunstschätze von Donatello, Michelangelo, Giambologna und Luca della Robbia präsentiert.

Über einem prächtigen rechteckigen Innenhof, der von mächtigen Säulen umgeben wird, erheben sich drei Stockwerke. Den Entwurf des Gebäudes zeichnete 1245 Lapo di Cambio, errichtet wurde er aus dem in Florenz seinerzeit begehrtesten Baumaterial, der *pietra serena*. Die Liebe zur Architektur blieb in der Familie: Sein Sohn Arnolfo di Cambio schuf die Vorlagen für den Palazzo Vecchio wie auch den Palazzo Pretorio in Volterra.

Hauptsitz des Podestá

Zunächst diente der Bargello dem Capitano del Popolo als Amtssitz, eine Institution, die in der Florentiner Verfassung verankert war und für die wirtschaftliche Organisation von Florenz ebenso verantwortlich zeichnete wie für die Rechte der Bürger. 1260 wurde er zum Hauptsitz der Podestá erkoren, zudem beherbergte er die Stadtverwaltung sowie die Polizei, was zahlreiche Umformungen und Erweiterungsbauten zur Folge hatte. Feuer, Überschwemmungen, zahlreiche Machtwechsel und Belagerungen haben in der turbulen-

Oben: Von der Terrasse des Palazzo Vecchio aus hat man diesen außergewöhnlichen Blick auf die Badia Florentina und den Bargello. **Unten:** Eine kleine Büste weist auf die Casa di Dante hin. Dante selbst hat hier nicht gelebt, wohl aber seine Familie.

Der mit Wappenschilden reich geschmückte Innenhof des Bargello

ten und oft auch brutalen Stadtgeschichte ebenfalls ihre Spuren hinterlassen. Bis 1857 diente der Bargello als Gefängnis – sein Hof als Hinrichtungsstätte – und verwahrloste. Doch als ein Porträtfresko von Dante Alighieri an einer Mauer entdeckt wurde, das entweder von Giotto selbst oder aus seiner Werkstatt stammte, wurde seine Bedeutung neu bewertet. Zu den Feiern des Risorgimento im Jahr 1865, der Vereinigung der italienischen Staaten, bot der zu neuem Glanz restaurierte Bargello zwei Ausstellungen auf. Die eine würdigte Dante zu seinem 500. Geburtstag, die andere stellte seit dem Mittelalter gesammelte Kunstwerke aus.

Zahlreiche Wappenschilde aus unbemaltem Terrakotta und *pietra serena* schmücken die Mauern der oberen Stockwerke. Gleich am »Empfang«, noch im Säulengang, steht eine Skulptur von Vincenzo Danti (1530–1576), die Cosimo I. de Medici stilisiert als römischen Augustus zeigt. Wenn man das berühmte Porträt des Cosimo von Jacopo Pontormo aus dem Jahr 1518 kennt, auf dem er seine von der Gicht gezeichnete Gestalt in einen Sessel drückt, dann ist das eine völlige Überraschung. Hier ist Cosimo jung, römisch – und das

Nicht verpassen

CASA DI DANTE

Verschachtelt, verwinkelt, ein getreues Abbild des spätmittelalterlichen Wohnens: Dies ist das rekonstruierte Familienhaus der Alighieri aus dem 13. Jahrhundert. Es versucht, die Atmosphäre des Florentiner Alltags seiner Epoche einzufangen und zeigt Exponate, die mit seinem Werk in Verbindung stehen und verschiedene Ausgaben seiner *Göttlichen Komödie*, dem Hauptwerk des Dichters – und Weltliteratur. Dante selbst hat vor seiner Verbannung aus Florenz hier nicht gewohnt.

In der Kapelle Santa Margherita dei Cerchi in derselben Gasse soll Dante zum ersten Mal im Alter von zehn Jahren Beatrice gesehen haben, später heiratete er in dieser Kirche Gemma Donati. Die Kirche ist ein kleiner Wallfahrtsort für Leute mit gebrochenem Herzen. Das Grab der Beatrice befindet sich hier.

Casa di Dante. Di–So 10–17 Uhr, im Sommer tgl. Via Dante Alighieri 4, www.museocasadidante.it

Bacchus in der Interpretation zweier Meister:
links Sansovino, rechts Michelangelo

ist Programm: Cosimo hat Augustus stets als geistigen Paten seiner politischen Ideen verehrt. Diese Statue war ursprünglich für den Eingang der Uffizien gedacht, wo heute Giambolognas Skulptur des Cosimo steht. Eine weitere blickheischende Skulptur gab der Patriarch bei Bartolomeo Ammanati in Auftrag, *Juno und die beiden Pfauen*. Giambologna schuf den *Ozean*, eine riesige allegorische Männerskulptur.

Michelangelo und seine Zeitgenossen

Das erste Stockwerk widmet sich Michelangelo und seinen Zeitgenossen. Und da ist es erhellend zu sehen, wie sich die Bildhauer demselben Thema auf ganz unterschiedliche Weise näherten. Da steht der *Bacchus* von Michelangelo, ein leicht schwankender, junger Mann, dem *Bacchus* von Jacopo Sansovino (1486–1570) gegenüber, einem strahlenden Jüngling, der sichtlich nüchtern die Weinschale hebt. Hier sind die Originale der Skulpturen im Saal der 500 zu sehen.

Mit kostbaren Gegenständen aus Elfenbein, Gemälden, Schmuck und Emaillearbeiten ist ein mittelalterlicher Prachtsaal mit dunkelblauer Decke bestückt. Kacheln und Bronzeschalen aus dem 16. Jahrhundert stammen aus Kasachstan, Persien und Syrien. Im größten Ausstellungssaal hat man Werke von Brunelleschi, Donatello, Lorenzo Ghiberti, dem Erschaffer der Bronzetüren des Baptisteriums, und Desiderio da Settignano versammelt, die einst den Palazzo Vecchio schmückten.

Aber der Star des Bargello ist der *David* von Donatello. Nackt wie der Michelangelos, aber mit Hut und Schleuder, fast verspielt und jung, zeigt er sich hier – ein aus Bronze geschaffenes poetisches Bildwerk.

Infos und Adressen

SEHENSWÜRDIGKEITEN

Museo Nazionale del Bargello. Mo-Fr 8.15–13.50 Uhr. An manchen Samstagen abends geöffnet. Via del Proconsolo 4, www.polomusealefirenze.it

ESSEN UND TRINKEN

Ristorante Il Barroccio. Eines der vielen kleinen gemütlichen Restaurants in der Innenstadt, wo man sicher sein kann, dass die Hausmannskost über alles geht: Wildschwein, hausgemachte gefüllte Nudeln. Di–So 12–23 Uhr, Mo 12–15 Uhr. Via della Vigna Vecchia 31r, Tel. 055 21 15 03.

Il Gatto e la Volpe. Die Weinauswahl in diesem hübschen Ecklokal ist ausgezeichnet. Die Speisekarte ist breit und typisch italienisch mit einer großen Auswahl an Pasta und Pizza. Rustikaler Look und fröhliches Ambiente. Tgl. 11–23 Uhr. Via Ghibellina 151r, Tel. 055 28 92 64.

ÜBERNACHTEN

Gran Hotel Cavour. Gepflegtes Vier-Sterne-Haus in einem Palastgebäude. Die Zimmer sind gut und behaglich, teilweise mit französischen Balkonen ausgestattet. Es gibt unterschiedliche Preisklassen. Via del Proconsolo 3, Tel. 055 26 62 71, www.albergocavour.it

EINKAUFEN

Moranduzzo. Altmodisch anmutende Bijouterie, wie man sie hierzulande kaum sehen würde: Steckkämme, Gemmen, mit Pailletten bestickte Bänder, Strassschmuck. Perlen zum Selbst-Auffädeln, Manschettenknöpfe. Canti della Condotta/Via della Condotta 1r, Tel. 055 2 39 65 34.

3 Duomo Santa Maria del Fiore

Gotisches Schmuckstück

Eine der größten Attraktionen der Stadt ist zweifellos der Dom Santa Maria del Fiore gemeinsam mit dem Campanile und dem Baptisterium auf der Piazza San Giovanni. Auch wenn seine Einbettung in das Straßennetz die wahren Proportionen des Gotteshauses ein wenig verschleiert, so überwältigt es doch von jedem Standort aus wegen seiner Ausdruckskraft und seiner schieren Ausmaße.

Immerhin: Das gotische Schmuckstück Santa Maria del Fiore ist die viertgrößte Kirche der Welt. Bei ihrer Einweihung im Jahr 1436 war sie mit 153 Metern Länge und 30 Metern Breite gar die größte Kirche Europas. Die überwältigende und vielgliedrige Fassadengestaltung stammt nicht aus dieser Epoche, gleichwohl greift sie die typischen Merkmale sowohl der Gotik als auch der Renaissance auf – Carrara-Marmor und Streifen aus rotem und grünem Serpentinmarmor aus Prato. Sie basiert auf einem Entwurf Emilio de Fabris' von 1887. Davor gab es nur eine Backsteinfassade im gotischen Stil. – Santa Maria del Fiore ist nach der Lilie benannt, der Wappenblume der Stadt. Sie überwölbt den Platz, auf dem zuvor die Santa Reparata stand, die ursprüngliche Bischofskirche von Florenz.

Mit dem Entwurf wurde Arnolfo di Cambio (1240–1310) beauftragt, nach dessen Plänen im Jahr 1296 mit dem Bau begonnen wurde. Er zeichnete bereits für den Palazzo Vecchio und die Stadtmauern verantwortlich. Doch er verstarb noch während der Bauzeit. Francesco Talenti griff

Die Fassaden des Doms tragen einen nahezu überschwänglichen Ornamenten- und Figurenschmuck (oben und unten).

die Pläne auf und vergrößerte die Kirche. 1368 dann einigte man sich auf ein Modell, an das sich alle folgenden Baumeister zu halten hatten.

Langwierige Bauzeit

Trotz aller Hindernisse wuchs langsam die prächtigste Kathedrale heran, die die Toskana je sehen sollte, und für die unvorstellbar große Mengen Holz geschlagen, Sand aus dem Arno gewonnen und Sandstein gebrochen wurden. Tausende von Bauleuten arbeiteten an Mauern und Gerüsten. Und doch war im Jahr 1418 immer noch nicht klar, wie die größte Herausforderung gemeistert werden sollte: der Bau einer gewaltigen Kuppel, so groß, wie sie noch nie zuvor errichtet worden war. Fachleute bezweifelten, dass dies gelingen könnte, und so ließ der Dombauverein, die Opera del Duomo, einen Wettbewerb ausschreiben. Opera del Duomo nannte sich der Zusammenschluss von Künstlern, Baumeistern und Vertretern der Zünfte, die am Bau der Kathedrale beteiligt waren. Dieses Gremium wurde eigens zu diesem Zweck gegründet.

Der Bau der Kathedrale selbst verzögerte sich allerdings stark. Eine Pestepidemie im Jahr 1347 traf die Stadt und ihre Bewohner hart, fast 80 Prozent der Bürger starben. Über Jahrzehnte hinweg standen danach lediglich Teile der Außenmauern. Und da die ursprünglichen Baupläne unauffindbar blieben, gab die krönende Kuppel Rätsel auf. Um einen neuen Impuls zu setzen, sollte Giotto di Bondone (1266–1337) den Kathedralenbau vorantreiben, doch er konzentrierte sich lieber auf den Glockenturm Campanile (s. rechts). 1379 dann konnten zumindest Gottesdienste gefeiert werden, da das Langhaus fertiggestellt worden war.

Nicht verpassen

CAMPANILE

Ein mit verzierten Marmorplatten belegter Glockenturm, der 84 Meter hoch in den Himmel sticht, der ist wahrhaft eines Wahrzeichens würdig. Diesen Campanile hat Giotto da Bondone entworfen und er ist, wenn das Wort gestattet ist, überirdisch schön. Auch an ihm mag man sich gar nicht sattsehen, so viel gibt es zu entdecken. Er erzählt ganze Geschichten - von der Menschwerdung bis hin zu den bäuerlichen Arbeiten und den Tugenden der Menschen. Die sieben Planeten sind zu sehen, wissenschaftliche Disziplinen und die sieben Sakramente. Der Turm wurde von Andrea Pisano und Francesco Talenti nach dem Tod Giottos zu Ende geführt. Die Nischen sind mit Skulpturen von Propheten und Königen geschmückt.

Man kann ihn besteigen – doch das ist nichts für Menschen mit Höhenangst.
Geöffnet Mo–Sa 9–19.30 Uhr

Nicht verpassen

DAS NEUE DOMBAUMUSEUM IL GRANDE MUSEO DEL DUOMO

Ende Oktober 2015 wurde das vollständig restaurierte und restrukturierte Dombaumuseum nach langer Wartezeit wieder eröffnet. Es enthält eine überwältigende Sammlung sakraler Kunst in 25 individuell gestalteten Sälen auf 6000 Quadratmetern, die sich über drei Stockwerke verteilen.

Das Interessante daran ist aber nicht nur die Fülle der besonderen Kunstwerke der größten Bildhauer und Maler ihrer Epoche, sondern die Dokumentation der Arbeit an dem Dombau. Zum Beispiel lagen dort, wo heute Exponate zu besichtigen sind, zwischen dem 14. und 16. Jahrhundert die Werkstätten von Brunelleschi und Michelangelo; hier entstand der *David*.

In der Haupthalle Paradiso wurde die erste bekannte Fassade von Santa Maria del Fiore aufgrund von Zeichnungen rekonstruiert; Skulpturen, die einst Baptisterium und Dom schmückten, gehören zu den wichtigsten Exponaten. Ein Spätwerk Michelangelos verdient besondere Aufmerksamkeit; es ist seine *Pietà*, die er selbst zerstörte, als er Unreinheiten in dem bereits bearbeiteten Marmor entdeckt hatte.

Il Grande Museo del Duomo. Tgl. 9–19 Uhr, Via della Cononica 1, Tel. 055 230 28 85, www.museumflorence.com

Auch der Innenraum beeindruckt durch seine Dimensionen. Er hat drei Schiffe, die sich im Chor vereinen, wobei die Seitenschiffe relativ schmal sind. Hohe Arkaden strukturieren ihn. Im Osten schließt sich ein Oktagon an, über das die Kuppel gelegt wurde. Innen ist die Raumwirkung gewaltig, weil die schmückenden Kunstwerke nicht im Vordergrund stehen. Rechts vom Eingang sieht man einen Tondo mit der Büste Brunelleschis, ausgeführt von Andrea Cavalcanti, und ein Ehrenmal für Giotto von Benedetto da Maiano. Dort sind auch die Fresken zu sehen, die Paolo Uccello gemalt hatte. Das vermutlich berühmteste (1465) zeigt Dante Alighieri vor der Florentiner Kulisse, die von Domenico di Michelino stammt. Die runden Fenster im Tambour, der die Kuppel stützt, haben Donatello (1386–1466), Lorenzo Ghiberti (1378–1455) und Andrea del Castagno (1423–1467) entworfen. In Anwesenheit der Künstler wurde der Dom am 25. März 1436 geweiht. Im vorderen Bereich des Doms führt ein Gang hinunter zu den Resten der Santa Reparata – dort fand Filippo Brunelleschi seine letzte Ruhe.

GUT ZU WISSEN

SANTA MARIA DEL FIORE

Es blüht überall in Florenz und auch in unserer Sprache: Florentia, die Blühende, ein florierendes Geschäft, Florint, die Florentiner Münze. Es blüht im Dom, der Santa Maria del Fiore heißt, es blüht auf den Busfahrkarten, den Schildern an den Haltestellen und sogar auf den Abfallbehältern. Überall ist die florentinische Schwertlilie zu entdecken, die Symbolblume der Stadt. Wer genau hinschaut, entdeckt, wie sie sich von der Bourbonen-Lilie unterscheidet: Sie hat Blütenstempel. Die schöne dunkelrote Florentiner Lilie kann man erwerben – als Druck auf Seidentüchern, T-Shirts und Aschenbechern, als Anhänger.

Infos und Adressen

Das Ornamentmuster des Marmorfußbodens von Santa Maria del Fiore

SEHENSWÜRDIGKEITEN

Santa Maria del Fiore. Mo–Do 10–16.30 Uhr, Fr, Sa 10–17 Uhr, SO 13.30–16.45 Uhr.

ESSEN UND TRINKEN

Le Menagere. Hinter den hohen Fensterscheiben befand sich einmal das gediegenste Haushaltswarengeschäft von Florenz, und daher hat das angesagte Restaurant auch seinen Namen. Es ist im coolen Vintage-Loft-Stil eingerichtet, mit Weinflaschen in silbernen Kästen an den Wänden. Das kleine Menü kostet 38 €, das Essen schmeckt gut, aber ist nichts wirklich Außergewöhnliches. Vorbestellung ratsam. Tgl. 12–15 und 19–23 Uhr. Via de Genori 8, Tel. 055 0750600.

Decumanus. Einfache Formen, aber viel Natur dominiert die puristische Innenausstattung. Mischung aus Bar, Café und Restaurant. Hat eine typisch italienisch-internationale Karte mit frischen Produkten. Di–So 11–24 Uhr. Via dei Servi, 9r, Tel. 055 9061370.

ÜBERNACHTEN

Hotel Brunelleschi. Eine feine, zentrale Vier-Sterne-Adresse in einer umgebauten mittelalterlichen Kirche. Elegante Zimmerausstattung, hell und licht. Die meisten Zimmer haben Aussicht auf die Domkuppel. Mit zwei Restaurants, Bar und Fitnessraum. Piazza Santa Elisabetta, Tel. 055 27370, www.hotelbrunelleschi.it

INFORMATIONEN

Informazioni turistiche. Mo–Sa 9–18.45, So 9–13.50 Uhr. Eine gute Alternative zur stets überfüllten Touristeninformation am Bahnhof Santa Maria Novella. In der Loggia und Kapelle des Renaissance-Palazzo Bigallo untergebracht. Dies war früher einmal ein Waisenhaus der Bruderschaft der Misericordia und ist an sich schon sehenswert, wenn man mal warten muss.
Piazza San Giovanni 1.

Im Eataly (s. S. 53) gibt's nur Italienisches zu essen – und zu kaufen.

Für diese wundersame Kuppel wurden 40 Millionen Ziegelsteine verbaut. Ein »Tempelchen« krönt sie.

4 Die Domkuppel

Wunderwerk der Architektur

Es gibt kaum einen Standort in Florenz, von wo aus man die Kuppel des Domes nicht sehen könnte: Sie ist ihr backsteinbraunes Wahrzeichen. Wie viele Mühen der Bau dieser cupolona gekostet hat, welche technischen Herausforderungen mit Raffinement gelöst worden waren, darüber werden Quellen und Literatur nicht müßig zu schreiben. Der Goldschmiedemeister Filippo Brunelleschi war es, dem allen Zweiflern zum Trotz die Aufgabe gelang, eine solche Kuppel zu bauen.

Und wie er es tat, das hat sein Bewunderer Leonardo da Vinci festgehalten. Er hat die Zeichnungen nachgeliefert, die Brunelleschi nicht hinterließ – wohl aus Furcht, die Pläne könnten ihm gestohlen werden. Sie sind im Museum von Leonardos Geburtsstadt Vinci ausgestellt. Dort kann man auch Nachbauten der Modelle und Videoanimationen über deren Betrieb sehen (s. S. 258 f.).

Die ursprünglichen Planer hatten ein eindrucksvolles Gotteshaus entworfen mit einem achteckigen Ostbau, der von einer Kuppel zu überwölben war, doch wie genau diese auszusehen habe, darüber schwiegen die Entwürfe. Die Opera del Duomo hatte 1417 zwei unterschiedliche Entwürfe konkurrierender Baumeister eingeholt, doch sie konnten beide nicht überzeugen. Man wollte keine (gotischen) Stützpfeiler haben, obwohl es jede Vorstellungskraft übertraf, sich eine Kuppel solchen Ausmaßes ohne die Hilfe von Stützpfeilern auszumalen. 1418 dann schrieb der Dombauverein einen Wettbewerb unter Baumeistern, Künstlern, Architekten und Handwerksmeistern aus.

Des Rätsels Lösung

Wer sich die größten Chancen ausrechnete und an wem auch die größten Erwartungen hingen, das war Lorenzo Ghiberti, der die genialen Bronzetüren für das Baptisterium geschaffen hatte. Doch das Rennen machte gegen viele Widerstände der Goldschmied Filippo Brunelleschi (1377–1446) der mit einer doppelschaligen Konstruktion, die sich ineinander stützte, versprach, ohne Stützpfeiler auszukommen. Auf einer inneren Schale mit acht rechteckigen Hauptrippen und 16 kleineren Rippen, die von einer Querrippenkonstruktion gestützt werden, setzte er eine dünnere Schale mit acht deutlich hervortretenden Längsrippen. Das Modell vereinte Ideen des Mittelalters mit Konzepten aus der Antike - und gilt als ein Meisterwerk der Frührenaissance. Um den Dombauverein schlussendlich zu überzeugen, baute Brunelleschi ein Modell der Kuppel.

Den Verbrauch von vier Millionen Ziegelsteinen vermeldete die Bilanz, als die Kuppel – im Fischgrätmuster erstellt – fertig war. Sie ruht auf Hausteinen, die man allerdings wegen ihres Eigengewichts nur im Sockelbereich verwenden konnte. Die Arbeiter mussten gleichzeitig an allen Seiten der Rundung mauern, damit sich die Steine gegenseitig stützten. Diese Strategie war vergleichsweise leicht zu verwirklichen, solange man noch nahe des Tambours, des Kuppelsockels, arbeitete.

Oben: Das Relief in *pietra serena* zeigt die Bauarbeiten am Dom. Man sieht es in der Via delle Studio an einer Werkstatt.
Unten: Die Kuppel des Doms ist mit Fresken geschmückt, die von Giorgio Vasari und Federico Zuccari stammen.

Je weiter die Kuppel in die Höhe wuchs und die sanfte Rundung einzukalkulieren war, desto komplizierter wurde es. Und so ersann Brunelleschi unermüdlich neue Gerätschaften. Er schuf ein Arbeitsgerüst, das stückweise nach oben verschoben wurde, je weiter die Arbeit voranschritt. Die Arbeiter durften ihre Arbeitsstätte nicht verlassen, sogar eine Toilette wurde in den Tambour gebaut.

Brunelleschis Konstruktion fand einen berühmten Nachahmer: Michelangelo ließ sich von ihm für seinen Entwurf der Kuppel des Petersdoms inspirieren. Andrea della Robbia (1435–1525) fertigte die Büsten der Dombaumeister, und Giorgio Vasari (1511–1574) schuf das Kuppelfresko mit einer Gesamtdarstellung der biblischen Welt, aufgelöst in unzählige Szenen. Er konnte sein Werk nicht vollenden, das tat dann Federico Zuccari.

GUT ZU WISSEN

MITTAGSPAUSE IN LUFTIGER HÖHE?

Man stelle sich vor: Die Domkuppel war mit ihren etwa 90 Metern damals die höchste der Welt, die Hagia Sophia maß »nur« 56 Meter. Die Arbeiter durften ihre Baustelle in der luftigen Höhe nicht verlassen, sondern mussten ihr Mittagessen in der Kuppel verzehren. – Der Architekt und *capomaestro* Filippo Brunelleschi ließ im Tambour, also dem Fundament der Kuppel, auf etwa 50 Metern Höhe eine Küche einrichten, damit sie es bequemer hatten. Zum Essen gab es übrigens Wein, denn die Wasserqualität ließ in damaligen Zeiten zu wünschen übrig – oft war das Wasser mit Bakterien verseucht und schmutzig. Erst als die Kuppel immer höher wuchs, gab man ein bisschen Wasser dazu. Gegessen wurde am liebsten ein lange vor sich hin garendes Schmorgericht aus fettem, zu Fasern gezupftem Fleisch mit Zwiebeln, Sellerie und Tomaten. So zumindest verraten es die Kochbücher.

Oben: Der Duomo Santa Maria del Fiore ist eines der eindrucksvollsten architektonischen Symbole der Stadt.
Unten: Bautechnisches Detail des Kuppelaufbaus

Infos und Adressen

Wer sich Haute Couture nicht leisten kann, muss nicht traurig sein: In Florenz gibt es viele Vintage-Läden wie diesen hier.

SEHENSWÜRDIGKEITEN

Domkuppel. Mo–Fr 8.15–19 Uhr, So 8.30–14 Uhr, So geschl.

ESSEN UND TRINKEN

Le Mossacce. Hausfrauenkost auf die beste Art in einem lebhaften, sehr angenehmen Ambiente. Hier sitzen Studenten neben Touristen neben Alteingesessenen. Guter Mittagstisch. Sa und an Feiertagen geschl. 12–14.30 und 19–21.30 Uhr. Via del Proconsolo 55r, Tel, 055 29 43 61, www.trattorialemossacce.it

Eataly. Aus regionalen Produkten Mode machen, das schafft diese Mischung aus gutem Lebensmittelgeschäft und Restaurant im puristischen Ambiente. Pastasaucen, Marmeladen, Nudeln, Milchprodukte aus dem Mugello, getrocknete Steinpilze, Schokolade und Kekse – die Auswahl ist riesig. Es gibt auch Kochbücher. Lohnendes Mittagsmenü. Auch schön zum Draußensitzen. Tgl. 10–23 Uhr. Via dei Martelli 22, Tel. 055 0 15 36 01.

EINKAUFEN

Vintage Couture. Florenz ist ein Dorado für Modefans, und die greifen in zunehmendem Maße auch zu Second-Hand oder Vintage, wie es modisch heißt. Hier gibt's Cavalli, Versace, Gucci, Yves St. Laurent, eine Seidenbluse kostet etwa 100 EUR. Mo–Sa 10.30–19.30, So 14.30–19.30 Uhr. Via dei Servi 88r, Tel. 055 5 38 13 34.

Consigli di Anna. Ein feminin eingerichteter Schmuckladen so schmal wie eine Tür. Die Besitzerin preist ihre verspielten Designs, hat aber auch Plastikschmuck. Mo–Sa 11–19 Uhr, So 14–18 Uhr. Via dei Servi 73r, Tel 055 21 56 83.

Johnsons & Relatives. Hier gibt es eine große Auswahl an florentinischem Papier mit allem, was dazu gehört, Adress- und Schreibbüchern, Postkarten mit historischen Motiven, Federstielen, Pappschablonen der Sehenswürdigkeiten von Florenz und vieles mehr. Mo–Sa 10.30–20 Uhr. Via del Proconsolo 26r, Tel. 055 21 47 95.

Ein echtes Brunelleschi-Feeling stellt sich beim Ausblick von der Kuppel ein.

Oben: Das Baptisterium im abendlichen Glanz
Unten: Ein von Schönheit flirrendes Kunstwerk sind die Mosaiken im Innern.

5 Baptisterium

Schönheit im »Schatten«

Die alte Taufkirche von Florenz präsentiert sich in einem schönen Kleid: Die leuchtende Marmorplattenverkleidung mit den grünen, streng geometrischen Inkrustationsbändern und der goldenen Laterne auf ihrem kleinen tempelhaften Aufbau würde alle Blicke auf sich ziehen, befände sie sich nicht in unmittelbarer Nachbarschaft zur noch beeindruckenderen Santa Maria del Fiore. Die Bronzetüren von Lorenzo Ghiberti indes sind stets umlagert.

Dabei hat die Taufkirche zu Ehren des San Giovanni schon ganz früh zu überschwänglichen Metaphern angeregt: *Die Pforten des Paradieses* – dieses Zitat über die beiden Portale, die Ghiberti im Auftrag der Wollzunft schuf, stammt von Michelangelo Buonarroti. *Il bel Giovanni* – der schöne Johannes, so nannte Dante Alighieri das Baptisterium, das den Prototyp der Architektur der Frührenaissance verkörpert.

Die Taufkapelle – wie in Pisa auf der Piazza degli Miracoli, Platz der Wunder – getrennt vom Kirchenbau, steht auf antikem Gelände. Exakt an dieser Stelle fand man bei Ausgrabungen Relikte aus der Römerzeit, die nahelegen, dass sich hier unter anderem ein Marstempel befunden haben muss. Die Brücke zurück zur Antike zu schlagen – dies ist ja Wesen und Auftrag der Renaissance – versuchen Architektur, Fassadengestaltung und das Schmuckwerk: Die kannelierten Pilaster im unteren Geschoss, die Marmorverkleidung der Hausteine, die als Mauermaterial benutzt wurden, und die Fensterrahmungen beziehen sich auf antike Vorbilder.

Frühchristliche Bauweise

Das Baptisterium erhielt sein heutiges Aussehen im 16. Jahrhundert, nachdem sein ursprünglicher Bau ins 5. Jahrhundert datiert werden kann. Der oktonale Grundriss entspricht frühchristlicher Bauweise. Die vier Portale schufen Meister ihres Faches; das älteste ist das Südportal von Andrea Pisano (1303–1336), der mit seinen Reliefs Szenen aus dem Leben des San Giovanni abbildete. Lorenzo Ghiberti hat das Ostportal mit biblischen Figuren gestaltet und erzählt darin kunstfertig die Geschichten von Adam und Eva, Kain und Abel, Noah, Abraham und Isaak, David und Goliath, Moses und die Zehn Gebote und Salomon und die Königin von Saba. 28 Jahre benötigten er und seine *bottegha*, aus der auch Donatello und Michelozzo hervorgingen, für die Fertigstellung dieser Kunstwerke. Das Nordportal fängt in bewegten Szenen Geschichten aus dem Neuen Testament ein. Ebenso wie die Reliefplatten von Pisano sind diese hier nicht mit einem Goldüberzug versehen.

Im Innenraum überrascht ein vielfältiges Licht- und Schattenspiel. Der Mosaikfußboden zeigt reiche Muster aus verschiedenen Epochen, die Wände sind mit reichen, geometrischen Marmorplatten verkleidet, aber das Aufsehenerregendste ist das Kuppelmosaik. Das Jüngste Gericht ist darauf dargestellt, mit großer Fantasie und Vielfältigkeit.

Im Baptisterium ist das Grabdenkmal von Gegenpapst Johannes XXIII. rechts von der Chorkapelle zu finden, das vermutlich gemeinsam von Donatello und Michelozzo entworfen und geschaffen wurde. Der aus einer Seefahrerfamilie stammende Baldassare Cossa wurde zwar 1410 zum Papst gewählt, auf dem Konzil zu Konstanz 1415 aber nicht bestätigt und daraufhin eingekerkert. Mit ihm beginnt die Erfolgsgeschichte der Medici, denn Giovanni di Bicci Medici zahlte das Lösegeld.

Infos und Adressen

SEHENSWÜRDIGKEITEN

Baptisterium. Mo–Sa 8.15–19 Uhr, So 8.30–14 Uhr.

ESSEN UND TRINKEN

Gelateria Grom. Wer wie die Gelateria Grom Dorothy Parker in seiner Firmenphilosophie zitiert, kann kein schlechtes Eis machen … Laut Kennern ist es das beste von Florenz. Sehr cremig, ungewöhnliche, aber keine übertrieben ambitionierten Geschmacksrichtungen und angemessene Preise. Tgl. 10–22 Uhr. Via del Campanile/Angolo via delle Oche, Tel. 055 21 61 58.

EINKAUFEN

Caffe Scudieri. Seit 1939 residiert dieses elegante Traditionscafé an der Piazza San Giovanni und serviert die schönsten Kaffees. Die hauseigene exquisite Patisserie, die *cantuccini*, die Schokoladentorten, verlocken zum Einkauf, ebenso wie die perfekten Marzipanfrüchte. Mo– So 9.30–23 Uhr. Piazza San Giovanni 19r, Tel. 055 21 07 33.

Paolo Penko. Fantasie und Präzision ergänzen sich bei einem der renommiertesten Goldschmiede der Stadt auf das Feinste. Er ist in vielen Designs zu Hause, von Renaissance bis klassisch, und verarbeitet nur edle Materialien: Gold, Silber, Edelsteine. Di–Sa 9.30–13.30, 15.30–19.30 Uhr. Via Ferdinando Zanetti14/16 r, Tel. 055 21 16 61.

Flanieren auf florentinisch in den historischen Gassen unweit des Doms.

6 Domplatz und Umgebung

Voll ist kein Ausdruck – also rein ins Getümmel, es lohnt ...

Eigentlich hat der Domplatz eine architektonisch klar definierte Aufgabe: Er soll auf den Dom einstimmen. Das kann man vergessen. Hoch gehaltene Reiseführerschirme, Selfiesticks und Ähnliches lassen geistige oder emotionale Annäherung nicht wirklich zu. Also: Rein in den Trubel und gleich noch die attraktiven, historischen Nebenstraßen kennenlernen.

Die Piazza del Duomo ist vor allem das geworden: ein gigantischer Platz für Warteschlangen aus aller Welt, für Trolley zerrende Besucher, für Porträtmaler, für Souvenirverkäufer, für Eisdielen, Postkartenläden und vor allem für Händler und Touristen. Man bedauert, in dieser kostbar gedachten Umgebung so viel Ramsch zu sehen, aber darunter leidet Florenz leider nicht als einziges Touristen-Traumziel.

Einige Steinbänke sind an der Südseite des Domes aufgebaut, wo man dem Trubel mitunter etwas entgehen kann und die wunderbar mit Marmor verkleideten Mauern in ihrem so charakteristischen verschiedenfarbigen Blendmuster in Ruhe betrachten kann. Im Rücken und buchstäblich im Schatten des Doms liegt die kleine Piazza del Capitolo, die mit einem schönen Tabernakel mit der *Verkündigung Mariens* geschmückt ist. Sie entstand im 18. Jahrhundert, als der Platz um den Dom neu gegliedert wurde. Gleich um die Ecke in der winzigen Via delle Studio ebbt der Trubel plötzlich ab.

Rundgang
Domplatz und Via degli Albizi

A Piazza del Duomo – An der leicht abfallenden Piazza del Duomo im Zentrum der Stadt liegen die baulichen Wunderwerke von Florenz: Dom, Baptisterium und Campanile. Am beeindruckendsten wäre es, wenn man allein auf ihm stünde – das passiert aber nie. Als Treffpunkt ist der Platz wunderbar.

B Piazza del Capitolo – Praktisch im Schatten des Doms liegt die schmale Piazza del Capitolo, geschmückt mit einer Statue des Kuppel-Erbauers Filippo Brunelleschi. Er ist sitzend dargestellt, wie er – Zirkel und Planentwurf vor sich – forschend seine Kuppel anblickt.

C Via dell' Oriuolo – Eine stimmungsvolle Zeugin, die aus dem Spätmittelalter entsprungen zu sein scheint, ist diese schmale, leicht gebogene Gasse.

D Complesso delle Oblate – Die Florentiner erfüllt ihre schöne Stadtbibliothek mit Stolz. Sie ist in einem ehemaligen Franziskaner-Hospiz untergebracht, einem der ältesten der Stadt Florenz.

E Via Borgo degli Albizi – Mauern aus dem Mittelalter, Paläste, junge Läden, veganes Restaurant. Der Mix ist sehr attraktiv.

F Palazzo Tanagli – Schöner Wohnen in Firenze: der restaurierte Palast aus dem 16. Jahrhundert mit Fresken-Patio ist ein Wohnhaus.

G Palazzo Valori Altoviti – An der Fassade dieses Albizi-Palastes gibt's viel zu sehen: Auf Halbsäulen ausgestellt, ist hier die künstlerische und literarische Prominenz der Stadt versammelt.

H Piazza di San Pier Maggiore – Mit seinen Obst- und Gemüseständen und Terrassencafés wirkt dieser Platz sehr einladend.

I Piazza Salvemini – Der Antifaschist, Historiker, Publizist und Politologe Gaetano Salvemini (1873–1957) ist der Taufpate dieser Piazza.

Die verlockende Patisserie der Loggia degli Albizi

Geheimtipp

COMPLESSO DELLE OBLATE

Das ist schon ziemlich toll, wenn eine Stadtbibliothek in einem historischen Gebäude untergebracht werden kann – in Florenz handelt es sich um ein Kloster aus dem 13. Jahrhundert! Dieses wurde mustergültig restauriert und ausgebaut, sodass auch Lesesäle und Terrassen nicht fehlen. Es ist nicht nur Bibliothek, sondern auch Veranstaltungssaal für Lesungen, Präsentationen und kleine Ausstellungen.

Trotzdem, die Geschichte und die Architektur werden wohl in erster Linie interessieren. Der Complesso delle Oblate gehörte zu einer der frühesten Gründungen im »Klosterbezirk«; es war einst ein Franziskaner-Hospital für erkrankte Nonnen. Das elegante großzügige Gardemaß des Klosterhofs rechnet man Giuliano da Sangallo zu.

Biblioteca Comunale, Complesso delle Oblate. Mi–Mo 9–14 Uhr. Via S. Egidio 21, Tel. 055 2 61 65 12.

Mittelalter

Welch einen Stimmungswechsel erlebt man doch, wenn man die Gassen östlich des Domplatzes erkundet. Das Mittelalter hat hier seine deutlich sichtbaren Spuren hinterlassen, besonders in der Via del Oriuolo mit seinen verwinkelten Bogengängen. Mit der Via Borgo degli Albizi wird einer der einflussreichsten Familien des spätmittelalterlichen Florenz gedacht, die mit den Medici, die später Ruhm und Reichtum im zuvor unbekannten Ausmaß erlangen sollten, um die Vormachtstellung in der Stadt stritten.

Die Familie Albizi (manchmal auch Albizzi geschrieben) führte in Florenz das Lager der Guelfen an. Ende des 14. Jahrhunderts wurde eines ihrer Mitglieder zum Gonfaloniere, zum Oberhaupt der Signoria gewählt und war in der einflussreichsten Gilde der Stadt, der Arte di Lana, organisiert.

Die Paläste der Albizi

Hier also findet man ihre mittelalterlichen Palazzi, die im 19. Jahrhundert restauriert wurden. Der Palazzo Valori Altoviti (Nr. 18) und der Palazzo Tanagli (Nr. 12) aus taubengrauer *pietra serena* sind architektonische Boten aus dem 16. Jahrhundert, fern jedoch von musealer Erstarrung. Der Palazzo Tanagli zeigt sich voll restauriert mit weitem Innenhof und Fresken. Er ist ein ganz normales Wohnhaus! Die Fassade des Palazzo Valori Altovito, ursprünglich auch im Besitz der Familie Albizi, ist ein echter Eyecatcher. Buchstäblich aus der Mauer heraus erwachsen Pilaster und Reliefs berühmter Zeitgenossen wie Amerigo Vespucci, Dante Alighieri, Francesco Petrarca, Leon Battista Alberti, Giovanni Boccaccio und Lorenzo Medici, Il Magnifico. Das erzielt in der schmalen Straße eine beträchtliche Wirkung.

Türschmale Läden

Viel Geschichte, aber auch viel Flanierpotenzial hat die Via aufzuweisen. Hinter den türschmalen Läden verbirgt sich so manches Highlight, was Mode, Schmuck und Schuhe betrifft, und eines der wenigen veganen Restaurants in Florenz, das Riso Miso. Man trifft aber auch auf den üblichen Touristenramsch und stolpert über Lebensmittelkioske, die sich in Florenz scheinbar fest in asiatischer Hand befinden. Es macht Spaß, zwischen den schmalen Gassen zu flanieren und immer wieder mit historischen Spuren konfrontiert zu sein. Auch die Via Oriuolo hat da einiges aufzuweisen, z.B. ehemalige Palastfassaden, die im neoklassizistischen Stil überbaut wurden. Man steht auf der Piazza de San Pier Maggiore mit ihren ländlichen Obst- und Gemüseständen und fühlt sich in die toskanischen Städte San Gimignano und Volterra versetzt, die im 13. Jahrhundert bittere Feindschaft zum aufstrebenden Florenz pflegten. Die Borgo degli Albizi mündet, wie die Via Oriuolo, in die Piazza Salvemini, einen der wenigen schnell identifizierbaren Verkehrsknotenpunkte der Stadt. Von hier aus kommt man mit verschiedenen Buslinien gut weiter.

Infos und Adressen

ESSEN UND TRINKEN

Bar Reverse. Typische Bistrotküche und gutes Café. Groß, viel Holz, loftig. Tgl. 7.30–2 Uhr. Borgo degli Albizi, 78R, Tel. 055 24 27 74.

Bistro Miso di Riso. In diesem mediterran und bunt eingerichteten unkonventionellen Café-Restaurant gibt es veganes und vegetarisches Essen, Smoothies, gute Salate. Mi–Fr 12–23 Uhr, Sa, So 10–23 Uhr. Via Borgo degli Albizi, 54r, Tel. 055 2 65 40 94.

La Loggia degli Albizi. Angenehm klassisch bescheiden, hat unschlagbare Patisserie im Angebot. Serviert auch *light lunch.* Mit Terrasse für Aperitifs. Mo–Sa 7.30–20 Uhr. Borgo degli Albizi 39, 055 2 47 95 74.

ÜBERNACHTEN

Hotel Bavaria Florence. Etagenpension mit schön eingerichteten, geräumigen Zimmern und kleiner Terrasse. Via Borgo degli Albizi, 26, Tel. 055 234 03 13, www.bavariafirenze.it

Hotel Locanda della Orchidea. Typische kleine preiswerte Etagenpension im historischen Gebäude. Gepflegt, freundlich, kleine, aber ordentliche Zimmer.
Via Borgo degli Albizi 11,
Tel. 055 062 09 46.

EINKAUFEN

Vintage di Antonini Alessandra.
Toller, gepflegter Vintageladen mit einer Fülle an Designerklamotten und anderen, Accessoires, Schmuck, Schnäppchen, schön boudoirmäßig präsentiert.
Piazetta Calamandrei 2r,
Tel. 055 234 39 27.

Oben: Auf einen Aperitif im »Giubbe Rosse«
Unten: Dieses Bronzemodell des römisch-antiken Fiorentia kann man auf der Piazza della Repubblica betrachten.

7 Piazza della Repubblica

Plötzliche Größe

Es ist, als hätte sich eine andere Epoche verirrt. Nach alldem mittelalterlich engen Zuschnitt der geschäftigen Gassen verblüfft dieser plötzlich wie aus dem Nichts auftauchende Platz mit seiner eleganten Größe und den Blumengeschäften und Zeitungskiosken unter den großzügigen Arkaden. Die während der Stadtsanierung zwischen 1865 und 1870 entstandene Piazza della Repubblica strahlt großstädtisches Flair aus.

Gedränge, Geschiebe und halsbrecherische Volten von Vespa-Fahrern gehören zum Lokalkolorit von Florenz einfach dazu, da überrascht die Flaniertauglichkeit dieses Platzes die heutigen Gäste.

Ganz anders sah das bei den Florentinern zum Zeitpunkt seiner Anlage aus: Als Folge der Stadterneuerung unter Guiseppe Poggi, als Florenz zur Hauptstadt des neuen Italien gekürt worden war, sollte umfangreich abgerissen werden. Im Zentrum von Florenz herrschte damals das mittelalterliche Stilgepränge, wie man ihm in den umliegenden Straßen noch begegnen kann. Mehrere Synagogen erhoben sich hier, und ebenso viele Kirchen, dazu Werkstätten, Wohnhäuser, Handwerksbetriebe und kleine Läden. Die neuen Pläne griffen tief in die historische Bausubstanz ein, hatten Abrisse und Planierungen zur Folge. Und auch Enteignungen, freilich ohne dass Betroffene jemals entschädigt worden wären. Die Neugestaltung des ursprünglichen Mercato Vecchio und des Judenghettos rief zahlreiche Proteste auf den Plan. Denn nicht nur der Platz wurde dabei neu

Zuhörer sind schnell gefunden.

definiert, auch die umliegenden Straßen des Viertels erfuhren Veränderungen.

Historizismus

Das heutige Aussehen mit Gebäuderiegeln über weit gespannten Arkadengängen folgte der Mode des Historizismus, der in den 1880er-Jahren in allen europäischen Hauptstädten en vogue war. Augenfälligste Zier ist der Arcone, ein Triumphbogen, der vom Architekten Vincenzo Micheli (1833–1905) entworfen wurde. Die Piazza della Repubblica entwickelte sich zum Mittelpunkt der bürgerlichen Gesellschaft, die in den Warenhäusern einkaufte und sich in den Cafés niederließ – ganz so wie in Paris. Die Cafés gibt es hier immer noch.

Cafés nach Pariser Art

Das »Café Gilli« mit einer der besten Konditoreien und eigener Pralinenherstellung ist der Darling der Betuchten, die es lieben, in der nostalgischen Atmosphäre eines Jugendstilcafés einzutauchen. Demselben Besitzer gehört das »Café Paszkowski«, das 1846 eröffnet wurde und sich als Literatencafé einen Namen machte. Im noblen Ambiente

Nicht verpassen

BRONZERELIEF DES ALTEN STADTPLANS

Das Bronzerelief in einer Ecke der Piazza gibt Aufschluss über die Größe der Stadt zu römischen Zeiten. Wenn man sich den dort dargestellten Straßenverlauf vergegenwärtigt, wird man feststellen, dass der Umfang in etwa dem von Florenz im 12. Jahrhundert entsprach. Das wird anhand der Stadtmauern ersichtlich. Gut lassen sich die Thermenanlagen und der Platz des Forums identifizieren; die Existenz der Thermen bezeugt heute die Via delle Terme; und auf dem Platz des Forums befindet sich die Piazza selbst. Der römische Stadtbezirk umfasste damals lediglich Bereiche auf der rechten Seite des Arno.

Die Römer hatten während ihrer Herrschaft Fiorentia zur Hauptstadt der Provinz Etruria – oder Truscia – gemacht und in das Wegenetz der Via Appia und Via Cassia eingeknüpft. In der gesamten Region genoss keine Stadt höheres Ansehen. Mit dem Zerfall des römischen Imperiums änderte sich das rasch.

Oben: Das prächtige Eingangstor zur Piazza, der Arcone
Unten: Die schönen und stimmungsvollen Innenräume der Traditionscafes

erklingen abends häufig Konzerte. Am bekanntesten ist das »Giubbe rosse«, die »roten Westen«. Der Name rührt von den roten Westen her, die die Kellner hier tragen. Von erhitzt geführten Futuristendebatten erzählen seine Chroniken. Als Ort der Kunst versteht sich das Café immer noch; man veranstaltet Lesungen und Ausstellungen. Das eigentliche »Giubbe rosse« ist eher klein und traditionell, auf seiner großen Außenterrasse nehmen hauptsächlich Touristen Platz.

Ein literarisches Restaurant, allerdings in einer anderen Spielart, ist das von Bücherregalen umringte »RED« der Buchhandlung Feltrinelli, die unter den Arkadenbögen ihren Platz bezogen hat. Giangiacomo Feltrinelli war ein zu den Linken zählender Verleger, der die bedeutendsten revolutionären Schriftsteller in seinem Haus publizierte. Gemeinsam mit seiner Frau Inge wollte er eine Lebensbeschreibung Fidel Castros verfassen. Der Verleger verlor sein Leben bei einem Sprengstoffattentat, das nie aufgeklärt werden konnte.

»RED« (»Read Eat Dream«) ist das jüngste Projekt der Familie Feltrinelli, ein Café-Restaurant mit 70 Plätzen, in dem hochwertige toskanische Küche auf den Tisch kommt.

Die Piazza della Repubblica befindet sich auf historischem Gelände. Genau an dieser Stelle errichteten die Römer 50 v. Chr. das Forum ihrer Gründung Fiorentia, und die Straßenachsen verliefen damals wie heute in strikter Nord-Süd- und Ost-West-Ausrichtung. Einzelne Straßenbezeichnungen in Florenz erinnern an die römische Stadtanlage, wie beispielsweise die Via delle Terme. Die Columna della Abundancia, die sich auf dem Platz erhebt, stammt aus römischer Zeit. Ein in Bronze gegossener Stadtplan an der nordwestlichen Ecke des Platzes erläutert die historischen Bezüge.

Infos und Adressen

»Redende« Hände, auch das ist Italien.

ESSEN UND TRINKEN

Caffè Gilli. Gibt es seit 1793 – ist der Traditionssalon der Florentiner. Mit geräumiger Terrasse auf der Piazza. Große Auswahl an Süßigkeiten, Kuchen und Torten. Kleine Speisekarte für Salziges. Tgl. 7–24 Uhr. Piazza della Repubblica, 39R, Tel. 055 21 38 96.

Caffè Paszlowski. Caffè-Concerto mit toller eigener Pralinenproduktion im historisierenden Salon-Ambiente. Mo–Sa 12–15 und 19–22.30 Uhr. Piazza della Repubblica, 35r, Tel. 055 21 02 36.

Caffè Giubbe rosse. Das historische kleine Caffè hat viel Charme, Speiseraum im hinteren Bereich, am größten ist die Terrasse auf der Piazza. Mittags- und Abendkarte. Tgl. 10–1 Uhr. Piazza della Repubblica, 13/14r, Tel. 055 21 22 80, www.giubberosse.it

Caffè Red Eat Dream RED. Tgl. 9.30–23 Uhr. Piazza della Repubblica 26-29, Tel. 199 151 173, www.lafeltrinelli.it.

ÜBERNACHTEN

Cavalieri Palace Residences. Große, sehr helle und luxuriöse Apartments mit einer entsprechenden Ausstattung. Die Küchen sind gut eingerichtet. Lohnt sich bei längerem Aufenthalt zu mehreren. Via dei Cavalieri 2/Via dei Lamberti, Tel. 055 5 27 17 77, www.palacecavalieri.com

Residenza Giotto. Gepflegtes sauberes Bed & Breakfast im fünften Stock eines Hauses mit Dachterrasse, wo man sich zum Frühstück trifft. Stil: großbürgerlich. Via Roma 6, Tel. 055 21 45 93, residenzagiotto.it

EINKAUFEN

Fabriano. Nicht nur handgeschöpftes florentinisches Papier, sondern eine Auswahl an schönen und hochwertigen Schreibutensilien aus verschiedenen Ländern bietet dieses weitgehend kitschfreie Traditionsgeschäft. Mo–Sa 9.30–20 Uhr. Via del Corso 59, Tel. 055 28 51 94, www.fabrianoboutique.com

Wie aus dem 19. Jahrhundert entsprungen wirkt das Karussell auf der Piazza.

8 Via Tornabuoni

Schaufensterbummel – eine kulturelle Angelegenheit

Elegant - anders lassen sich Anmutung und Verlauf dieser Straße wirklich nicht beschreiben. Sie schneidet weit und pfeilgerade durch das mittelalterliche Stadtgewebe links und rechts von der Piazza Santa Trinita bis hoch zur Via Benchi, die die Kirche Santa Maria Novella mit dem Dom verbindet. Ein Palast reiht sich an den anderen. In den Erdgeschossen residieren Geschäfte der ersten Liga der Modeschöpfer.

Der exklusive Laden des Florentiner Modeschöpfers Roberto Cavalli. Im Schaufenster spiegelt sich – was sonst? – ein Renaissancepalast.

Der Name »Tornabuoni« hat in Florenz einen besonderen Klang, gehörte er doch zu einer der vornehmsten Familien, die in der Stadt den Ton angaben – Lucrezia Tornabuoni war die Frau von Piero de Medici und die Mutter von Lorenzo und Giuliano, zählte zum engsten und auch zu einem bestimmenden Teil der Familiengeschichte. Ihr Bruder Giovanni vertrat die Bank der Medici in Rom und auch im Vatikan. In der Kirche Santa Maria Novella hat die Familie ihre Familienkapelle, die mit wundervollen Fresken von Domenico Ghirlandaio und seiner *bottega*, »Werkstatt«, ausgestattet ist – vermutlich gehört auch der junge Michelangelo zu den Malern.

Die Renaissance und ihre mächtigen Familien sind in Florenz nie weit, und auch beim Flanieren und Einkaufen treten sie immer wieder in Erscheinung. Man kann die Liste der Modeschöpfer herunterbeten – von Giorgio Armani über Roberto Cavalli, Fendi, Gucci, Missoni, Moschino, Prada und Pucci, über Boss, Burberry, Casadei, Hermes, Hilfiger, Hogan, Max Mara, Pomellato, Rolex und Tiffany.

Unterwegs im Mode-Mekka an der Via della Spada, Via Vigna Nuova und der Via Tornabuoni

Und man kann es ebenso mit den Palästen tun: Palazzo Corsi (14. Jahrhundert), Palazzo Dudley (aus dem 17. Jahrhundert, das Tabernakel ragt in die Via Tornabuoni), Palazzo Lardarell (aus der Spätrenaissance) und natürlich der Palazzo Medici Turnaquinci (15. Jahrhundert). Hier sind die Nobelboutiquen untergekommen, komplettiert durch die Paläste Strozzi und Spini Feroni, in dem das Familienunternehmen Salvatore Ferragamo residiert (s. S. 99). Die Geschäfte, die nicht mit Mode handeln, nehmen den exquisiten Stil dennoch auf: So gibt es Antiquitäten und Silberwaren, das Museo delle Chypre, eigentlich eine Art Parfümmuseum, in dem man seltene Marken kaufen kann, edle Wäscheboutiquen und Läden mit den berühmten florentinischen Papierwaren. Die »Profumeria Inglese« wurde 1843 von dem Erfinder des Talkumpuders Henry Roberts gegründet und ist ein elegantes Paradies für Parfümfans, die einen besonderen Stil bevorzugen.

Diese Kulisse dürfte einzigartig sein. Vermutlich hat man noch nie so vornehm eingekauft und sich dann auf den Stufen einer antiken Säule ein wenig Ruhe gegönnt – oder aber auf den Bänken für Besucher und Bittsteller, mit denen die vor-

Nicht verpassen

MUSEO FERRAGAMO

Darf man von einer Schuhdynastie erwarten, ein ordentliches Museum zu gestalten? Ja, man darf! Der Palazzo Spini Feroni, in dem das familiengeführte Unternehmen Ferragamo residiert, bestand aus den für die mittelalterliche Toskana charakteristischen Turmhäusern und präsentiert nun seine bewegte Vergangenheit. Das macht richtig Spaß. Der Palast war Eigentum der Familie Pitti, später wurde er Hotel, in dem Metternich und Oscar Wilde residierten und Zirkel der künstlerischen und politischen Intelligenzia abgehalten wurden. Ein kleiner Saal ist dem weltberühmten Gemälde *Dante und Beatrice* des Präraffaeliten Henry Holiday gewidmet. Und dann folgt ein kurzer Streifzug durch die Firmengeschichte mit Schuhentwürfen und Modellen, die von Stars wie Marlene Dietrich, Sofia Loren und Audrey Hepburn getragen wurden.

Museo Ferragamo. Mo–Sa 10–19.30 Uhr. Piazza Santa Trinita 5, www.ferragamo.com

Oben: Auch schön: Window-Shopping am Abend
Unten: Die Auslage des Antiquitätenhändlers Ugo Poggi

nehmen Renaissance-Familien ihre Palastfassaden ausstatteten.

Es ist sicherlich nicht verkehrt, einen Blick in die Nebenstraßen zu werfen; zum einen, weil sie ebenfalls sehr gute Einkaufsmöglichkeiten in Palästen bieten, wobei »Etro« in der Loggia des Palazzo Rucellai in der Via della Vigna Nuova wohl die originellste sein dürfte. Und zum anderen, weil dort die mittelalterliche Straßenstruktur überlebt hat; worauf die Bezeichnung *viccolo* (»Gässchen«) hinweist.

Und dann gibt es mit der Cantinetta Antinori noch einen kulinarischen Anziehungspunkt erster Güte, nämlich ein exquisites Wein(-verkostungs-)lokal im Palast der Familie, die seit 1395 Wein herstellt.

Infos und Adressen

In der »Cantinetta Antinori« …

ESSEN UND TRINKEN

Cantinetta Antinori. Mo–Sa 12–14.30 und 19–22.30 Uhr. Piazza Antinori 3, Tel. 0 55 29 22 34.

Il Latini. Eines der renommiertesten und besten Traditionsrestaurants. Herzliche Stimmung ohne viel Chichi, üppige Portionen. Sein Ruf reicht weit bis in die USA: Tom Hanks aß hier, als er den Dan Brown Thriller *Dantes Inferno* drehte. Di–So 12.30–14.30 und 19.30–22.30 Uhr. Via dei Palchetti 6R, Tel. 055 21 09 16.

Obicà. Ein edles Ambiente hat der von imposanten Renaissancesäulen umstandene Patio, in dem sich das Restaurant befindet. Hier isst man slow … Die Küche würdigt ganz besonders den Mozzarella, den Burrata und die Pizza, Trüffel, neapolitanische Küche. Mo–Fr 12–16 und 18–23.30 Uhr, Sa, So 12–23 Uhr. Via Tornabuoni 16, Tel. 055 2 77 35 26

Caffè Giacosa. Die Florentiner mögen ihn, den exzentrischen Modestar Roberto Cavalli, und sie loben auch sehr sein Caffè, denn schließlich hat er einen der traditionsreichsten Salons der feinen Gesellschaft des 19. Jahrhunderts, in dem der Cocktail Negroni erfunden worden sein soll, wieder eröffnet. Gute Pralinen, Teekuchen und Kekse. Die wilden Tiere, sein Markenzeichen, schmücken die Geschenkschachteln. Tgl. 8–20 Uhr. Via della Spada 10, Tel. 055 2776328, www.caffegiacosa.it

ÜBERNACHTEN

Tornabuoni Beacci. Heimeliges elegantes Stilhotel mit persönlicher Handschrift, untergebracht in einem Renaissancepalast. Unterschiedlich gestaltete Zimmer. Frühstücks-Loggia. Via Tornabuoni, Tel 055 21 26 45, www.tornabuonihotels.com

Room Mate Isabella. Farbiges, streng geometrisches Design machen die Zimmer dieses Hauses der Hotelkette witzig und originell. In einem renovierten Palast aus dem 19. Jh. Guter Service. Via Tornabuoni 13, Tel 055 239 64 64, www.room-matehotels.com

EINKAUFEN

Etro. Palazzo Rucellai, Via delle Vigna Nuova 50R, Tel. 055 267 00 86.

… und im »Obicà«

MODE & FLORENZ
eine florierende Allianz

Florenz ist ein Dorado für Modefans. An der Via Tornabuoni logieren die großen Namen; wer eine oder zwei Saisons warten kann, kauft in den Vintage-Boutiquen ein.

Schlendern Sie durch die Via Tornabuoni und die Via Vigna Nuova und stellen Sie sich vor, dass Mode und Florenz miteinander verbunden sind, seit es diese Renaissancepaläste gibt, vor denen Sie stehen – und schon ein Stück weit vorher. Die so unterschiedliche Mode von Salvatore Ferragamo, Roberto Cavalli, Miuccia Prada, Emilio Schuberth, Gucci und Emilio Pucci prangt heute in deren Erdgeschossen.

Seit dem Spätmittelalter war nicht nur Florenz, sondern auch Prato tonangebend in der Textilherstellung, in der Färberei und in der Gerberei. Führende Handelshäuser bezogen Wolle aus England, pflegten Marktbeziehungen bis in den Vorderen Orient. Und das reiche Handelsgroßbürgertum feuerte die Nachfrage nach Mode an. Es verlangte nach auffälliger, kostbarer Kleidung. Stickerei mit Edelsteinen und golddurchwirkte Stoffe – der Brokat – sind Florentiner Erfindungen. Es wurden auch emblematische Roben geschaffen, heute würde man sagen, *signature styles*. Personen identifiziert man an ihren Roben, als da sind: Dante Alighieri in seinem bodenlangen roten Cape und der Lucca-Kappe, die Medici in roten, schlichten Gewändern, die ätherischen Botticelli-Damen in durchsichtigen zarten Kleidern.

Zu sehen in den Museen und Gemäldegalerien der Stadt. In der Galleria della Accademia ist eine Hochzeitstruhe ausgestellt, die bis ins kleinste Detail Frisuren, Schmuck und Mode der damaligen Epoche darstellt, und auch die Porträts im Palazzo Pitti bieten reichlich Anschauungsmaterial. Maria Magdalena übrigens ist nach Expertenmeinung stets nach dem letzten Schrei gekleidet.

Im 17. Jahrhundert dann verlor Florenz seine Vormachtstellung in dem Bereich der Mode an Paris, und zwar für eine lange Zeit. Die französische Metropole galt als maßgeblich für neue Stile, neue Trends, und einer, der Cul de Paris, wurde sogar nach ihr benannt. Und als dann Gabrielle Coco Chanel im ersten Jahrzehnt des 20. Jahrhunderts die Rolle der Frau mit ihrer Mode grundlegend neu definierte, da kannte das Schlagwort vom Pariser Chic keine Grenzen mehr. Das kleine Schwarze, die langen Perlenschnüre, das Chanelkostüm – dessen metalldurchwirkte Bouclέwolle übrigens in Prato fabriziert wurde – waren eine ultimative Aussage.

Bis dann »Made in Italy« erneut die Bühne betrat. Genauer gesagt am 12.2.1951. An diesem Tag ließ Giovanni Battista Giorgini das erste Mode-Defilee unter diesem Motto im Garten der Villa Corsi im Florentiner Stadtteil San Frediano ausrichten – und erntete Begeisterung. Er hatte bereits in den 1930er-Jahren Kontakte zu US-amerikanischen Märkten geknüpft und präsentierte nun handgeschneiderte italienische Mode. Der Florentiner Marchese Emilio Pucci lud zeitgleich das Magazin *Harper's Basar* zu Modeaufnahmen in seinen Renaissancepalast unweit des Doms ein. Seine farbenprächtigen Prints auf lässigen Jerseykleidern waren neu und aufregend. Und der Schuhmacher Salvatore Ferragamo hatte Hollywood-Produktionen mit seinen Kreationen ausgestattet – unter anderem mit den legendären römischen Gladiatorensandalen. Sein feinstes Schuhwerk kauften Ava Gardner, Marlene Dietrich und Audrey Hepburn. »Made in Italy« sollte das Produkt hervorheben, was meint: höchste Handwerkskunst, ausschließlich in heimischen Traditionswerkstätten produziert – sozusagen die Renaissance der *bottega*. Seit in Prato Chinesen dieses Geschäft anführen, hat dieser Slogan einen giftigen Beigeschmack– es ist zwar alles »Made in Italy«, aber die Bedingungen sprechen den Regeln der Handwerkskunst Hohn.

Auch wenn Florenz in den vergangenen Jahrzehnten die Vorrangstellung in Sachen Mode doch an Mailand verloren hat, so ist die Kulisse, die es für seine Modemessen aufbietet, ganz einfach spektakulär: Es ist der Palazzo Pitti – wer könnte denn damit ernsthaft konkurrieren?

Oben: Die Uffizien vom Oltrarno aus gesehen
Unten: Kunstführungen sind heiß begehrt.

9 Die Uffizien
Die Galerie der Stars

Die weltberühmte Gemälde- und Skulpturengalerie steht bei jedem Besucher der Stadt auf dem Programm. Lange Warteschlangen lassen sich mit der Firenzecard einigermaßen umgehen, oder man bucht den Eintritt mit festgelegter Uhrzeit über das Internet. Drinnen folgt dann eine angenehme Überraschung: Es geht weniger turbulent zu als man bei einer Zahl von einer Million Besuchern jährlich annehmen könnte.

Vielleicht ist das einer aufmerksameren Eintrittspolitik geschuldet, oder der Tatsache, dass sich die überwiegende Zahl der Besucher auf wenige besondere Höhepunkte konzentriert, z. B. auf *Primavera* und *Die Geburt der Venus* von Sandro Botticelli (1446–1510)?

Könnte es daran liegen, dass hier der erste Superstar der Schönen Künste zu sehen ist, Simonetta Vespucci nämlich? Oder dass die Muse Botticellis auf all seinen Gemälden präsent ist, eigentlich in jedem weiblichen Gesicht ihre Züge zu erkennen sind? Dass sie mehr noch als die *Mona Lisa*, die ja auch aus Florenz stammte (s. S. 113), die Betrachter zu fesseln vermag? Weil Simonetta die Minne-Liebe von Giuliano de Medici, dem Bruder Lorenzos, war? Weil man ihr Grab in der Kirche Ognissanti findet? Weil sie also tatsächlich eine Frau aus Fleisch und Blut war, der man nachspüren kann? Weil man an ihren Porträts die Moden des Adels, den Schmuck und Frisuren der Renaissance studieren könnte? Weil diese Bilder auch etwas über die Rolle der Frau in der Renaissance aussagen?

Einen Spaziergang durch die 45 Säle – oder durch einen Teil davon – kann man genau so verstehen: Was sagen die Bilder über die jeweilige Epoche aus, in der sie entstanden sind?

Die Darstellung der Madonna

Diese Frage stellt sich gleich im Saal 2 im zweiten Stockwerk, in dem die *Madonna mit dem Kind* von Giotto di Bondone (1266–1337) und weitere Werke aus dem 13. Jahrhundert gezeigt werden. Er gilt als obligater Einstieg in dieses Museum, dessen größte Meisterwerke hauptsächlich im zweiten Stock hängen. Das erste Stockwerk war über lange Zeit Zeichnungen, Drucken und Grafiken sowie Sonderausstellungen vorbehalten, wird aber jetzt im Zuge der Umstrukturierung des gesamten Komplexes auch neu ausgestattet.

Im Saal 2 sind noch weitere Mariendarstellungen zu sehen, die zeitgleich oder noch ein wenig früher gemalt worden sind. Man subsumiert sie unter dem byzantinischen Stil, während die *Madonna mit dem Kind* von Giotto dem Übergang zur Renaissance zugerechnet wird. Der Unterschied: Giotto deutet einen Raum an und malt die Personen realistischer und emotionaler. Maria und das Jesuskind schweben nicht auf goldenem Grund im geistigen Raum, sondern sitzen fest auf einem

Geheimtipp

DER VASARI-KORRIDOR

Leonardo da Vinci war der geistige Vater dieser »Brücke in der Luft«, und der berühmte Kunsthistoriker und Schüler von Michelangelo Giorgio Vasari baute sie 1565 im Auftrag der Medici: der später nach ihm benannte Vasari-Korridor. Der Korridor verband zunächst den Regierungssitz Palazzo Vecchio mit dem Palazzo Pitti; später, als die Mitglieder der Stadtregierung in die Uffizien umzogen, begann der Gang dort. Giorgio Vasari hatte als bedeutendster Stadtbaumeister auch die Errichtung dieser Büros zu realisieren. Der Korridor misst etwa 800 Meter in der Länge und überquert den Arno im ersten Stock der auf der Ponte Vecchio errichteten Gebäude. Die Medici sorgten sich damals nicht so sehr um die Schnelligkeit, mit der man vom Regierungssitz zu ihren privaten Gemächern gelangte, sondern um ihre Sicherheit – sie waren alles andere als beliebt.

Die Besichtigung des Vasari-Korridors steht auf den Stadtführungsprogrammen einiger Florentiner Veranstalter, z.B. bei ArtViva, www.artviva.com

Oben: Detail aus Sandro Botticellis *Mariä Verkündigung*
Unten: Skulpturenschmuck an der Fassade der Uffizien

Thron mit perspektivischem Hintergrund: Die Engel haben eine individuelle Gestalt. Im Gegensatz dazu: *Madonna con bambini y angeli y profeti,* gemalt 1290–1300 vom Maestro de Santa Trinita, wie der berühmte Cimabue auch genannt wurde. Die Verweltlichung der Ikonografie der Heiligen sowie der Welt Gottes hat viel mit dem Einfluss der Lehren des auch in Florenz sehr populären Franz von Assisi (1182–1226) zu tun. Er rückte die Kirche näher an die Wirklichkeit der Menschen heran, er wollte keine Entrückung in kosmische Sphären – wie bei Duccio di Boninsegnas *Madonna,* im selben Raum (gest. 1319). In der Symbolik der Renaissance beispielsweise wird man zum ersten Mal einen Jesus am Kreuz sehen, der tatsächlich als Mensch gestorben ist: Sein Haupt senkt sich während des Sterbens auf die Brust. Er starrt uns nicht an. Darauf kann man während des Streifzugs durch das Museum einmal achten.

Ein weiteres stilbildendes Gemälde hängt im Raum 7 (wird zur Zeit der Drucklegung gerade re-

GUT ZU WISSEN

NEUE SAALBELEGUNG

Seit August 2015 führt der deutsche Kunsthistoriker Eike Schmidt die Uffizien, der verschiedene neue Projekte anstoßen möchte. Priorität hat die Verkürzung der Wartezeiten – die Schlangen vor den Uffizien sind länger als die vor dem Pariser Louvre. Das Haus insgesamt wird derzeit bereits umstrukturiert, was zur Folge hat, dass die Säle neu belegt werden. Auch das erste Stockwerk – bislang für Sonderausstellungen und die grafischen und zeichnerischen Sammlungen reserviert – wird in das Gesamtkonzept einbezogen. Das bedeutet, dass sich der Gast am besten schon vor dem Besuch über die neue Hallenbelegung informiert. Die hier angegebenen Säle mit ihren Belegungen müssen nicht mehr stimmen.

noviert); es handelt sich um das *Doppelporträt des Herzogs und der Herzogin von Urbino* von Piero della Francesca (1415–1492). Bedeutsam sind hier die ausgemalte Landschaft im Hintergrund, die die Regeln der Perspektive erkennen lässt – eine Erfindung der Renaissance – und das Porträt der jungen Frau, die im Gegensatz zu ihrem rotwangigen Gemahl totenblass wirkt. Es wurde tatsächlich nach einer Totenmaske angefertigt und verewigt die Idee von der Liebe. Dies ist ein Grundgedanke der Renaissance: die Verherrlichung der schönen Frau, die allerdings nicht unbedingt die eigene sein musste wie hier. Eine Heirat wurde normalerweise als politisches Mittel eingesetzt, um Familien zu verflechten und somit Verbündete zu gewinnen, und nicht aus romantischen Gründen.

Oben: Blick in die mit antiken Skulpturen geschmückten Gänge des Kunsttempels
Mitte: Das Doppelporträt des Herzogs und der Herzogin von Urbino.
Unten: *Die Geburt der Venus* von Sandro Botticelli

Botticellis Werk

Die Säle 44 und 45 versuchen, Sandro Botticellis gesamtes Lebenswerk einzufangen. Publikumsmagnete sind natürlich die *Geburt der Venus* und *Primavera*, das vermutlich eine Auftragsarbeit für eine Hochzeit der Medici war. In jedem der weiblichen Gesichter sind die Züge von Simonetta zu erkennen und in jeder weiblichen Figur die Schwangerschaft. Die Blumen und die Blumengöttin Flora symbolisieren sowohl Heirat als auch Fruchtbarkeit.

Oben: *Mariä Verkündigung* von Leonardo da Vinci
Mitte: *Das Haupt der Medusa* von Caravaggio
Unten: Skulpturen und Gemälde im Saal 18

Aber das Bild hat auch eine dunkle Seite; und in der Tat interpretieren feministische Kunsthistoriker das so neckische Zusammentreffen von jungen Mädchen mit den sich reichlich tummelnden Satyrn und dem Windgott Zephyr als eine Andeutung von Vergewaltigung. Satyrn findet man häufig in den Bildern der Renaissance und sind auch in den späteren kunstgeschichtlichen Epochen ein wichtiger Topos, ebenso wie die keusche Nymphe Daphne, die sich vor dem »Begehren« des Gottes Apolls dadurch schützt, indem sie sich in einen Baum verwandelt. Man hat, ohne groß vorgreifen zu wollen, Artemisia Gentilleschis 1612 entstandenes Gemälde *Judith und Holofernes*, auf dem eine extrem brutale Enthauptung zu sehen ist (siehe S. 75), als Aufschrei, ja, als Rache gegen diese üblichen Vergewaltigungen interpretiert. Dieses Gemälde hängt im Saal 90, in dem die Bilder von Caravaggio gezeigt werden.

Die späteren Gemälde von Botticelli verdeutlichen seine Abkehr von sinnlichem Prunk und seine Hinwendung zu den Lehren des Dominikanerpaters Girolamo Savonarola (1452–1498), der die Vergnügungssucht und den Machtmissbrauch des Klerus und der führenden Familien ebenso verdammte wie den der Antike zugeneigten Humanismus. Mit seinen flammenden Anklagen rief er vor allem unter der armen Bevölkerung Begeisterung hervor, aber nicht nur unter ihnen – die Medici machten ihn zum Prior ihres Klosters San Marco. Doch korrumpieren ließ er sich davon nicht. Ob sich Botticelli tatsächlich Savonarola, der auf der Piazza della Signoria verbrannt wurde, anschloss oder sich nur für seine Ideen interessierte, ist nicht geklärt.

Leonardo und Michelangelo

Der Saal 15 gehört Leonardo da Vinci. Seine *Mariä Verkündigung* ist ganz besondere Aufmerksamkeit wert. Wer will, kann sich anschauen, wie die Maler über die Zeit hinweg eigentlich Engelsflügel zeichneten. Leonardo entschied sich für die realistische Vogelvariante. Man meint die Flügel fast rauschen zu hören. Seine Maria ist eine gebildete, schöne junge Dame, die Erzengel Gabriel mit ihrer Rechten fast abweist. Wer sich genau vor das Bild stellt, wird die Proportionen seltsam verzerrt finden. Sie erschließen sich dem Betrachter erst, wenn er eine bestimmte Position einnimmt. Die abweisende, die erschrockene, die ihr grausames Schicksal ablehnende Maria ist übrigens ein nicht unübliches Topos in den Mariendarstellungen der Renaissance und des Manierismus.

Eine ganz normale Familie, die Schwierigkeiten hat, ihren kleinen Sohn zu bändigen, mag denken, wer Michelangelos Interpretation der *Heiligen Familie* im Saal 35 sieht. Der Doni Tondo (eine Auftragsarbeit für die Familie Doni) zeigt im pyramidalen, leicht verdrehten Aufbau und in strahlenden Farben Maria, Josef und das Babykind, im Hintergrund einige junge Nackte. Michelangelo hat mit diesem Gemälde den Manierismus eingeläutet. Es ist übrigens das einzige Gemälde von Michelangelo, das in Florenz zu sehen ist.

In der Mitte des Saals rekelt sich eine marmorne Ariadne aus römischer Zeit und verdeutlicht die

Einfach gut!

DIE MALERIN ARTEMISIA GENTILESCHI

Bis zu den Anfängen des 20. Jahrhunderts teilten bildende Künstlerinnen das Schicksal aller Frauen: Sie standen im Hintergrund. Sie durften Musen sein wie Simonetta Vespucci oder Lisa del Giocondo, zierende Schaustücke, aber selbst an der Staffelei stehen? Unmöglich, nicht schicklich, nicht (aus-)gebildet. Artemisia Gentileschi, in den Uffizien mit zwei Werken vertreten, wurde 1593 als Tochter von Orazio geboren, einem bekannten und gut bestallten Maler in der manieristisch/barocken Tradition von Caravaggio. Sie arbeitete in seiner *bottega* und trat bald mit einem ganz eigenen Stil hervor, in dem der plastische Einsatz von Licht, Farben und Schatten eine ebenso große Rolle spielte wie ihre Themen, testamentarische Frauengestalten, Maria Magdalena, Katherina von Siena, Judith, Susanna. Deren offene, kräftige Sinnlichkeit kontrastiert mit dem thematischen Kontext: Gewalt, Bedrängnis, Not. Der biografische Hintergrund: Artemisia war eine der ersten Frauen, die nach einer Vergewaltigung eine Gerichtsklage gegen den Täter durchsetzte.

Oben: Gemälde in und vor den Uffizien
Unten: Eine *Mariä Verkündigung* im byzantinischen Stil

Verbindung zwischen Antike und Renaissance. Er enthält auch sehr schöne Kunstwerke von Andrea dell Sarto und von Fra Bartolomeo, die *Verkündigung* und *Elisabeth und Maria*.

Skulpturen der Medici

Bevor nun die weiteren Säle zu entdecken sind, lohnt auf jeden Fall ein ausführlicher Blick auf die in den Korridoren ausgestellten antiken Skulpturen, die die Medici gesammelt haben. Sie stehen ein bisschen so, als würden sie diese Korridore bewohnen, die Niobe, der Junge, der sich einen Dorn aus dem Fuß entfernt – ein berühmtes Motiv, dessen sich neben Michelangelo auch spanische Meister angenommen haben. Und außerdem sind die kassettierten, bemalten Decken ebenfalls ein Hingucker – wenn es nicht schon so viel zu sehen gäbe.

Die Säle um die Nummer 60 widmen sich der italienischen Frührenaissance und Spätrenaissance, von Pantormo und Rosso Fiorentino bis zu Andrea dell Sarto (57, 58), im Saal 66 wird Raffael ausgestellt, im Saal Tizian mit seiner verführerischen *Venus von Urbino*.

Das Porträt von Eleonora de Medici mit ihrem kleinen Sohn Giovanni, gemalt von Agnolo Bronzino (1503–1572), mag diesen kurzen Überblick beschließen. Erinnert es in seiner Bildaufteilung und in der Position, in der die beiden porträtiert sind, nicht ein wenig an Giottos *Madonna mit dem Kind*?

Die Uffizien übrigens sind ein Meisterwerk von Giorgio Vasari, der in diesem nach strengen Renaissance-Prinzipien ausgerichteten Gebäude die Büros (*uffici*) der Stadtregierung unterzubringen hatte.

Infos und Adressen

SEHENSWÜRDIGKEITEN

Uffizien. Wegen stets anstehender Renovierungsarbeiten kann es sein, dass einige Säle vorübergehend geschlossen sind. Die Warteschlangen sind oft lang, da empfiehlt es sich, die Karten vor dem Besuch im Internet zu kaufen. Am besten auf der offiziellen Homepage www.uffizi.org. Im virtuellen Raum tummeln sich viele Anbieter, die niedrigere Preise versprechen, deren Karten aber nicht unbedingt von dem jeweiligen Museum akzeptiert werden. Also Vorsicht! Mit einer vorher gekauften Karte entgeht man den Warteschlangen nicht, aber sie sind meist wesentlich kürzer. Auf der Internetseite gibt es auch Pläne der Stockwerke und kurze Einführungen zu den wichtigsten Kunstwerken. In den Uffizien befindet sich ein Café mit Außenterrasse über der Loggia dei Lanzi – dementsprechend schön ist der Ausblick. Eine Pause versteht sich da von selbst. Im Café werden auch kleine Speisen angeboten. Di–So 8.15–18.30 Uhr, im Sommer bleiben die Uffizien bis um 21 Uhr geöffnet. Piazzale degli Uffizi. www.uffizi.org

ÜBERNACHTEN

Hotel degli Orafi. Ein Haus mit bewegter Geschichte: Erst war es Drehort für den Film *Fenster mit Aussicht*, der die britische Bohemienklientel im 19. Jahrhundert porträtierte, dann wurde es von der Mafia zerstört. Klassisches, kleines Schmuckstück von einem Viersternehotel in sagenhafter Lage zwischen den Uffizien und der Ponte Vecchio mit einer Möblierung zwischen zarter Eleganz und Laura-Ashley-Stil. Keine großen Zimmer, aber wunderbare Florenzaussichten. Die Suite, die als Schauplatz diente, ist allerdings oft ausgebucht. Lungarno degli Archibusieri 4,
Tel. 055 266 22, www. hoteldegliorafi.it

Hotel Hermitage. Kleines Romantikhotel mit Chippendale-Einrichtung, exzellenter Zentrumslage, kleinen Terrassen und freundlichem Service. Viccolo Marzio 1(Piazza del Pesce),
Tel. 055 28 72 16, www.hermitagehotel.com

Hotel Fiorino. Schlicht und funktional und ordentlich – so lässt sich das zentral gelegene Drei-Sterne-Haus beschreiben. Helle, hübsch ausgestattete Zimmer, kleine Bäder. Via dell'Osteria del Guanto 6, Tel. 055 210579, www.hotelfiorino.it

ESSEN UND TRINKEN

All' Antico Vinnaio. Der Ruhm beruht auf Mundpropaganda: hier gibt's die besten belegten Brötchen weit und breit. Das Ecklokal ist unspektakulär, der Service hervorragend und freundlich, die Warteschlangen endlos, die Stimmung prächtig – das bürgt für Qualität und Fantasie. Ein Brötchen kostet 5 EUR. Di–Sa 12–16 und 19–24 Uhr, So 14–24 Uhr. Via dei Neri 74,
Tel. 055 238 27 23.

Ora d'Aria. Ein Michelin-Stern. Eleganter Ort mit umfangreicher und empfehlenswerter Weinauswahl in einem modern gestylten historischen Ambiente. Feine teure Speisen in raffinierter Zubereitung. Das Gegenteil von Hausmannskost. Di–Sa 12.30–14.30 Uhr, Mo–Sa 19–22.30 Uhr. Via dei Georgofili 11r, 055 200 16 99,
www.oradariaristorante.com

Caffè Lambertesca. Nettes, kleines Ecklokal für den Imbiss zwischendurch. Es gibt auch Brötchen mit *lampredotto*, ansonsten Mittagstisch, den auch die florentinische Kundschaft gern genießt. Superfreundlicher Service. Mo–Sa 9–23 Uhr, So 10.30–16 Uhr. Via Lambertesca, 14,
Tel. 055 267 02 07

EINKAUFEN

Museumsshop. Er lässt keine Wünsche offen. Doch man bekommt hier nicht nur Puzzles mit den berühmtesten Gemälden der Uffizien, Kunstbände, Reiseführer, Postkarten und Radiergummis mit dem Porträt der *Venus*, sondern auch Schmuck, der den Originalen auf den Gemälden detailgenau nachgebildet wurde, und das typische Florentiner Papier. Geöffnet, wenn das Museum geöffnet hat.

DIE MALEREI der Renaissance

Ein Detail der meisterhaften Fresken in der Brancacci-Kapelle in San Frediano, die als Manifest der Renaissancemalerei gefeiert werden.

Wie kann man sie erkennen, wie kann man sie von der anderer Länder und Epochen unterscheiden? Es gibt keinen Standort, der geeigneter wäre, dies herauszufinden, als Florenz, denn hier letztlich wurde der Begriff von der Renaissance geprägt.

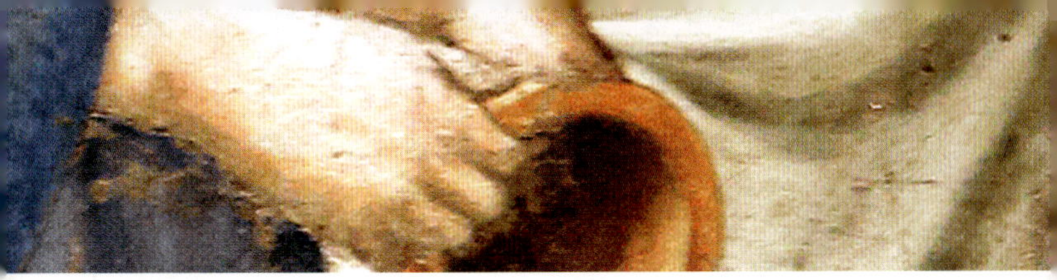

Die Malerei schwebt dabei nicht im luftleeren Raum, sondern begleitet als künstlerischer Ausdruck ein neues Idealbild des Menschen, das wiederum in einem politisch-wirtschaftlichen Kontext steht. In den Städten Oberitaliens, in Pisa, Venedig, Siena und Prato hatte sich eine junge Form des Handelsbürgertums herausgebildet, das neue politische Gremien formte. Um den Stadtrepubliken anzugehören, musste man Mitglied einer Zunft sowie schuldenfrei sein. Ausgeschlossen davon waren der Adel, kleine Handwerker und Lohnarbeiter. Damit sich möglichst viele Bürger für das Wohl ihrer Stadt einsetzten und um der Korruption vorzubeugen, wurden die Ämter nur für sechs Monate ausgeschrieben.

Dieser neue emanzipierte Mensch entsprach nicht mehr der mittelalterlichen Verfangenheit in gottgewollter Vorbestimmtheit. Das Mittelalter hatte die »heidnische« Antike abgestreift, so wie jetzt die Renaissance wieder an die philosophischen und künstlerischen Ideale der Antike anknüpfte. Den Begriff Renaissance (»Wiedergeburt«) verdankt die Kunstgeschichte vier Vätern. Der älteste ist der geniale Künstler und Michelangelo-Schüler Giorgio Vasari, die anderen sind Jules Michelet, John Ruskin und Jacob Burckhardt.

Der Eintritt in diese neue kunstgschichtliche Phase ist markiert durch neue Bildsujets und Maltechniken. Die Gemälde erhalten Tiefe, werden plastischer. Das perspektivische Malen erforscht unter anderem das Universalgenie Leonardo da Vinci. Die Himmelswelt und die Heiligen erhalten menschliche Züge. Und plötzlich rückt auch der normale Mensch in den Mittelpunkt. In Florenz lässt sich das sehr schön in den Gemälden des Palazzo Davanzati und in der Galleria della Accademia sehen, und ein wahres Paradebeispiel hat Masaccio mit seiner Brancacci-Kapelle in der Chiesa Santa Carmine in San Frediano geliefert (s. S. 129). Die Madonna ist jetzt nicht mehr eine entrückte Statue, sondern eine liebende, stillende und süße Mama, Jesus kein Heros, sondern ein zweifelnder Schmerzensmann. Landschaften und Städte sind zum bestimmenden Thema geworden. Die Auftraggeber lassen sich selbst in historische Bezüge hineinmalen, so beispielsweise die Medici, die Tornabuoni sowie die Sassetti. Und der Maler ist nicht mehr der pure Handwerker, der die Aufträge des Hofs und der Kirche nach deren Belieben ausführt, sondern eine selbstständig denkende und geachtete Persönlichkeit.

Der beste Begleiter auf dem Weg vom Mittelalter bis in die Renaissance sind zweifellos die Uffizien. Deren opulente Ausstattung mit antiken Skulpturen versinnbildlicht die zur Zeit der Renaissance bahnbrechenden Bezüge.

10 Ponte Vecchio

Obligatorisch & verführerisch

Sie ist eines der Wahrzeichen der Stadt und stets belagert: die Ponte Vecchio (»alte Brücke«). Das liegt natürlich auch an ihrer göttlichen Lage: Sie führt von der Piazza della Signoria direkt hinüber zum Palazzo Pitti und verbindet somit einen Höhepunkt der Stadt mit dem nächsten. Verführerisch ist sie obendrein: Sie ist mit kleinen Hausaufbauten versehen, in denen sich Werkstätten von Goldschmieden und Juwelieren befinden.

Die Ponte Vecchio ist die älteste Brücke von Florenz.

Sie wurde im 12. Jahrhundert errichtet und ist damit die älteste Brücke der Stadt. Sie überspannt mit 80 Metern Länge den Arno an einer sehr schmalen Stelle. Als Einzige wurde sie übrigens vom Bombardement der Nazi-Deutschen während des Zweiten Weltkrieges ausgenommen.

Einen genaueren Blick hat die Umgebung der Ponte Vecchio sowieso verdient, die sich buchstäblich aus dem mittelalterlichen Gassengewirr südlich der Piazza della Signoria herausschält und dabei auch einige der stilistisch typischsten Renaissancepaläste hinter sich lässt, die im 15. Jahrhundert berühmte und einflussreiche Adelsfamilien errichten ließen, wie z. B. den Palazzo Girolami, der mehrfach den Besitzer wechselte, oder den Palazzo Buondelmonti, den Stendhal besucht hat. Die Entwürfe dieser beiden Paläste werden Baccio d'Angolo (1492–1543) zugeschrieben – und wie sie da so schlicht und fast übersehbar am Straßenrand stehen, das ist schon sensationell.

Überdies zählt die Umgebung der Brücke zu einem Paradebeispiel für die besondere Architektur des alten Florenz des 13. Jahrhunderts. An der Borgo Santi Apostoli stehen die Häuser so dicht, dass sie fast wie eine Mauer erscheinen. Schmale Durchgänge, die *chiassi*, führen zum Arno. Besonders hübsch ist die Via Borgo Santi Apostoli mit einer Reihe typischer Paläste, die im 13. Jahrhundert die mittelalterlichen Turmhäuser zu ersetzen begannen, die jedoch teilweise in die Konstruktion der neuen Gebäude einbezogen wurden. Reiche Handelsfamilien siedelten sich hier an.

An der Piazza del Limbo befindet sich die Kirche Santi Apostoli, eine der wenigen romanischen Kirchen der Stadt. Kunsthistoriker meinen, sie habe als Erste die Brücke zur Renaissance geschlagen; das würden Stilelemente der Antike zeigen. Die Piazza selbst diente im Mittelalter als Friedhof für ungetauft gestorbene Kinder.

Treffpunkt der Juweliere

Die Ponte Vecchio nun ist die einzige der Florentiner Brücken, die mit zweistöckigen Häusern besetzt ist. Nach der Fertigstellung im Jahr 1245 war die Brücke ein Treffpunkt der verschiedenen Gewerbe, immerhin rund 50 an der Zahl. Friseure, Hufschmiede, Geldwechsler und Schuster boten hier ihre Dienste ebenso an wie Metzger, Gerber und Fischhändler, die ihren Abfall in den Fluss warfen. Das erzeugte jedoch einen derart üblen Gestank, dass sie weichen mussten. Im Jahr 1558 erließ Cosimo I. de Medici ein Dekret, das nur noch Juwelieren und Goldschmieden die Ansiedlung gestattete. Die kleinen Schmuckhandlungen, die heute noch die Brücke zieren, ziehen internationale Kundschaft an. Nur in der Mitte der Brücke ist der Reigen der Geschäfte unterbrochen und durch Arkadenbögen ersetzt. Eine Statue würdigt den »Vater« der Juweliere, den Renaissance-Goldschmied Benuto Cellini.

Infos und Adressen

ESSEN UND TRINKEN

Buca dell'Orafo. Hier gibt's richtig florentinische Küche. Typisches einladendes Familienrestaurant – natürlich in einem Palazzo! So und Mo mittags geschl. Via del Girolami 28r, Tel. 055 213619, www.bucadellorafo.com

Caciovino Trallala. In diesem winzigen Bar-Restaurant mit seinem Flohmarkt-Mobiliar hat Regionalität Priorität, alles, was hier serviert oder verkauft wird, entstammt der Region, seien es Trüffel, Schokolade oder natürlich der Wein von ausgesuchten Winzern. Mo–Sa 18–23.30 Uhr. Borgo SS.Apostoli 29R, Tel. 055 215558.

ÜBERNACHTEN

Art Gallery Hotel. Mitten im mittelalterlichen Florenz, dort, wo wirklich kaum Platz ist, liegt dieses Hotel. Die Details sind witzig, die Einrichtungen der Studiozimmer puristisch und sehr gepflegt. Manche haben zwei Ebenen. Terrassen, Sonnenplätze im Deckchair-Look und natürlich Ausstellungen und Installationen. Vicolo dell'Oro 5, Tel. 055 27263, www.lungarnocollection.com

Gute Idee: kleines Konzert auf der Brücke

Oben: Nicht nur für kleine Jack Sparrows interessant: Gerätschaften für die Seefahrt
Unten: Wie lässt sich am besten die Welt entdecken?

11 Museo di Storia di Scienzia naturale Galileo Galilei

Die Geschichte wichtiger Erkenntnisse

Es hat bis zum Jahr 2010 gedauert, ehe man dem naturwissenschaftlichen Museum von Florenz den Namen eines berühmten Stadtsohnes verlieh: dem genialen Wissenschaftler und Hofmathematiker der Medici, Galileo Galilei. Das Museum liegt in der Nähe der Uffizien am Arno und erlaubt eine didaktisch aufbereitete Zeitreise zu dem Thema, wie man sich in verschiedenen Epochen die Welt erklärte.

Als »Appetizer« ist vor dem Museum eine moderne Sonnenuhr aufgebaut. Louise Schnabel und Felipo Camerota zeichnen für diese Skulptur aus Glas, Bronze und Travertin verantwortlich, die Sonnen- und Jahreszeit ebenso wie die Tierkreiszeichen anzeigt, eine Verbeugung vor dem Wissensdurst der Weltentdecker. Das ist eine recht spaßige Hinführung zu den bedeutenden Sammlungen aus Medici-Besitz und den Schatzkammern der späteren Lothringer Herzöge.

Wie misst und erklärt man die Welt

In 13 Sälen ist dieses Wissen um die Welt ausgebreitet, und es ist nicht nur für reine Wissenschaftsfans spannend zu sehen, wie sich die Sicht auf die Dinge stetig entwickelt hat. Dazu trägt sicherlich bei, dass die Räume nicht überfrachtet sind, Schautafeln und kleine Videofilme in englischer und italienischer Sprache abgefasst wurden, und die Räume mit gebündeltem Licht effektvoll ausgeleuchtet werden, sodass die Exponate im Rampenlicht stehen.

Im ersten Teil des ersten Stockwerks wird nun die Sammlung der Medici präsentiert. Dazu gehören Teleskope, Quadranten, mathematische, nautische und kosmografische Geräte. Francesco I. sammelte vornehmlich zur Naturgeschichte und Alchemie, während Cosimo II. die Originalgeräte von Galileo Galilei erwarb. Der in Diensten der Medici stehende Evangelista Torricelli erfand das Quecksilber-Thermometer.

Um Instrumentenmacher, die sich auf optische Geräte spezialisiert hatten, rissen sich die großen Häuser von Florenz. Zu sehen sind hier oktogonale Teleskope, Linsen, Fernrohre und Objektive aus den Jahren 1664 und 1665, Luftdruck- und Feuchtigkeitsmesser, sogar ein Taschenbarometer, dazu Astrolabien und Quadranten.

Der zweite Raum präsentiert die ältesten Stücke. Vieles davon stammt aus deutschen Ländern, z. B. ein Perpetuumkalender aus Dresden von Christian Beulink, ein Astrolabium von Hans Dorn. Besonders tat sich die Familie Scheffler hervor; der berühmteste von ihnen, Christoph, baute für Adlige, Bankiers, Fürsten und Mathematiker. Er fertigte nicht nur Instrumente für die Astronomie, sondern auch Zeicheninstrumente.

Ein absolutes Highlight beherrscht den Saal 3: ein riesiger, von goldenen Nixen gestütztes Astrolabium, umringt von Planetenbahnen. Begleitet wird diese Attraktion von weiteren kleinen Globen, die mit den Himmels- und Tierkreiszeichen bemalt sind; gleichzeitig erfährt man, dass die Sternzeichen einst menschlichen Organen im Körper zugeteilt wurden, der Löwe z. B. symbolisierte das

Geheimtipp

SELBSTVERSUCH MIT LAMPREDOTTO

Man sagt, der wahre Florentiner liebe *lampredotto*, und irgendwie mag man das kaum glauben. Der *lampredotto* besteht immerhin aus gedünstetem Kuhmagen. Da muss die Liebe schon groß sein. Also versuchen wir es. Stilecht an einem der mobilen Imbisswagen. Einer der schönsten steht an der verwinkelten Piazza dei Pesce im Rücken des Museo Galileo Galilei. Die Verkäuferin angelt ein Stück hellen weichen Fleischlappen aus einem Topf, schneidet ihn klein und gibt grüne Sauce drauf – Basilikum ist drin, das sieht man. Dann wandert die Füllung in ein aufgeschnittenes Brötchen. Sie ist ganz begeistert, dass ich als Touristin *lampredotto* bestellt habe, und reicht das Brötchen über die Theke. Eigentlich schmeckt es nach nichts, das Fleisch ist schwammig weich, die Sauce aber sehr würzig. Der wahre Florentiner urteilt nach der Sauce, sagt sie, und darin liegt wohl das ganze Geheimnis. Mit Sauce geht auch Kuhmagen!

Highlight im Saal 3 – das Astrolabium

Herz. Übrigens: Ein Astrolabium diente der Nachbildung eines sich drehenden Himmels.

Die frühesten Globen

Saal 4 ist dem venezianischen Kosmografen Vincenzo Maria Coronelli gewidmet. Er hatte vier Globen entworfen. Zu sehen sind deren Rekonstruktionen und die Zeichenblätter, die man später auf den Globus klebte. Hier lässt sich nachvollziehen, wie die Welt im Jahr 1557 ausgesehen haben muss: Die Weltkarte von Fra Mauro zeigt Syrien, Russland, Griechenland, Karthago, Litauen, Tartarien, Norwegen, Finnland und Persien. Der Navigation widmet sich der anschließende Raum. Die Medici suchten wie alle anderen Handels- und Bankhäuser Wege für den Handel mit Westindien und dem Fernen Osten. Das verschaffte der Wissenschaft, die sich mit Navigieren beschäftigte, mit der Herstellung von nautischen Werkzeugen und der Kartografie, einen enormen Aufschwung. Galileo Galilei (1564–1641) ist der Saal 7 gewidmet. Seine Erfindungen werden erläutert, seine Instrumente gezeigt, seiner Erkundung des Himmels ein Denkmal gesetzt. Zu sehen sind u. a. sein Helioskop, um das Bild der Sonne zu projizieren, seine Teleskope. Die Oberfläche des Mondes erscheint gewellt durch Berge wie die Erde selbst, und man entdeckt eine Vielzahl von Sternen, die das nackte Auge nicht erblicken kann.

Das Auffälligste der lothringischen Sammlung dürften die medizinischen Menschenmodelle des Modellbauers Guiseppe Ferrini aus dem Jahr 1771 sein. Überlebensgroß in Wachs und Terrakotta sind anatomische Darstellungen von Krankheitsbildern ausgeführt, die in der medizinischen Forschung besonders der Vermeidung von Geburtsfehlern dienten und in der Embryologie eingesetzt wurden.

Infos und Adressen

SEHENSWÜRDIGKEITEN

Museo Galileo Galilei. Mi–Mo 8.30–19 Uhr, Di 8.30–13 Uhr. Piazza dei Giudici 1, Tel. 055 265311, www.museogalileo.it

ESSEN UND TRINKEN

Antico Fattore. Das feine gutbürgerliche Traditionsrestaurant liegt supergünstig bei den Uffizien und dem Museum und erfreut sich dementsprechend großen Zulaufs. Zu Recht. Am besten reservieren. Mo–Sa 12.30–15.30 und 19–22.30 Uhr. Via Lambertesca 3, Tel. 055 288975, www.anticofattore.it

La Prosciutteria. Eine einladende Verkostung für Wein und Schinken, regionale Produkte, die man auch gleich kaufen kann. Porchetta, Cantuccini, Käse, Salami und Oliven kann man sich zu einem Glas Wein servieren lassen. Tgl. 10.30– 23 Uhr. Via dei Neri 54, Tel.055 2654472, www.laprosciutteria.com

ÜBERNACHTEN

Hotel Fiorino. Funktional und nüchtern, sauber und bequem: das Drei-Sterne-Etagenhotel ist zwar in einem historischen Gebäude untergebracht, aber hat kein Chichi. Gut eingerichtete Bäder. Kleiner Innenhof, in dem das Frühstück serviert wird. Liegt zentral für alle Unternehmungen. Via dell'Osteria del Guanto 6, Tel. 055 210579, www.hotelfiorino.it

In diesem Palast residierten einst die Zünfte der Stadt.

12 Mercato Nuovo, Orsanmichele

Keimzelle der Stadt

Dort, wo die Florentiner Altstadt am lautesten und abwechslungsreichsten ist, wo mancherlei Kleinode fast untergehen im Alltagstrubel – dort liegt das Geviert um den Mercato Nuovo und den Orsanmichele. Und auch hier befindet sich abermals eine der Keimzellen der Stadt.

Wo es einen Mercato Nuovo gibt, da muss es einmal einen Mercato Vecchio gegeben haben. Und so ist es auch. Der alte Markt befand sich dort, wo heute die Piazza della Repubblica liegt. Während der tief greifenden Umgestaltung der Stadt anlässlich der Proklamation zur Hauptstadt Italiens in den späten 1860er-Jahren wurde die Piazza aus dem Straßengeviert herausgeschnitten, und der alte Markt musste weichen. Die Maße des neuen Zentrums verlangten eine Veränderung dieser kleinteiligen Gassen- und Platzstruktur, die das Stadtbild von Florenz vom Mittelalter an geprägt hatte.

Ein bisschen davon freilich ist geblieben, z. B. um Orsanmichele, und das »Neue« fingert sich dazwischen, in den großzügigeren Straßen mit ihren Geschäftsauslagen und vornehmen Adressen. Es ist ein spannungsreiches Nebeneinander. Unter einem Mercato Nuovo kann man sich einiges vorstellen, zuallererst natürlich einen neuen Markt, aber was verbirgt sich hinter Orsanmichele?

Ähnlich geheimnisvoll wie sein Name ist auch das Aussehen dieses Bauwerks, das so unvermittelt zwischen einer »Diesel«-Filiale, einem altmodischen Stickereiladen und Restaurant-Terrassen eingeklemmt liegt. Schade eigentlich, es hätte frei stehen müssen, damit man seine Dimensionen würdigen kann. Den Orsanmichele geben nämlich viele Florentiner als ihr Lieblingsgebäude an.

Orto de San Michele

Das Bauwerk wirkt seltsam uneins. Es ist groß, dreigeschossig, vom Baustil her sowohl der Romanik als auch der Gotik zuzurechnen, es entstand um 1350, also früher als die Renaissancepaläste in seiner näheren Umgebung, aber auch als die spätmittelalterlichen Turmhäuser. Sein Name leitet sich von Orto de San Michele ab, also einem Gemüsegarten, und der gehörte zu einem Nonnenkloster aus dem 8. Jahrhundert. Das wurde abgerissen, als die mächtigen Zünfte der Stadt ein Zentrum brauchten, und der Orsanmichele diente zunächst als Getreidespeicher. Später schlug auch die Wollgilde hier ihre Dependance auf.

Ganz oben an der Fassade erblickt man Vorrichtungen, an denen Wollteppiche aufgehängt wurden. In der Frührenaissance waren sie das Allerfeinste und Allerschickste. Und außerdem boten sie eine gute Isolation in der winterlichen Kälte für den, der es sich leisten konnte, denn diese Stücke waren kostbar.

Florenz wurde von den Zünften bestimmt. Darin hatten sich Handwerker, Gewerbetreibende und Kaufleute organisiert. Die wichtigsten der insgesamt 21 waren: *Calimala* (Tuchhändler), *Giudici e Notai* (Richter und Notare), *Cambio* (Geldwechsler), *Lana* (Wollhersteller- und händler), *Della Seta* (Seide), *Medici e Speziali* (Ärzte und Apotheker) sowie die *Vaiai e Pellicciai* (Kürschner und Pelzhändler).

Nicht verpassen

DER PORCELLINO AUF DEM MERCATO NUOVO

Bei Florentinern und Gästen gleichermaßen beliebt ist die Bronzeskulptur eines Wildschweins, die auf ein antikes griechisches Vorbild zurückgeht, vermittelt über eine römische Kopie. Wer dem *porcellino* eine Münze ins Maul legt, die dann in das darunter platzierte Brünnchen fällt, darf die Schnauze streicheln und kehrt nach Florenz zurück – das aus dem Wasser herausgefischte Geld dient Wohltätigkeitsprojekten der Stadt.

Porcellino heißt eigentlich Ferkel, dabei zeigt die Skulptur einen Eber. Und wer sich fragt, warum einem die Skulptur so bekannt vorkommt, findet die Antwort vielleicht darin, dass die Skulptur einmal in einem der Harry-Potter-Filme im sogenannten Raum der Wünsche steht.

Oben: Dieses Tabernakel Andrea Orcagnas befindet sich in der Kapelle des Orsanmichele.
Unten: Detail des Fassadenschmucks aus *pietra serena*

Die Wollgilde stellte im 13. und 14. Jahrhundert eine der mächtigsten und einflussreichsten Wirtschaftskräfte der Stadt dar. Florenz war mit etwa 100 000 Einwohnern bevölkerungsreicher als London oder Paris, und die englischen Wollhändler zogen es vor, hier arbeiten zu lassen, um Steuern zu sparen. Als Handelsmetropole gab Florenz auch eine eigene Währung heraus, den Florentiner oder Florint, damals eine Leitwährung, so bedeutsam wie heute der US-Dollar.

Der Orsanmichele war also Zunft- und Handelshaus – aber auch Kapelle. Nach dem Abriss des Klosters und der Umwidmung des Platzes zum Handelshaus blieben als Erinnerung an die ehemalige Bestimmung zwei Bildnisse erhalten, darunter auch eines der Madonna. Dem wurde eine wundertätige Wirkung zugesagt. Und so ist der Orsanmichele auch heute noch ein Oratorium.

GUT ZU WISSEN

DER FLORIN

Mit seinem Wollgeschäft hatte sich Florenz im ausgehenden 13. Jahrhundert in die erste Liga der Wirtschaftsmächte Europas katapultiert. In diese Epoche fällt auch die Einführung einer eigenen Goldmünze, die die Wappenblume der Stadt, die Lilie zeigte, und ein Bildnis von Johannes dem Täufer, dem Schutzpatron von Florenz. Diese gleich als »Leit«-Währung in den Handel genommene Münze gilt vielen weiteren als Vorläufer und wurde bis 1553 geprägt. Der *fiorino* stand auch bei ausländischen Königshäusern hoch im Kurs. So weiß man, dass sich der englische König Eduard III. Geld bei den Florentinern Bankiers Bardi und Peruzzi lieh. Fiorini wurden nicht nur in England, sondern auch in den Niederlanden, in Frankreich und in der Levante als Zahlungsmittel akzeptiert.
In der ungarischen Währung Forint lebt der toskanische Name bis heute weiter.

Die Schutzpatrone der Gilden

Kunsthistorisch ist er ebenfalls hochinteressant. Jede Gilde beauftragte damals einen Bildhauer, ihren Schutzpatron darzustellen und in einer Nische zu postieren. In 14 Außennischen thronen nun die Schutzheiligen der Gilden, zeigen ein Who's who der damaligen Bildhauerprominenz. Den hl. Markus, Patron der Wollgilde, hatte Donatello auf einen Stoffballen gestellt und ihn in seiner Ausarbeitung der Sichtperspektive angepasst. Steht man der Skulptur genau gegenüber, wirken ihre Proportionen verzerrt, erst in der Nische sind sie wieder passend. Er zeichnet auch für den hl. Georg verantwortlich. Seine Darstellung gilt als bahnbrechend, zeigt ein Beispiel für das Menschenbild der Frührenaissance. Der Heilige ist nicht in statuenhaftem Gleichmut oder in heroischem Kampf abgebildet, wie sonst üblich, sondern wird als normaler Mensch präsentiert.

Im Auftrag der Großkaufleute wurde der Goldschmied Lorenzo Ghiberti (1378–1455) tätig, der Schöpfer der Bronzereliefs auf den Türen des Baptisteriums und einer der begehrtesten Künstler seiner Zeit. Er schuf den hl. Matthäus und den Johannes den Täufer. Die Bildnisse des Philipp und der vier gekrönten Heiligen werden Nanni di Banco (1348–1421) zugeschrieben. – Und so lässt sich an den Heiligenbildern ablesen, wie mächtig und reich die Gilden waren, und für welchen Bildhauer

Oben: Eine Majolika mit dem Symbol der Stadt, der Schwertlilie
Unten: Der Palazzo dell'Arte dei Beccai in der Via Orsanmichele

Oben: Kunst auch auf dem Pflaster
Unten: Vermutlich die schönste offene Markthalle Europas: der Mercato Nuovo mit seinen eleganten Säulen

das Budget ausreichte. Schön auch die Zunftwappen, die von berühmten Renaissancekünstlern geschaffen wurden.

In westliche Richtung an Geschäftsfassaden und Eisdielen vorbeischlendernd, stößt man auf den Mercato Nuovo, der im Jahr 1547 unter der Herrschaft von Cosimo I. de Medici entstand. Die Halle mit hohen Säulenbögen diente dem Handel mit Luxusgütern wie Seide und Gold. Jeweils zwei Nischen wurden an den Eckpfeilern der dazugehörigen Loggia eingeplant, doch nur drei davon sind mit Statuen besetzt: Sie zeigen Giovanni Villani, einen Geldhändler und Diplomaten, Bernardo Cennini, einen Buchdrucker des 15. Jahrhunderts, und erstaunlicherweise Michele di Lando, der eine führende Rolle im Aufstand der Wollweber (*ciompi*) 1378 spielte (s. S. 162).

Ort der Bestrafung

Im Innern der Loggia findet man ein Marmorsymbol an der Stelle, an der sich einst die *pietra dello scandolo* befand – der Ort, an dem betrügerische oder insolvente Händler ausgepeitscht wurden. Auch mit Geldhändlern, wie sie im Umkreis des Mercato Nuovo ihrem Geschäft nachgingen, sprang man nicht zimperlich um. Wurde ihnen Betrug nachgewiesen, kamen Soldaten und zerstörten ihre Bänke oder ihre kleinen Tische, an denen sie handelten. Damit wurde ihnen die Geschäftsfähigkeit abgesprochen, und die Bank ging kaputt: *banco roto*. Der Begriff des Bankrotts stammt also aus jener Epoche.

Im 19. Jahrhundert wurden im Mercato Nuovo Strohwaren, Porzellan, frische Blumen und Lederartikel verkauft, heute gibt es hier ein buntes Angebot an Souvenirartikeln und Textilien. Der neue Markt ist ein überaus beliebtes Touristenziel.

Infos und Adressen

Die atmosphärisch tolle Bar »La Congrega«

SEHENSWÜRDIGKEITEN

Orsanmichele. Das Oratorium und das Museum sind tgl. von 10–17 Uhr geöffnet. Freier Eintritt. Via dell Arte della Lana.

Mercato Nuovo. Tgl. 9- 18.30 Uhr.

ESSEN UND TRINKEN

Ristorante La Grotta Guelfa. Gepflegt und klassisch, mit einer richtig schönen ruhigen Sommerterrasse und einer Karte voller italienischer Standards wie Bressaola, Ossobuco, Wildschwein, *Torta a la nonna.* Tgl. 11–22.30 Uhr. Via Pellicceria 50, Tel. 055 2110042, www.grottaguelfa.it

La Congrega Lounge Bar. Atmosphärische, hübsche winzige Café-Bar, versteckt in einem alten Palast. Di–So 13–24 Uhr. Via dei Tosinghi 3, Tel. 055 28 72 67.

ÜBERNACHTEN

BB La Signoria di Firenze. Typische Etagenpension: Bed & Breakfast mit kleinen, sauberen, hübsch ausgestatteten Zimmern in unschlagbar zentraler Lage zwischen Piazza della Signoria und dem Mercato Nuovo. Via Calimaruzza 1, Tel. 055 2 30 29 23, www.lasignoriadifirenze.it

EINKAUFEN

Auf der Via Calimala und der Via Porta Rossa befinden sich viele hochwertige Boutiquen und Kleidergeschäfte.

Valmar. Ein Haushaltswarengeschäft der nobelsten Sorte mit samtbestickten Gardinen, Kissenhüllen, Visitenkartenhaltern, Tabletts, edlem Nähzubehör. Mo–Fr 9.30–19 Uhr, Sa 9.30–17 Uhr. Via Porta Rossa 53, Tel. 055 28 44 93.

Plausch auf dem Markt – dafür muss Zeit sein.

Detail an der Fassade des Kinos Odeon

13 Palazzo Strozzi

Paradearchitektur

Es gibt keinen Architekturführer von Bedeutung, in dem der Palazzo Strozzi nicht aufgeführt sei, so sagt man in Florenz. Er ist die maßgebliche Verwirklichung des Architekturstils der Frührenaissance. Entworfen wurde er für die vornehme und einflussreiche Bankiersfamilie Strozzi, die im steten Disput mit den Medici stand.

Damals scheute man nicht davor zurück, in der mittelalterlichen Enge der Stadt 15 Häuser abreißen zu lassen, um Platz für den Palast zu gewinnen, der dann 1489 Gestalt gewann. Das Gebäude wirkt in der Außenansicht ausgesprochen wehrhaft, hat mehr von einer Festung als von einem Privatheim. Seine Architektur ist für heutige Empfindungen allerdings auch nicht gemacht, folgten diese Renaissancepaläste ja auf die noch wehrhafteren Turmhäuser, die nicht einmal über ein Portal verfügten. In den aufgewühlten Zeiten der italienischen Renaissance, die von Machtkämpfen und blutig ausgetragenen Kämpfen zwischen rivalisierenden Familien bestimmt gewesen waren, war eine burgähnliche Heimstatt wohl das Gebot der Stunde. Und außerdem war die schiere Größe auch ein Symbol der Macht.

Der Eindruck von einem festungsartigen Äußeren entsteht auch durch das gewählte Baumaterial. Es sind leicht hervorspringende, mächtige Rustikaquader, die in vollkommener Symmetrie die Fassade bilden. Einziger Schmuck sind ein prachtvoll ausgestaltetes Kranzgesims, das den Bau abschließt, und symmetrisch angeordnete, rechteckige Fenster mit Gittern, die fast an Schießscharten erinnern. In den oberen Stockwerken sieht man

Blick in den Innenhof
des Palazzo – eine Meisterleistung
der Renaissance-Architektur

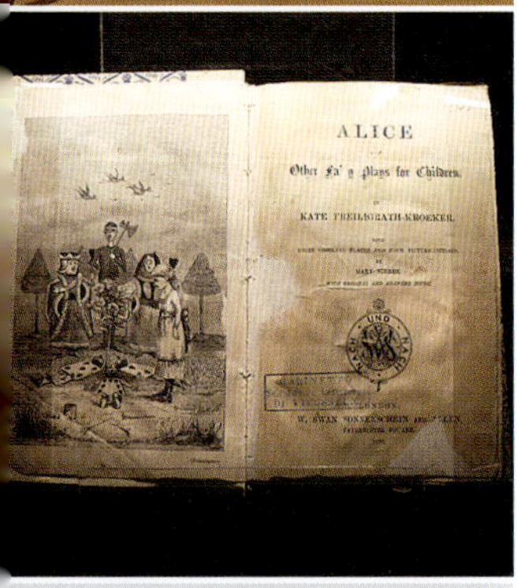

Oben: Abendliches Flanieren auf der Via Tornabuoni in unmittelbarer Nähe zum Palazzo
Unten: Im Gabinetto Vieusseux im Palazzo Strozzi findet man alte literarische Schätze.

von Halbrundbögen umschlossene hohe Biphorienfenster im gotischen Stil. Der Palazzo Strozzi wird im Gegensatz zu anderen Renaissancepalästen nicht von weiteren Gebäuden gerahmt, hat also drei vollständig ausgestaltete Fassaden.

Als Schmuck dienen auch die Schmiedearbeiten von Niccolò Grosso, der die Ringe schuf, an denen die Pferde anzuleinen waren. Diese Vorrichtungen wird man übrigens an vielen Palästen finden. Niccolò Grossi hat sie besonders auffallend gestaltet: seine zeigen Figuren aus griechischen Sagen – ganz im Einklang mit der Wiederbelebung der Antike durch die Renaissance.

Die Säule ist das Maß aller Dinge

Betritt man den Innenhof, so ist der Eindruck ein anderer: Es fällt die optische Nähe zum Palazzo Medici Riccardi auf (s. S. 204): Auch dort erheben sich drei Stockwerke über einen von Säulen bestandenen Patio. Dabei setzt die Säulenlänge das Maß, nach der sich alle weiteren Proportionen zu richten haben. Eine Säulenlänge entspricht dem Abstand von der Innenmauer zum Säulengang ebenso wie dem der Säulen untereinander und ihrem Abstand zum Innenhof. Der strahlt Harmonie und Ruhe aus. Im Erdgeschoss lagen üblicherweise die Diensträume des Personals. Vermutlich waren dort auch die Geschäftsräume des Bankiers untergebracht. Der erste Stock war den Empfangs- und Gesellschaftsräumen vorbehalten, im zweiten Stock befanden sich die Schlafräume der Familie.

Der Palast wurde 1929 von den Strozzi der Stadt Florenz vermacht, die darin einen großzügigen Platz für Ausstellungen eingerichtet hat. Außerdem ist er Sitz mehrerer Kulturinstitute und beherbergt ein Designgeschäft.

Infos und Adressen

Im Innern des »Caffè Apollo«

SEHENSWÜRDIGKEITEN

Palazzo Strozzi. Im Sitz mehrerer Kulturinstitute finden hier oft sehr interessante Kunstausstellungen statt. Mo–So 10–20 Uhr, Donnerstag 9–23 Uhr. Piazza degli Strozzi, www.palazzostrozzi.org

ESSEN UND TRINKEN

Caffè Apollo. Zwischen den historischen Strozzi-Säulen zu sitzen und einen Kaffee zu trinken oder zu speisen, ist etwas Besonderes, das Café ist nämlich im Innenhof platziert. Und gar nicht teuer. Tgl. 8.30–20 Uhr, Do bis 22.30 Uhr. Piazza Strozzi.

ÜBERNACHTEN

Hotel Helvetia & Bristol. Ein Kettenhotel, gleichzeitig ein edles Refugium. Der Stil schwankt zwischen elegant-zurückhaltend und ein bisschen blumigem Laura-Ashley-Touch. Bietet Zimmer in verschiedenen Kategorien an. Gut und zentral. Via dei Pescioni 2, Tel. 055 2 66 51, www.niquesahotels.com

Hotel Pensione Pendini. Unschlagbare Lage gleich neben dem Triumphbogen der Piazza della Repubblica. Dieses Traditions-Drei-Sterne-Haus macht wirklich was her. Ein bisschen altmodisch-charmant eingerichtet, stilvoll gestaltete Lounge. Kein Renaissancepalast, sondern ein Haus aus der Zeit der Konstruktion der Piazza della Repubblica. Via Strozzi 2, Tel. 055 21 11 70, www.hotelpendini.it

AUSGEHEN

Cinema Odeon. Gepflegtes elegantes Hollywood-Kino mit Blockbustern und Spezialreihen. Via degli Anselmi, Tel 055 29 50 51, www.odeonfirenze.com

Yab. Spacig aufgemachtes Restaurant mit Disco, etwas schicker als die anderen. Wechselnde Musik-Programme, auch Live-Acts. Man erwartet eine Reservierung. Mo, Do, Fr und Sa ab 20 Uhr. Via dè Sassetti 5r, Tel 055 21 51 60, www.yab.it

DIE ARCHITEKTUR der Renaissance

Blick in die Kuppel des Domes

Jede kunstgeschichtliche Epoche bricht mit den Traditionen der vorhergehenden, und so ist es auch mit der Renaissance. Nicht nur in der Kunst, auch in der Architektur werden im ausgehenden 13. und beginnenden 14. Jahrhundert Veränderungen sichtbar, die einem Wandel in der Gesellschaft entsprechen.

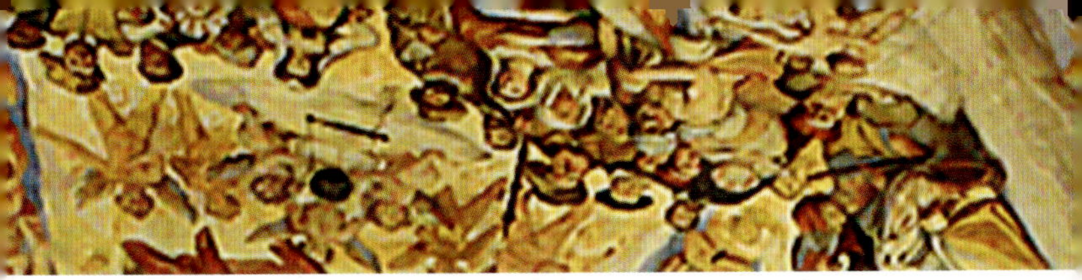

Die Renaissance als »Wiedergeburt«, als erneute Würdigung antiker Kunst- und Philosophieauffassungen schlägt sich in dem Wunsch nach Klarheit, Harmonie und Ordnung und als Verherrlichung der von Gott geschaffenen Schönheit der Welt nieder. In dieser Epoche wird der Mensch nicht als unwürdig, klein oder sündenbehaftet dargestellt wie zuvor im Mittelalter – wenn er überhaupt dargestellt wurde –, sondern als prachtvolle, denkende Schöpfung Gottes. Piero della Francesca malte 1470 die »ideale Stadt«. Das Bild zeigt eine ruhige Harmonie zwischen den Baukörpern mit einer Rotunde in ihrer Mitte. Die Rotunde, der Kreis, wird von den Baumeistern und Architekten als vollkommenste geometrische Figur bewertet. In Kirchenräumen wird sie ganz besonders gefeiert. Zu sehen ist das am eindrucksvollsten im Dom Santa Maria del Fiore mit der einzigartigen Kuppel von Filippo Brunelleschi. Diesem Entwurf wird Michelangelo mit seiner Kuppel für die Peterskirche huldigen und ihn weiterentwickeln. Das ist neu: Der Architekt und Baumeister ist nicht nur Ausführender, sondern Ideengeber und Mitdenker.

Auch die Profanbauten folgen neuen Prinzipien, haben plötzlich eine eigene Geschichte. Florenz ist voller Bürgerpaläste, die für die reiche Handels-, Bankiers- und Kaufmannsschicht entworfen wurden. Ebenfalls ein Novum: Nicht der Adel liefert hier die Modevorlage, sondern der Bürger. Diese meist sehr mächtigen Paläste (*palazzi*, abgeleitet von Palatium, dem Hügel, auf dem Kaiser Augustus lebte) der Familien Rucellai, Strozzi und Medici sind aus starken behauenen Steinquadern (Rustika oder Bossenwerk) errichtet. Im Erdgeschoss befinden sich kleine vergitterte Rechteckfenster. Die folgenden Geschosse werden von Rundbogenfenstern mit Säulen (Biforien) geschmückt und von Gurtgesimsen strukturiert. Oft werden die Palazzi von prächtig ausgearbeiteten Kranzgesimsen gekrönt. Sie machen einen wehrhaften und nahezu abweisenden Eindruck.

Zu Beginn waren diese Paläste nicht mit Innenhöfen ausgestattet; das änderte sich rasch im 15. Jahrhundert. Als ein Paradebeispiel gilt der Palazzo Strozzi (s. S. 92), in dem die Grundprinzipien der Harmonien und der Gleichmäßigkeit am stärksten zur Geltung kommen. In ihm finden sich die Renaissancestrukturen, wie sie der Palazzo Medici Riccardi zeigt, weiterentwickelt. Erst in späteren Jahren wird die Strenge durch die Verwendung von Säulen gemildert. Pilaster verzieren jetzt die Fassaden, in die Gestaltung der Fensterreihen kommt Bewegung, z. B., dass schmalere mit breiten kombiniert werden.

Oben: Blick auf die Ponte Trinita
Unten: Der Figurenschmuck auf der Brücke stellt die vier Jahreszeiten dar.

14 Santa Trinita, Kirche, Piazza und Brücke

Promenade des Adels

Die Medici und Florenz, das ist eine untrennbare Geschichte. Symbole ihrer Herrschaft wussten sie überall ins Stadtbild zu setzen. Fallen auf der Piazza Santa Maria Novella zwei Obelisken auf, die eine Lilie tragen, so prangt an der kleinen dreieckigen Piazza della Trinita eine schneeweiße Säule aus blendendem Marmor, die Cosimo I. aufstellen ließ. Die Chiesa della Trinita birgt kostbarste Fresken des Malers der Stunde: Ghirlandaio.

Auch hier wieder schön zu sehen: Wie das mittelalterliche Florenz in die Renaissance hinübergleitet und dazu auch noch ein Stück echter Antike einschließt. Die Sträßlein sind schmal und gewunden, die Türme hoch, die Fassaden wehrhaft. Die Via dei Purgatori im Rücken der Piazza ist so ein Beispiel. Wer die Hausfronten aufmerksam betrachtet, dem wird eine mittelblaue runde glasierte Porzellanscheibe (*majolica*) mit einem in Weiß gehaltenen Basrelief auffallen, das ein Wickelkind zeigt. Es ist ein in Florenz üblicher Hinweis auf ein Waisenhaus.

Rundum: Paläste der Hochrenaissance

Die kleine Piazza selbst wird von Renaissancepalästen eng gefasst. Der Palazzo Bartolini Salimbeni mit der Adresse Ponte Trinita 1 wurde vom berühmten Architekten Baccio d'Angelo 1520 im Stil der Hochrenaissance entworfen und zeigt als typische Anleihen bei antiken Bauwerken Pilaster, von Halbsäulen gefasste Portale und rechteckige

Im Museum Davanzati

Fenster mit dreieckigen falschen Giebeln. Im Innern – das man nicht besichtigen kann, es ist ein Privatpalast – gibt es einen Hof, der von Rundbogensäulen aus schimmernder *pietra serena* gestützt wird.

An der Einmündung zur Via Tornabuoni liegt der Palazzo Minerbetti, der auf mittelalterlichen Turmhäusern ruht und mit Thomas Becket, dem heiliggesprochenen Erzbischof von Canterbury und Lordkanzler, in Verbindung gebracht wird. Er soll hier einmal gewohnt haben. In Richtung Brücke findet man den zinnengekrönten Palazzo Spini-Feroni, in dem heute das weltberühmte Schuhimperium Ferragamo mitsamt sehenswertem Museum residiert.

Auch in der Kirche Chiesa Santa Trinita häufen sich berühmte Namen. Die im romanischen Stil erbaute Kirche wurde bereits im 14. Jahrhundert zur dreischiffigen Basilika umgebaut, die geschwungene – neue – Fassade schuf Bernardo Buontalenti im Jahr 1593. Die dahinterliegende Kirchenfront aus dem Mittelalter lässt sich erahnen, denn die beiden Fenster aus den unterschiedlichen Bauphasen sind nicht deckungsgleich übereinandergelegt.

Nicht verpassen

MUSEO DAVANZATI ANTICA CASA FIORENTINA

Die Geschlechtertürme von San Gimignano kennen viele, doch auch Florenz hat viele dieser mittelalterlichen Turmhäuser aufzubieten. Eines davon ist als Museum ausgestattet worden, um das Alltagsleben einer vornehmen Florentiner Familie zu präsentieren.
Den stämmigen Palazzo Davanzato betritt man durch eine prächtige Eingangspforte.Der Palast ist mit blank polierten Ladrillo-Fußböden ausgestattet; Giovanni di Ser Giovanni und die Schule von Botticelli steuerten Kunstwerke bei. Es gibt wunderbare geschnitzte Holzkästen aus Walnussholz mit Intarsienmalereien und kostbarste Teppiche aus der Zeit von Cosimo I. zu sehen; die Wände sind verschwenderisch mit Fresken bemalt. Die mächtigen Mauern boten Wandschränken Platz, und – davon kann man sich gern überzeugen – Toiletten gab es auch schon …

Museo Antica Casa Fiorentina. Via Porta Rossa 13, tgl. 8.15–13.50 Uhr

Sassetti-Kapelle

Die Seitenkapellen wurden von einflussreichen Adelsfamilien ausgestattet. Das Prunkstück ist die Sassetti-Kapelle rechts vom Altar. Sie gab Francesco Sassetti in Auftrag. Dieser war Bankier im Hause Medici – an Geld dürfte es also nicht gemangelt haben. Er berief zur Ausstattung der Kapelle denjenigen Maler, der seinerzeit am meisten Prestige angehäuft hatte, Domenico Ghirlandaio. Idealtypisch für die Renaissance findet man in seinem Stil die damaligen Modernismen gespiegelt: Die bis dahin übliche eingefrorene Starre von Porträts und Szenen weicht einer lebendigeren, bewegten Darstellung. Das große Fresko *Die Bestätigung der Regeln des Hl. Franziskus durch Papst Honorius III.* mit den drei Lorenzo de Medici-Söhnen Giulio, Giuliano und Piero ganz links im Bild erscheint nahezu natürlich. Der Auftraggeber mitsamt Sohn ist auf der obersten Treppenstufe rechts zu sehen, wobei der kleine Sohn mutig den Betrachter anschaut.

Das Altarbild mit der Anbetung der Hirten stammt ebenfalls von Ghirlandaio und zeigt eine liebliche Madonna und Lorenzo de Medici als einen der Hirten, eine sprechende Szene mit der Kulisse von Florenz im Hintergrund. Gemunkelt wird übrigens, dass auch Michelangelo Buonarroti an den Fresken beteiligt war – unwahrscheinlich ist das nicht, trat er doch als 13-Jähriger in die *bottega*, die Werkstatt, Ghirlandaios ein. Sehenswert sind auch die lebendig wirkenden Fresken von Lorenzo Monaco, mit denen er die Kapelle der Familie Bartolini Salimbreni um 1423 ausgestattet hat; sie zeigen Szenen aus dem Leben Marias. Draußen auf der Piazza ragt die Säule der Justizia in die Höhe. Der Schaft stammt aus den römischen Caracalla-Thermen, und die Stufen bieten müden Florenzbesuchern Platz. Die Piazza öffnet sich hin zur Brücke Ponte Santa Trinita.

Oben: Der Eingang zum Palazzo Spini-Feroni, im Besitz der Schuhdynastie Ferragamo
Unten: Detail aus der Sassetti-Kapelle in der Kirche Santa Trinita

Infos und Adressen

Begehrt zu fast allen Tageszeiten ist das »Café Rivalta«. Wer keinen Platz findet, stellt sich einfach auf den Lungarno.

SEHENSWÜRDIGKEITEN

Chiesa Santa Trinita. Mo–Sa 8–12 und 16–18 Uhr, So und feiertags 16–18 Uhr. Via del Parione 3.

ESSEN UND TRINKEN

Florian Firenze. Die Kaffeehaustradition kennt man schon aus Venedig, hier gibt es einen Ableger, der viel kleiner, aber ebenso stilvoll ist. Samt und Kronleuchter dürfen auch hier nicht fehlen. Beste Schokoladen und Torten, aber auch für ein feines Dinner gut. Via del Parione, 28–32r, Tel. 055 284291, www.caffeflorian.com

ÜBERNACHTEN

Hotel Porta Rossa. Mitglied der spanischen NH-Kette. Stilvolles Hotel in einem Palast, der aus mittelalterlichen Turmhäusern entstanden ist. Hat teilweise Freskenmalerei. Bequeme, dezent möblierte Zimmer. Zentrale, recht ruhige Lage. Via Porta Rossa19, Tel. 055 2710911, www.nhcollection.com

Palazzo Alfieri. Hotel direkt am Arno. Ist ebenfalls in einem Palast untergebracht und besticht durch seine klassisch-dezente Möblierung, Zimmer teilweise mit restaurierter Lünettenmaleriei verziert. Lungarno Corsini 2, Tel. 055 2302185, www.palazzoalfieri.it

AUSGEHEN

Café Rivalta. Modern, jung, kunstsinnig, lustig, verspielt – ein Ort, der den ganzen Tag und die halbe Nacht etwas zu bieten hat. Für Drinks, für einen Kaffee, für mittags, abends und zum Musikhören sehr nett und beliebt. Tgl. 7–3 Uhr. Lungarno Corsini, Tel. 055 289810, www.rivaltacaffe.it

EINKAUFEN

Maliparmi. Ein richtig schöner Laden mit Mode und Accessoires. Kissen, Jacken, Mäntel, Schals, Schuhe, Taschen, etwas Ethno, ziemlich bunt, und veranstaltet auch Ausstellungen. Via di Parione 13, Tel. 055 2654569, www.maliparmi.com.it

Haus mit Vergangenheit: das Hotel »Porta Rossa«

DER SÜDEN

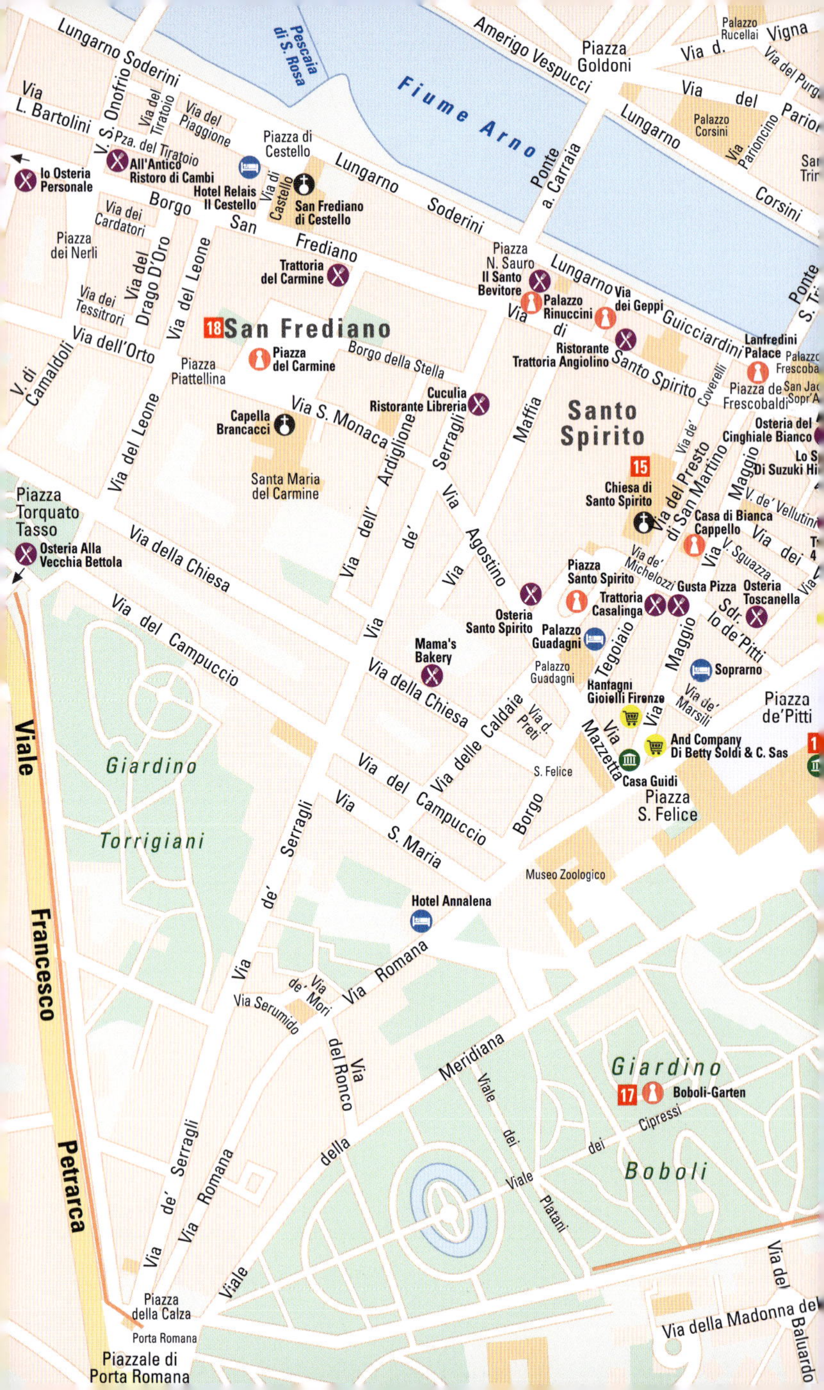
Fiume Arno
Pescaia di S. Rosa
Lungarno Soderini
Amerigo Vespucci
Piazza Goldoni
Palazzo Rucellai
Vigna
Via del Parione
Palazzo Corsini
Via Parioncino
Lungarno Corsini
Ponte a. Carraia
Via L. Bartolini
V. S. Onofrio
Via del Tiratoio
Via del Piaggione
Pza. del Tiratoio
Io Osteria Personale
All'Antico Ristoro di Cambi
Hotel Relais Il Cestello
Piazza di Cestello
Via di Castello
San Frediano di Cestello
Borgo San Frediano
Via dei Cardatori
Piazza dei Nerli
Via del Drago D'Oro
Via del Leone
Via dei Tessitori
Trattoria del Carmine
Piazza N. Sauro
Il Santo Bevitore
Palazzo Rinuccini
Via dei Geppi
Lungarno Guicciardini
Ponte S. Trinita
18 San Frediano
Via dell'Orto
V. di Camaldoli
Piazza Piattellina
Piazza del Carmine
Borgo della Stella
Via di Santo Spirito
Ristorante Trattoria Angiolino
Lanfredini Palace
Palazzo Frescobaldi
Piazza de' Frescobaldi
Capella Brancacci
Via S. Monaca
Cuculia Ristorante Libreria
Santa Maria del Carmine
Via dell' Ardiglione
Via de' Serragli
Via Maffia
Santo Spirito
Via de' Coverelli
Via del Presto di San Martino
Osteria del Cinghiale Bianco
Lo Sp Di Suzuki Hi
Via Maggio
V. de' Vellutini
15 Chiesa di Santo Spirito
Casa di Bianca Cappello
Piazza Torquato Tasso
Osteria Alla Vecchia Bettola
Via della Chiesa
Via Sant'Agostino
Piazza Santo Spirito
Via de' Michelozzi
V. Squazza
Via dei
Gusta Pizza
Osteria Toscanella
Trattoria Casalinga
Osteria Santo Spirito
Palazzo Guadagni
Sdr. lo de' Pitti
Via Tegolaio
Sopramo
Via del Campuccio
Mama's Bakery
Ranfagni Gioielli Firenze
Via de' Marsili
Piazza de' Pitti
Via d. Preti
Via delle Caldaie
Via Mazzetta
And Company Di Betty Soldi & C. Sas
Casa Guidi
S. Felice
Piazza S. Felice
Borgo
Via S. Maria
Giardino Torrigiani
Viale Francesco Petrarca
Museo Zoologico
Hotel Annalena
Via Romana
Via de' Mori
Via Serumido
Via del Ronco
Viale della Meridiana
Giardino di Boboli
17 Boboli-Garten
Viale dei Cipressi
Viale dei Platani
Via del Baluardo
Via della Madonna
Viale
Piazza della Calza
Porta Romana
Piazzale di Porta Romana

Pza. d. Strozzi
Via d. Anselmi
Via Sasseti
Republica
Orsanmichele
Via Monalda
Pellicceria
Via d. Calzaiuoli
Via dei Tavolini
Via Dante Alighieri
Palazzo dei Pazzi
Via Proconsolo
Via de' Giraldi
Palazzo Borghese
Via de' Pandolfini
V. delle Seggiole
Palazzo Bartolini-Salimbeni
Via Porta Rossa
Via de' Lamberti
Centro Storico
V. dei Cimatori
V. d. Cerchi
Badia Fiorentina
Palazzo del Bargello
Via dell' Acqua
Via Ghibellina
Teatro G.Verdi
Via d. Lavatoi
Palazzo Uguccioni
Pza. San Firenze
Via della Vigna Vecchia
Via delle Burella
S. Simone
Via Calimala
Piazza di S. Cecilia
Palazzo Davanzati
Via delle Terme
Fontana del Nettuno
Palazzo Gondi
Via dell' Anguillara
Via Torta
V. G. Verdi
Palazzo di Parte Guelfa
Via de' Gondi
San Firenze
Via Borgognona
Via Bentaccordi
Piazza della Signoria
Palazzo Vecchio
Borgo de' Greci
Via del Fiordaliso
Santi Apostoli
Ch. d. Manetto
S. Maria
Loggia dei Lanzi
Via dei Leoni
V.d. Corno
V. d. Parlascio
Via de' Magalotti
Piazza di Santa Croce
Piazza de Peruzzi
Lungarno Acciaioli
Vicolo dell'Oro
Via Porta
Via Lambertesca
Ple. d. Uffizi
Galleria degli Uffizi
Via Vinegia
San Remigio
Via de' Rustici
Via delle Brache
Via de' Benci
S. Stefano al Ponte
Via de' Girolami
Via de' Castellani
Via Castello d'Altafronte
Via Osteria del Guanto
Via della Mosca
Via dei Neri
Borgo Santa Croce
Hotel Lungarno
Fantasie Florentine
Ortigia SRL
Ponte Vecchio
Lungarno Archibusieri
Museo Galileo
Piazza de' Giudici
Via d. Saponai
Piazza Mentana
Via dei Vagellai
Via V. Malenchini
Via dei Tintori
Corso dei Tintori
Museo Horne
Via Jacopo
Via de' Barbadori
Golden View Open Bar
Corridoio Vasariano
Via de' Bardi
Pza. di S. Maria Soprarno
Fiume Arno
Lungarno Gen. Diaz
Lungarno d. Grazie
Guicciardini
Piazza di Santa Felicita
La Scaletta Hotel Florence
Santa Felicita
Costa di San Giorgio
Costa de' Magnoli
Lungarno Torrigiani
Via de l'Canneto
Lungarno 23
Chiesa Tedesca
Ponte alle Grazie
Bed&Breakfast Il Magnifico
Palazzo Torrigiani
Costa Scarpuccia
Lorenzo Villoresi
Lungarno Serristori
Porto San Niccolò
Piazza Demidoff
Piazza de' Mozzi
Museo Bardini
Via dei Renai
San Giorgio
Casa di Galileo Galilei
Stefano Bemer
Alessandro Dari Gioielli
Via di San Niccolò
Vicolo della Cava
Ristorante La Leggenda dei Frati
Museo della Fondazione Roberto Capucci
Osteria San Niccolò
19
Giardino Bardini
Villa Bardini
21 San Niccolò
20
Forte di Belvedere
Via del Forte di S'Giorgio
Kaffeehaus
Via di Belvedere
Porta S. Giorgio
Via di San Leonardo
Museo delle Porcellane
Villa San Leonardo
Villa Razzolini
Abtei di San Miniato al Monte
Sehenswürdigkeit, Museum
Aktivitäten, Ausgehen
Information
Kirche, Synagoge, Moschee
Theater
Shopping
Restaurant, Bar, Café
Übernachtungsmöglichkeit
0
100 m
N

15 Santo Spirito

Florentiner Nachbarschaft

Seiten 102/103: Im Oltrarno wird man an vielen Ecken historische Details wie diesen antikisierenden kleinen Brunnen entdecken.
Oben: Blick in die engen Gassen von Santo Spirito
Unten: Kein Touristenziel par excellence

Geht man über die schönste Brücke von Florenz, die Ponte Santa Trinita, und überquert damit den Arno, so landet man in einem der atmosphärischsten Quartieri der Stadt. Eingebettet in eine ursprüngliche Florentiner Nachbarschaft, liegen hier viele Fundgruben für Liebhaber von Antiquitäten, Buchbindereien, Werkstätten, kleinen Design-Shops, Vintage- sowie Modelädchen – und dazu Zeugnisse des Mittelalters und der Renaissance als Dreingabe. Und einen bedeutenden Michelangelo kann das Viertel ebenfalls vorweisen.

Santo Spirito gehört zum Oltrarno, zur »anderen Seite des Arno«. Der Brückenschlag unter der Regentschaft von Cosimo I. de Medici sollte repräsentativ und hochherrschaftlich ausfallen und ein Gegenstück sein zur Ponte Vecchio, auf dem die Metzger und Gerber ihr übelriechendes Handwerk verrichteten. Schließlich verband die Ponte Santa Trinita die Renaissance-Residenzen der einflussreichen Familien auf der nördlichen mit denjenigen auf der südlichen Seite.

Paläste und Türme

So ist der erste »offizielle« Höhepunkt auf der Oltrarno-Seite der Palazzo Lanfredini aus dem 15. Jahrhundert. Er liegt in der Lungarno Guiciardini und fällt durch seine Fassadengestaltung auf, bei der verschiedene Stilelemente gemischt werden. Die Familie Lanfredini stellte 1501 einen Gonfaloniere und gehörte auch später noch zu den Favoriten des Medici-Papstes Leo X. In der Via Santo Spirito/Via dei Geppi stößt man auf den

Wo Florenz noch ziemlich bei sich ist.

Turm Torre Lanfredini aus mittelalterlicher Zeit.

Aus derselben Epoche stammt der Turm Torre dei Marsili in der Borgo San Jacopo 17, der Wohnturm einer der einflussreichsten Familien im 12. Jahrhundert. Im 13. Jahrhundert war von der florentinischen Republik veranlasst worden, alle Geschlechtertürme auf unter 30 Meter zu kappen (einige hatten zuvor 70 Meter erreicht, um die Macht der Familien zu demonstrieren), doch dieser ist immer noch hoch genug, um seine Umgebung zu überragen.

Um den nächsten wirklich sehenswerten Palast ranken sich viele Legenden. Er war das Geschenk Francisco I. de Medici an seine Geliebte, die Venezianerin Bianca Cappello, die er nach dem Tod seiner Ehefrau Johanna von Österreich heiratete. Sie gebar ihm einen Sohn. Über die Umstände wurde gemunkelt, und unter ungeklärten Umständen soll sie gemeinsam mit ihrem Mann ums Leben gekommen sein; vermutlich war das Gift Arsen im Spiel. Bevor sie als Ehegattin in die damalige Medici-Residenz umzog, residierte sie in dem von Bernardo Buontalenti geschaffenen Palazzo in der Via Maggio 26. Auf anthrazitfarbenem Mauer-

Nicht verpassen

ARTIGIANATO E PALAZZO

Einmal im Jahr an einem Wochenende im Mai treffen sich Künstler im Barockgarten des Palazzo Corsini an der Via della Scala. Man kann gar nicht genug Gründe benennen, um diese Künstlermesse zu besuchen. Erstens: Es ist ein wunderbarer Barockgarten, zweitens: die Ausstellung ist stimmungsvoll und fantasievoll inszeniert. Drittens wird hier Kunsthandwerk vom Feinsten geboten. Die Könner ihres Faches versammeln sich – in meist besonnter Kulisse – und demonstrieren ihre Fertigkeiten im Papierschöpfen, Glasblasen, Ätzmuster herstellen, Stricken, Sticken, Goldschmieden, Nähen, Töpfern, Malen, Fotografieren, Edelsteine fassen, Hüte herstellen, Parfümaromen finden, Seifesieden, Kochen und Backen. Die Produkte kann man an Ort und Stelle kaufen. Viele Künstler haben übrigens keinen eigenen Laden, sondern verkaufen im Internet.

www.aertigianatoepalazzo.it

Oben: 28 Kapellen umgürten das Innenschiff der Basilica di Santo Spirito.
Unten: Was die Antiquitätenhändler auf der Via Maggio zu bieten haben.

grund prangt die schönste Freskenmalerei in wunderbar zartem Perlgrau.

Kunst, Design, Tabacchi

Schlendern und Stöbern machen in Santo Spirito besonders viel Spaß. Das Viertel wartet mit einigen architektonischen Überraschungen auf, hat plötzlich ländlich wirkende Ecken, und in den Gässchen verbergen sich Kunstgalerien, Schuhmacher und bodenständige kleine Restaurants, Juweliere, Designläden, Stoffgeschäfte und Restauratoren, Geschäfte mit Bio-Lebensmitteln, Gärtnereien und Buchbinder. Und natürlich Cafés und Tabacchi. In der Via Maggio (ursprünglich sollte sie Maggiore heißen, weil sie prächtig breit konzipiert war und ist) kommen Antiquitätenliebhaber auf ihre Kosten.

So ein *quartiere* wäre ohne einen Platz nicht komplett, und die historische Piazza Santo Spirito ist einfach bezaubernd. Hier sieht man zwischen lauter *pietra serena*, Palästen und Mittelaltertürmen endlich einmal Grün: Die Piazza schmücken breitkronige Bäume! Dichtes Laub beschattet Restaurants und Cafés; und jeden Vormittag gibt's einen kleinen Markt.

Beliebter abendlicher Treffpunkt sind die Stufen der Kirche und der Brunnen mitten auf dem Platz. Er ehrt den Kommandanten der Resistenza Aligi Barducci, der 1944 ums Leben kam. Es ist nicht erstaunlich, solche Spuren hier zu entdecken: Der Oltrarno gehörte zu den Hochburgen der Aufständischen gegen Wehrmacht und SS.

Basilica di Santo Spirito

Nahezu die gesamte Nordseite nimmt die Basilica di Santo Spirito ein. Sie beruht auf einer Gründung von Augustinermönchen, die sich südlich des Arno ansiedelten – wie es die Dominikaner im Westen taten (Santa Maria Novella) und die Franziskaner im Osten (Santa Croce). Wer die Biografie des Michelangelo von Irving Stone aufmerksam gelesen hat, wird wissen, dass ein Prior dem Künstler gestattete, dem Konvent anvertraute Leichen heimlich zu sezieren – hätte jemand Wind von der Geschichte bekommen, wären sie beide im Kerker gelandet. Für den Konvent schuf der Bildhauer einen Jesus am Kreuz, nackt, mit auffällig lang gezogenen Proportionen, als wäre es ein Werk Modiglianis ... Es ist im Übergang zur Sakristei wirkungsvoll platziert.

Der von Brunelleschi begonnene Kirchenbau ist schlicht und fast unauffällig, doch das Innere versammelt insgesamt 28 Kapellen und ist durch ebenmäßig verteilte Säulen mit verzierten Kapitellen in *pietra dura* strukturiert. In den Kapellen haben sich die berühmtesten Maler und Bildhauer der Renaissance verewigt, Donatello, Ghirlandaio und Sansovino. Das Altarbild stammt von Filippino Lippi.

Geheimtipp

MÄRKTE AUF DER PIAZZA

Die Piazza Santo Spirito ist einer der schönsten Plätze von Florenz – und noch lustiger wird es, wenn an jedem zweiten Sonntag im Monat ein Flohmarkt abgehalten wird.

Ein Kleinstmarkt findet dort ja schon täglich statt – mit Obst und Gemüse und T-Shirts und Strickjacken. Aber wenn noch der schöne Trödel dazukommt, macht es noch mehr Spaß.

Jeden dritten Sonntag folgt dann ein Bauernmarkt – auch er ist ein lohnenswertes Ziel.

Und all das demonstriert, dass die Florentiner wie jeder gute Italiener ihre Märkte lieben – Supermärkte hin oder her, man schaut erst einmal bei seinem Markthändler vorbei. Da kann man schwätzen und manchmal sogar handeln.

Sonntäglicher Trödelmarkt auf der Piazza Santo Spirito

Infos und Adressen

In der »Trattoria Sant'Agostino«

SEHENSWÜRDIGKEITEN

Basilica di Santo Spirito. Do–Di 9.30–12.30 und 16–17.30 Uhr. Piazza di Santo Spirito 30.

ESSEN UND TRINKEN

Trattoria Casalinga. Diese Adresse verraten die Florentiner gern, denn es ist ein kleines, bescheiden gebliebenes Ecklokal mit bester Hausfrauenküche (*casalinga*), *pasta in brodo*, Kichererbsensuppe, Pecorino und Bohnenschoten, Spezialität ist die *ribollita*. Mo–Sa 12–14.30 und 19–22 Uhr. Via dei Michelozzi, 9r,
Tel. 055 21 86 24, www.trattoriacasalinga.it

Trattoria Angiolino. Bei Florentinern beliebte Adresse. Im edlen Bistro-Stil möbliert, mit typisch toskanischer Küche. Auch Weinverkostungen. Tgl. 12.15–15.30 und 19–23.30 Uhr. Via Santo Spirito 36r, Tel. 055 2 39 89 76, www.casatrattoria.com

Caffè Cuculia. Das »Cuculia« ist eine Mischung aus Buchhandlung – man kann auch Bücher tauschen – und stylish hellem Café-Restaurant, in dem jeden Monat die Karte wechselt – vegetarische/vegane Gerichte sind immer drunter. Am Wochenende bietet es auch Brunch und öffnet sonst zur Stunde des Aperitif. Mo–Sa ab 19 Uhr, So 12.30–15.30 und ab 19 Uhr. Via die Serragli 3, Tel. 055 2 77 62 05, www.cuculia.it

Il Santo Bevitore. Kleines Enoteca-Restaurant im rustikalen Bistro-Stil mit richtig gutem, typischem Essen. Tgl. 12.30–14.30 und 19–23.30 Uhr. Via di Santo Spirito 64, Tel. 055 21 12 64.

Osteria Santo Spirito. Drinnen ist es klein, voll ist es fast immer – was an der Qualität der Küche liegt. Die Angebote, die sich ein bisschen an den Touristengeschmack angepasst haben, wie z. B. satt machende Salate – wechseln mit der Jahreszeit. Terrasse auf der Piazza. Tgl. 12-–23.30 Uhr. Piazza Santo Spirito 16 r, Tel. 055 2 38 23 83, www.osteriasantospirito.it

Mama's Bakery. In Santo Spirito gibt's zahlreiche Sprachschulen, und besonders die nordamerikanische Kundschaft möchte statt Cornetto ab und an mal einen Bagel frühstücken. Der wird hier serviert, zusammen mit Cupcakes, Cookies und Sandwiches. Mo–Fr 8–17 Uhr, Sa, So 9–15 Uhr. Via della Chiesa 34r, Tel. 055 21 92 14, www.mamasbakery.it

ÜBERNACHTEN

Palazzo Guadagni. Wer in diesem Palast-Etagenhotel ein Zimmer ergattert, wird mit einer richtig ruhigen Lage an einem der stimmungsvollsten Plätze der Stadt und schönen Ausblicken auf die historische Skyline von Florenz belohnt. Mit Antikmöbeln ausgestattete Zimmer, sehr freundliches Personal, tolle Loggia. Piazza di Santo Spirito 9, Tel. 055 2 65 83 76, www.palazzoguadagni.com/de

Relais Il Cestello.
Dieses Zweisternehotel ist ein bisschen plüschig aufgemacht, aber sehr nett, nur nicht gerade leise. Liegt zwar in unmittelbarer Nähe des Arno, aber leider auch eines Parkplatzes. Zimmer nach hinten bestellen. Piazza di Cestello 9, Tel. 055 28 06 32, www.hotelrelaisilcestello.com

Schöne Atmosphäre – verlockende Angebote

Hotel La Scarletta. Ansprechendes Dreisternehotel mit angenehm ausgestatteten Zimmern in unterschiedlichen Preisklassen und Standards, einer sehr guten Lage und einer hübschen Frühstücksterrasse. Das Restaurant ist nur im Sommer bis Ende September geöffnet. Via Guicciardini 13, Tel. 055 28 30 28, www.hotellascarletta.it

EINKAUFEN

Madova Handschuhe. Mo–Sa 10.30–19 Uhr. Via de' Guicciardini 1 r, Tel. 055 2 39 65 26, www.madova.com

Mannina Schuhe. Mo–Sa 9.30–19.30 Uhr. Via de' Guicciardini 16, Tel. 055 28 28 95, www.manninafirenze.com

Francesca Lotti. Restauratorin. Mo–Fr 9–13 und 15–19 Uhr. Via dello Sprone 19/21, Tel. 055 21 48 73.

Ali Firenze. Mo–Fr 10–19 Uhr. Via Toscanella 9r, Tel. 055 21 70 25, www.alifirenze.it

Angela Caputi. Mo–Sa 11–18 Uhr. Via di Santo Spirito 58, Tel. 055 21 29 72, www.angelacaputi.com

Paola Quadretti. Mo–Fr 9–13 und 14–18 Uhr. Via di Santo Spirito, Tel. 055 28 90 57, www.paolaquadretti.it

Roberto Ugolini. Mo–Fr 9–13 und 15–19 Uhr. Via dei Michelozzi 17, Tel. 055 21 62 46.

Maria Pace. Mo–Sa 11–18 Uhr. Via Romana 22/24, Tel. 055 5 38 75 22, www.mariapace.it

Omero Benvenuti.
Mo–Sa 9.30–13 und 15–19 Uhr. Sa nur vormittags, Via Romana 58 r, Tel. 055 0 94 80 43.

RUNDGANG
in Santo Spirito

Betörendes Stillleben im Keramikstudio Anita Russo in der Via Romana

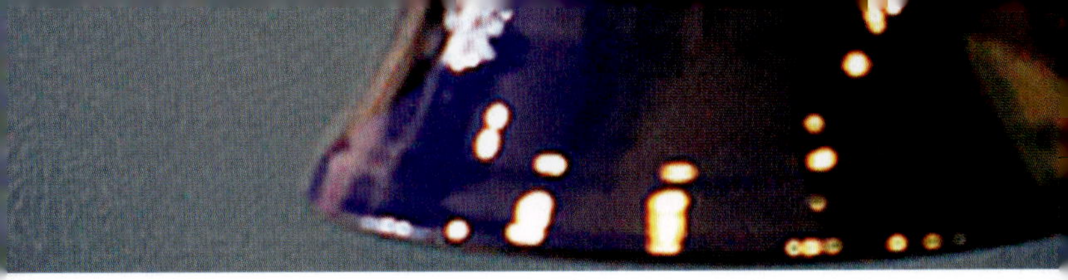

»Geschlossen - ich bin in den Uffizien«. Wenn man dieses Ladenschild in einem Fachbetrieb für Restaurierung in Santo Spirito sieht, ist das etwas völlig Normales. Die Restaurateure in Florenz genießen einen hervorragenden Ruf. Und das ist kein Wunder. Die Jahrhundertflut von 1966 hat diesem Handwerk das Äußerste abverlangt und es weiter stimuliert. Viele Werkstätten wird man in diesem stimmungsvollen Viertel finden. Handwerk ist in Santo Spirito überall präsent.

Dass Handwerk auf goldenen Boden fällt, lässt sich nicht so ohne Weiteres behaupten, in Florenz gilt dieses Wort aber noch ein wenig. Die Stadt ist für jeden, der individuelle Stücke mag, egal, ob es sich dabei um Möbel, Mode, Schmuck, Bücher, Papierwaren, Bilderrahmen, Schuhe, Taschen, Kissen, Lampen, Stoffe oder Gürtel handelt, eine eigene Reise wert. Die Dichte ist im Quartiere Santo Spirito und in den angrenzenden Straßen besonders hoch. Mit der Via Maggio hat der Quartiere auch ein lohnenswertes Ziel für Liebhaber von Antiquitäten aufzubieten. Hier reiht sich eine ausgesuchte Adresse an die nächste, stilvoll in alten Palästen untergebracht. Davon gibt es in Santo Spirito eine ganze Menge, denn nachdem die Medici mit ihrem Umzug in den Palazzo Pitti einen Trend gesetzt hatten, zogen die vornehmen Familien nach und bauten ebenfalls im Oltrarno. Die prachtvolle Brücke Santa Trinita verband sie mit der repräsentativen Via Tornabuoni, die oft zum Schauplatz prächtiger Paraden wurde.

In der Via Maggio lebte auch die wohlhabende Familie Giocondo, deren Tochter Lisa immer noch den Rekord der rätselhaftesten Frau der Welt innehält und vermutlich nie verlieren wird: Sie ist das Modell der *Mona Lisa* von Leonardo da Vinci, das nicht in Florenz, sondern im Pariser Louvre zu sehen ist.

Die Giocondo, die Ridolfi und all die anderen Mitglieder der Florentiner Noblesse beschäftigten für ihre Residenzen Goldschmiede, Polsterer, Holzschnitzer, Graveure, Schneider und Juweliere. In Santo Spirito entstand so ein reiches Betätigungsfeld für Kunsthandwerker jedweder Couleur.

Leder, Mode und Kunstharz

Der Spaziergang beginnt an einer feinen Adresse: Die Ponte Vecchio im Rücken, fertigt die Familie A **Madova** seit 1919 noble Lederhandschuhe. Das Geschäft wirkt angenehm nüchtern, nur ein buntes »Glove factury« weist darauf hin, was

hinter der Auslage zu erstehen ist. Bis fast unter die Decke stapelt sich feinste handgenähte Lederware in den hölzernen Regalwänden.
Ein paar Schritte weiter unterhält die alteingesessene Familie B **Mannina** eines der renommiertesten Geschäfte für handgefertigte Schuhe. Und das will etwas heißen in einer Stadt, in der Schuhmacher noch gut ihr Brot verdienen können. Sie verkauft nicht nur Schuhe nach Maß, sondern auch handgenähte Konfektionsschuhe.
Das Schaufenster von C **Francesca Lotti** in der Via delle Sprone erinnert ein wenig an einen Setzkasten. Lauter kleine Gipsmodelle stehen darin. Die Restauratorin fertigt sie für ihre Arbeiten an und verkauft sie auch an ganz »normale« Kunden.
Die Werkstatt D **Ali Firenze** in der Via Toscanella widmet sich dagegen der Perlenstickerei auf Leder. Ein breites Potpourri von Ledertaschen und bestickten Ledercolliers, Perlenarmbändern und farbigen Lederetuis entsteht im Atelier – alles per Hand.
Nicht jedem wird die Ehre zuteil, im Kostümmuseum im Palazzo Pitti ausgestellt zu werden. Die Schmuckdesignerin E **Angela Caputi** hat dies geschafft. Umso schöner, dass man ihre voluminösen Ketten, Broschen, Ohrringe und Armreifen aus buntem Kunststoff und federleichtem Kunstharz in ihrem eigenen Laden kaufen kann. Als Inspiration dienten ihr das Hollywood der 1940er-Jahre, aber auch Ethno-Entwürfe und die heftig bunte Pop-Art-Bewegung der 1960er.

Einen damenhaften Stil pflegt F **Paola Quedretti** in ihrem Alta-Moda-Modeladen in der Via di Santo Spirito im Palazzo Frescobaldi, aber jung und fantasievoll ist er auch. Ihr liegt die Handarbeit am Herzen, das Gefühl für Stoffe, für Verzierungen, für Spitze. Als Florentinerin hat sie eine mächtige Kunsttradition im Hintergrund. Das verpflichte, erklärt sie.
G **Roberto Ugolini** in der Via dei Michelozzi lässt sich beim Arbeiten in die offene Werkstatt schauen. Schuhmodelle der Stammkunden sind fein säuberlich in einem Glasregal an der Wand gestapelt, und mindestens zwei Anproben – und wahrscheinlich drei Monate Vorlaufzeit - braucht es, um einem neuen Kunden einen Schuh zu schneidern. Ledermuster baumeln von langen hölzernen Latten. Von rustikalen Stiefeln bis zum eleganten Slipper reicht das Repertoire dieses Familienbetriebes.

Stoff und Papier

Die Modeschöpferin H **Maria Pace** hat ihren Laden in der Via Romana. Ihre Entwürfe sind ein bisschen Ladypunk, ein bisschen Vintage, aber aus femininen Stoffen geschneidert und sehr originell. Auch hier ist alles Handarbeit.
Eine Werkstatt erleben kann man bei I **Matteo Omero Benvenuti.** Er ist Buchbinder und hauptberuflich Restaurator von alten Schriften, schöpft aber auch Papier und bemalt es. Als Spaß verkauft er daraus gefertigte Lesezeichen, Leporellos für Fotos, Notizbücher, Fotorahmen und Malhefte.

Individuelle Läden wie die Campucc Art Gallery findet man in Santo Spirito in nicht geringer Zahl.

Ein Must für viele Gäste ist der Palazzo Pitti mit seinen Gemäldegalerien.

16 Palazzo Pitti

Repräsentieren ist alles

Wie der mächtige Palazzo Pitti oberhalb einer breiten Treppenflucht und eines leeren Platzes thront, das flößt fast Ehrfurcht ein. So groß war er zu Baubeginn, als die Familie Pitti ihn 1457 entwerfen ließ, allerdings nicht. Erst unter der Familie Medici, die den Palast nahezu ein Jahrhundert später im Jahr 1549 erwarb, erhielt er sein heutiges Format. Heute sind mehrere Galerien darin untergebracht, so die herzogliche Gemäldegalerie und die bombastisch ausstaffierten königlichen Gemächer.

Für den Palastbau konnte Luca Pitti den renommiertesten Architekten gewinnen, der zu haben war: Filippo Brunelleschi. Er entwarf ihn auf einem Gelände, das gar nicht so richtig zum Stadtraum zählte – damals lagen dort Obst- und Gemüsegärten. Für die Fassade des dreistöckigen Gebäudes wurden ausschließlich mächtige Rustikaquader in einem hellen Ockerton verwendet. Reihen gleichmäßiger Bogenfenster bildeten den einzigen Schmuck.

Die Familie Pitti wurde gemeinsam mit den Pazzi der Verschwörung gegen die Medici überführt. Der Palast blieb danach länger verwaist.

Ein Palast für den Großherzog

Die Ehefrau Cosimos I. de Medici, Eleonora von Toledo, erwarb ihn 1549 und veranlasste Erweiterungsarbeiten, für die Bartolomeo Ammanati verantwortlich zeichnete. Er gab dem Palast eine attraktive rückwärtige Fassade und entwarf den Boboli-Garten. Das Bauwerk mit ursprünglich sieben Fensterachsen wuchs zu einem mit 13 an; später kamen noch zwei zweistöckige Seitenflügel dazu, die das Zentralgebäude flankierten. Was heute zu sehen ist, entspricht ungefähr der damaligen Größe. Die Familie Medici trug den Titel des Großherzogs der Toskana und hatte nun einen repräsentativen Palazzo zur Verfügung. Der Titel ging im Jahr 1738 auf Mitglieder des Hauses Habsburg-Lothringen über, die ebenfalls Palast-Umbauten vornehmen ließen; ein Teil der heute gezeigten Ausstattung stammt aus jener Zeit.

Die Medici übrigens ließen auch einen Gang anlegen, der von den Uffizien über den Arno bis zur Kirche Santa Felicità und weiter zum Palazzo Pitti führt. Er ist über die Ponte Vecchio gelegt. Damit konnten sie von den Uffizien, in dem damals das

Geheimtipp

AUSRUHEN MÖGLICH!

Der Palazzo Pitti ist groß, und es gibt viel zu sehen: Er hat eine üppig und grandios bestückte Kunstgalerie aufzuweisen und ein überraschendes Modemuseum. Der angrenzende Boboli-Garten ist auch nicht gerade klein oder arm an Sehenswürdigkeiten: Grotten, Neptunskulpturen, Labyrinthe. Wie schön, dass es erlaubt ist, auf einigen Rasenflächen und Bänken ein wenig auszuruhen. Es gibt Schatten und einen sagenhaften Blick über Florenz gratis dazu.

Florentiner empfehlen die Kreuzgänge der Klosteranlagen und die Gärten der Palazzi für eine kurze Sammlung und Ruhepause zwischen den Besichtigungen, z. B. in San Marco, in San Lorenzo und im Palazzo Medici Riccardi.

Blick vom Boboli-Garten auf Florenz

Oben: In der Galleria Palatina
Unten: Neben Gemälden enthält die Palast-Galerie auch zahlreiche Skulpturen.

Rathaus und der Stadtrat untergebracht waren, unbehelligt zu ihrem Wohnpalast laufen. Nach dem *Risorgimento*, der Vereinigung Italiens, residierte im Palazzo Pitti die italienische Königsfamilie, offiziell später auch Vittorio Emanuele II. (1820–1878), und dieser zeichnet für die Möblierung der *appartamenti reali* verantwortlich.

Aufbau des Museums

Die königlichen Gemächer liegen im rechten Flügel des Palastes, wo auch die Gemäldegalerie Galleria Pallatina untergebracht ist, und ebenso die Galleria d'Arte Moderna. In einem Untergeschoss mit separatem Eingang zum Boboli-Garten befindet sich das Kostümmuseum; das Silbermuseum

GUT ZU WISSEN

CASA GUIDI

Hinter einer der typischen Fassaden der Florentiner Patrizierhäuser verbirgt sich im zweiten Stock an der Piazza San Felice die ehemalige Wohnung von Elizabeth und Robert Barrett Browning: Die beiden Dichter gehörten zum Kreis der britisch-amerikanischen Künstlerkolonie, die in der Mitte des 19. Jahrhunderts in Florenz ihre zweite Heimat fand. Von der Renaissance begeistert, an Kunst interessiert, der Bohème huldigend, hielten sie in ihrem romantisch möblierten Salon literarische Zirkel ab und verwandelten ihr Heim so zu einem unkonventionellen und lebendigen Treffpunkt. Man kann die Wohnung heute besuchen, die kleine Kunstsammlung bewundern, Bücherrücken identifizieren und ein lebhaftes Abbild der damaligen Atmosphäre erhalten. Das Wohn-Museum wird von der Eton Stiftung finanziert und steht, wenn nicht von Eton-Schülern bewohnt, Gästen zur Miete zur Verfügung.
Mo, Di, Fr 15–18 Uhr. Piazza San Felice 8. Im Winter geschlossen.

nimmt Räume und Säle des linken Flügels ein. In einem eigenen Pavillon ganz oben im Boboli-Garten gibt es noch ein Porzellanmuseum zu besuchen.

Nach dem Eingang wartet zunächst ein attraktiver mit Säulen bestandener Innenhof, der von antiken Statuen geschmückt wird. Die Treppenaufgänge zu den beiden Seiten des Palazzo stammen noch vom Medici-Architekten Ammanati.

Die königlichen Gemächer im ersten Stock atmen Luxus. Kronleuchter von mindestens zwei Metern Höhe und Umfang, vergoldete Wandschränke mit Einlegearbeiten aus Perlmutt und Elfenbein – jede Schublade zeigt eine andere Szene – Seidentapeten aus Frankreich, Portieren aus Samt, Chinoiserien, Kunst aus Japan, Musikräume, das alles spiegelt den ultimativen Pomp – ein Blendwerk ohnegleichen. Wenn man die Raumflucht verlässt, um zur Galleria Palatina zu wechseln, kann man im Flur Ansichten von Florenz aus dem 17. Jahrhundert betrachten.

Galleria Palatina

Eine Attraktion ist ohne Zweifel die Gemäldegalerie, denn sie birgt in der Petersburger Hängung (das ist eine sehr enge Hängung) eine schiere Fülle an Kunstwerken der größten Maler ihrer jeweiligen Epochen. In diesen Räumen residierten einst die Medici. Es ist sinnvoll, sich nach eigenem Gusto durch die Säle treiben zu lassen, denn ein thematischer Schwerpunkt oder chronologische Abfolgen existieren nicht. Die Sammlungen der Herzöge dokumentieren ihren jeweiligen Geschmack. Viele Tizians sind zu sehen, z. B. eine *Maria Magdalena*. Ebenso ist Raffael vertreten, am schönsten mit *Die Madonna mit dem Stuhl* und dem *Hl. Johannes als Kind* im Saturnsaal und

Geheimtipp

GESCHENKE AUS DEM MUSEUM

Im Palazzo Pitti gibt es zwei **Museumsshops**.

Der eine liegt im ersten Stock des Flügels, den sich die Galleria Palatina und die Apartamenti reali teilen, und entspricht vollständig den Vorstellungen, die man von einem Museumsshop hat.

Im zweiten aber sind nicht nur Bildbände, Museumsführer, Postkarten, Poster und der übliche Schnickschnack zu erstehen, sondern auch Schmuckstücke, die sich zum Beispiel an den Juwelen orientieren, die die feinen Damen auf den Gemälden tragen, oder eine ganze Kollektion von Vintage-Entwürfen. Der zweite Grund, das Geschäft aufzusuchen, sind seine exquisiten Duftwässer.

Gut zu erkennen: die Petersburger Hängung in der Galleria Palatina

Oben: In den herzöglichen Gemächern, wie sie der König Vittorio Emanuele II ausgestattet hat.
Unten: Die Botticelli-Roben der Rosa Genoni

der *Donna Velata* im Saal des Jupiter. Es fehlen weder Caravaggio noch del Sarto, Rubens, Tintoretto, Perugino oder Guido Reni. Der letzte Saal, Sala di Venere, Venussaal, enthält ein Porträt von Papst Julius II. und eine *La Bella* von Tizian. Er war der Audienzsaal der Medici.

Ein Museum über dem anderen

Die Galleria d'Arte Moderna, ein Stockwerk höher, liefert einen Überblick über die Malerei der italienischen Moderne vom Ende des 18. bis zum Anfang des 20. Jahrhunderts, mit zahlreichen Werken des Impressionismus und des Expressionismus.

Im Erdgeschoss liegt die Galleria del Costume, die eigentlich eher ein Modemuseum denn ein Kostümmuseum ist. In neun Einzelsälen wird hier außergewöhnlicher Frauen gedacht, die Mode gemacht oder beeinflusst haben. Dazu gehört beispielsweise Rosa Genoni, Modeschöpferin, frühe Feministin, Sozialistin und Pazifistin, die ihre Kleider nach den Gemälden von Botticelli schneiderte. Es folgen die Schauspielerin Eleonora Duse mit ihren fließenden Isodora-Duncan-Kleidern und plissierten Seidengewändern von Mariano Fortuny, die damals die Mode revolutionierten und die Frau buchstäblich vom Korsett befreiten. Fortunys Kleider waren zwar lang und weit, doch durch den körpernahen Fall der Plissierungen ließen sie die weibliche Silhouette mehr als erahnen. Revolutionäres leistete auch Elsa Schiaparelli, deren Kleider und Mäntel von Anna Piaggi gesammelt wurden. Der Modejournalistin und Muse von Karl Lagerfeld ist der anschließende Saal gewidmet. Maria Cumani Quasimodo (1908–1995) war Muse und Geliebte des Künstlers Quasimodo, selbst eine aufsehenerregende Tänzerin, Dichterin und Schauspielerin. Sie kleidete sich in ägyptische und

marokkanische Tuniken und setzte mit ihrer Vorliebe für die nordafrikanische Kunst einen wichtigen Trend. Von der Kostümgalerie führt ein direkter Ausgang zum Boboli-Garten.

Im linken Seitenflügel ist auf zwei Geschossen das Silbermuseum untergebracht. Die Ausstellung beginnt mit einer Schau über den Lapislazuli, der in jenen Epochen als Stein der Könige bekannt wurde. Die Minen lagen in Afghanistan, und die Steine mussten unter komplizierten Bedingungen importiert werden. Man verarbeitete sie zu Schmuckstücken, von denen einige prachtvolle Exemplare zu sehen sind, aber verwendete sie auch als Farbstoff. Hier ist zu sehen, wie das Farbpigment gewonnen wurde – damals war es kostbarer als Gold. Wenn es denn verwendet wurde, dann symbolisierte das »Königsblau« göttliche oder königliche Bezüge. Es folgen nun Säle voller Wunder der Goldschmiedekunst, asiatischer Elfenbeinarbeiten, kostbarer Vasen aus dem China des 17. und 18. Jahrhunderts, feine Schmuckstücke, Gemmen und Einlegearbeiten, Kristalle, Kameen, Dekorationsgegenstände und Pokale, die im Wesentlichen die prunkvolle Sammlung der Medici präsentieren. Ein Ausstellungssaal fällt durch seine Ausgestaltung besonders auf: Es ist das von Giovanni da San Giovanni (1592–1636) mit Fresken ausgemalte Hochzeitszimmer für Ferdinando II. di Medici mit Vittoria della Rovere im Jahr 1634.

Oben: Feminine Abendmode – entworfen von Frauen
Mitte: Eine Amphore aus Lapizlazuli im Silbermuseum, geschaffen von Bernardo Buontalenti
Unten: Die Stoffentwürfe der unnachahmlichen Susan Neverson im Kostümmuseum

Infos und Adressen

Das Schaufenster der Traditions-Papeterie Giannini & Figli

SEHENSWÜRDIGKEITEN

Palazzo Pitti. Zwei Tickets nötig, eines für: Königliche Räume, Galleria Palatina, Museo del Arte Moderno. Das andere für Boboli-Garten, Silbermuseum, Kostümmuseum. Di–So 8.15–18.50 Uhr. Piazza de Pitti 1.

ESSEN UND TRINKEN

Osteria di Cinghiale Blanco. Klassisch aufgemachtes Lokal mit bodenständigen, toskanischen Spezialitäten, auch das den Namen gebende Wildschwein ist darunter. Sehr gute Küche. Mo–Fr 18.30–22.30 Uhr, Sa, So 12–14.30 und 18.30–22.30 Uhr. Borgo San Iacopo 43r, 055 21 57 06, www.cinghialebianco.com

Gusta Pizza. Klein, laut, voll, beliebt, und nicht teuer. Hier kann man Pizza guter Qualität bekommen, obwohl es ein Fast-Food-Lokal ist und man nur an Barhockern sitzen kann. Aber es hat Stil und ist gemütlich. Di–So 11.30–15, 19–23 Uhr. Via Maggio 46r, Tel. 055 285068.

Golden View Open Bar. Eine goldene Sicht hat man tatsächlich von der Terrasse und den Panoramafenstern der modernen hübschen Café-Bar mit ihrem freundlichen Personal. Tgl. 7.30 –24 Uhr. Via de Bardi, 58r, Tel. 055 21 45 02, www.goldenviewopenbar.com

Osteria Toscanella. Das Setting macht neugierig: Fast versteckt öffnet sich in einem großartigen Palazzo-Ambiente mit mächtigen Säulen aus *pietra serena* dieses moderne Restaurant. Das Essen ist typisch toskanisch, aber nicht bäurisch. Bohnen, Graupen, Innereien. Tgl. 12–15 und 19–23 Uhr. Via Toscanella 38, Tel. 055 28 54 88, www.toscanellaosteria.com

ÜBERNACHTEN

Hotel Lungarno. Dieses Luxushotel liegt ganz wunderbar am Ufer des Arno in unmittelbarer Nähe zur Ponte Vecchio und zu den Uffizien. Das Ambiente ist entspannt und chic. Moderne Eleganz prägt die Innenausstattung. Terrasse zum Arno gelegen. Eigene Veranstaltungen. Die Lungarno-Hotel-Kollektion gehört zum Ferragamo-Imperium. Borgo S. Jacopo 14, Tel. 055 2 72 61, www.lungarnocollection.com/de

Ponte Vecchio Suites &Spa. Moderne, feine Suiten mit eigener kleiner Küche und gut ausgestatteten Bädern und einem modern gestalteten, kleinen Spa-Bereich. Via Dè Belfredelli 9, Tel. 055 21 73 79, www.pontevecchiosuites.com

EINKAUFEN

Ortigia. Männer- und Damenparfüms, Badezusätze, Raumaromen und alles sizilianischer (und mal nicht toskanischer) Provenienz bietet diese kleine Boutique mit freundlichem Personal. Die Basis bilden stets Blüten, Hölzer oder Früchte. Di–Sa 11–14 und 14.30–19.30 Uhr, So, Mo 12–14 und 14.30–19.30 Uhr. Borgo San Jacopo 12 r, Tel. 055 28 21 29, www.ortigiasicilia.com

Fantasie Fiorentine. Winziger Laden, vollgestopft mit Florentiner Herrlichkeiten aus bedrucktem und verziertem Papier, Leporellos, Geschenkarrangements, Lesezeichen.
Mo–Sa 9.30–19 Uhr. Via Borgo San Jacopo 50r.

Buchbinderei Giulio Giannini e Figli. Hinter der eleganten Fassade blüht die Handwerkstradition seit 1811. Die Familie zählt zu den besten Buchbindern der Stadt, hat es aber verstanden, auch durch besondere Papiere und Schreibwaren die Kundschaft an sich zu binden. War ein Lieblingsgeschäft der englischen Boheme. Feinste Lederutensilien, marmoriertes Papier, Alben, fein eingefasste Notizbücher. Mo–Sa 10–19 Uhr, So 11–18.30 Uhr. Piazza de' Pitti 37, Tel. 055 21 26 21.

&Co – And Company. Design ohne Ende gibt's in diesem lustigen Geschäft, das Kleinmöbel anbietet, bemaltes und bedrucktes Geschirr, verzierte Spiegel, Gläser, Lampen, Papierkleider, Dekorationen. Alles selbst entworfen und handgemacht. Mo–Sa 11–19 Uhr. Via Maggio 60r, Tel. 055 219973, www.andcompanyshop.com

Ranfagni Goielli. Ein weiterer feiner Traditionsladen mit klassisch-fantasievollem Schmuckdesign, edle Steine, edle Metalle. Di–Fr 9–19 Uhr, Sa 9.30–19 Uhr, Mo 15.30–19.30 Uhr. Via Maggio 66r, Tel. 055 0 13 65 20, www.ranfagnigioiellifirenze.it

San Jacopo Show Art Gallery. Loftartiger Ausstellungsort für die neorealistischen Fotos von Leo Baldioni, aber auch Designshop mit Interieurs, Kronleuchtern, Büsten, Schaufensterpuppen, Lampenschirmen Stoffen, Bilderrahmen und Ähnlichem. Mo–Sa 11–19 Uhr. Borgo San Jacopo 65 r, www.sanjacoposhow.com

Lo Spillo. In diesem türschmalen Lädchen sitzt und werkelt die Künstlerin an ihren Schmuckentwürfen aus vergoldeten Perlen und Halbedelsteinen. Ein bisschen hippie, ein bisschen Vintage. Mo–Sa 10–19 Uhr. Borgo San Jacopo 27r.

Zimmer im edlen Hotel Lungarn

Im Boboli-Garten ergeben sich immer wieder überraschene Blicke entlang eindrucksvoller Sichtachsen.

17 Boboli-Garten

Italienisches Ideal

Florenz ist von Hügeln gerahmt, und auch das Gelände hinter dem Palazzo Pitti führt in die Höhe. Wie kann man ihm einen Garten abgewinnen, wie ihn Leonora de Medici, Ehefrau von Cosimo I. und Herzogin der Toskana, haben wollte? In dem man es wie ein Amphitheater inszeniert. Treppen und Plattformen geben ihm Halt und Struktur, pfeilgerade Achsen eine Richtung. Bartolomeo Ammanati hat den Giardino Boboli entworfen.

Damit hat er eine Vorlage für einen Garten im italienischen Stil geliefert. Laubengänge, kleine, von Hecken gerahmte Labyrinthe, Wasserspiele, Grotten, Rasenflächen verbinden sich mit ornamental angelegten Blumenbeeten und einer verschwenderischen Fülle von Skulpturen zu einem lebendigen Ganzen. Der Garten war ursprünglich kleiner, seine heutige Größe von 4,5 Hektar hat er seit dem 17. Jahrhundert.

Gleich jenseits des Innenhofs des Palazzo Pitti führt ein Treppengang hinauf zum Amphitheater, in dessen Mitte ein Obelisk aus dem ägyptischen Luxor in die Höhe ragt. Er schmückte zuvor die Villa Medici im Rom. Das Wasserbecken davor entstammt zwar den Caracalla-Thermen, doch die Florentiner bespötteln es gern als Badewanne, und die Besucher werden ihnen nicht unrecht geben. Links und rechts führen kiesbestreute Wege und Stufen hinauf zur nächsten Terrasse, geschmückt von einem ganzen Reigen antikisierender Skulpturen. In diesem vom Amphitheater geschaffenen Halbrund wurden früher Feste und Feierlichkeiten begangen.

Bevor man diese Terrasse erklimmt, gibt es linker Hand den Bacchusbrunnen zu besuchen, für den ein Hofnarr Cosimos I. Modell stehen musste.

Grotten und Brunnen

Ein kleines Stück weiter am unteren Rand des Parks versteckt sich die Grotta di Buontalenti, die den Namen des Architekten trägt, der sie entwarf. Hier sollte die Illusion einer Grotte erweckt werden, obwohl die Imitationen von Stalaktiten und Pflanzenbewuchs ganz im manieristischen Stil ihre Künstlichkeit herzeigen. Im Inneren gibt es zwei sinnliche Skulpturen zu sehen, *Paris und Helena* von Vincenzo di Rossi (1525–1587) und *Venus, dem Bade entsteigend* von Giambologna. Den Eingang bewacht einer der vier unvollendeten *Prigioni* (Sklaven) von Michelangelo.

Folgt man der zentralen Hauptachse den Hügel hinauf, ist der Wasser speiende Neptunbrunnen erreicht. Dahinter breitet sich eine weite Rasenfläche aus. Die am höchsten gelegene Terrasse schmückt ein betörender Rosengarten (Kavaliersgarten); sie wird von einem rosa bemalten Pavillon gekrönt, in dem die Porzellansammlungen der toskanischen Herzöge ausgestellt sind. Es sind kostbar bemalte Service darunter, die aus dem 17. Jahrhundert stammen, man findet Chinoiserien und Porzellan, Genreszenen und Figurinen aus Japan und deutschen Manufakturen. Auf dieser Höhe liegen die noblen Landschaftsvillen der reichen Florentiner buchstäblich zum Greifen nah.

Auf der rechten Seite des Amphitheaters dehnt sich der Garten noch weit aus. Eine schöne Zypressenallee geleitet zum Isolotto, einer ovalen, von niedrigen Steinbalustraden umgrenzten Anlage mit einem kleinen See, in dessen Mitte sich der *Oceanus*, eine Skulptur von Giambologna, erhebt.

Infos und Adressen

SEHENSWÜRDIGKEITEN

Giardino di Boboli. Der Eintritt berechtigt auch zum Besuch des Kostümmuseums, des Silbermuseums, des Porzellanmuseums und der Bardini-Gärten. Die Buontalenti-Grotte ist nur mit einer Führung zu besichtigen. Tgl. 8.15–18.30 Uhr. Piazza Pitti 1.

ESSEN UND TRINKEN

Trattoria 4 Leoni. Eine der sympathischsten Adressen im Umkreis des Palazzo Pitti. Unaffektiert, gutes Essen, hausgemachte Pasta, beste Fleischgerichte, guter Wein, kleine Terrasse zum Draußensitzen. Tgl. 12–24 Uhr. Via de' Vellutini 1r, Tel. 055 21 85 62.

ÜBERNACHTEN

Hotel Annalena. Eine heimelige Atmosphäre zu schaffen, gehört zu den Prinzipien dieses Dreisternehotels. Seine 20 Zimmer sind mit antiken Möbeln ausgestattet. Manche Zimmer mit Balkon. Via Romana 34, Tel. 055 22 24 02, www.annalenahotel.it

Soprarno Suites. Ein Bed and Breakfast mit zehn Zimmern in einem ehemaligen Palazzo. Keines der Zimmer ähnelt dem anderen, alle sind originell möbliert. Via Maggio 35, Tel. 055 046 87 18, www.soprarnosuites.com

Blick in die Via San Frediano
Rechte Seite: Dem Leben auf der Via San Frediano zu folgen, ist auch ein Zeitvertreib.

18 San Frediano

Traditionell links

Gentrificazione – man muss kein Italienisch können, um diesen Ausdruck zu verstehen, der auf einer Hauswand in der Via Borgo San Frediano zu lesen ist. Steht dieses traditionelle Handwerker- und Arbeiterviertel, wo es noch einen Mittagstisch für unter fünf Euro gibt und das der Schriftsteller Vasco Pratolini stets als Hort des Widerstands, als Symbol gegen das reiche Florenz beschwor, im Begriff, seine Identität an reiche Investoren zu verlieren? Es wäre – so sagt eigentlich jeder – eine Schande.

San Frediano gehört wie Santo Spirito zum *Oltr'arno*, zur anderen Seite des Arno, das ein wenig später entstand als das römische Fiorentia, dessen Kern sich um die heutige Piazza della Repubblica zog. Südlich des Arno siedelten sich hauptsächlich die Wollkämmer und Wollweber an, die *ciompi*, und es gab Herbergen und Gasthäuser für Pilger, die nach Rom unterwegs waren. Doch auch reiche Familien lebten hier, wie die noch erhaltenen Turmhäuser bezeugen.

Heute präsentiert sich San Frediano mit einer besonderen architektonischen Geschlossenheit, die Santo Spirito nicht im gleichen Maße aufweist. Die Häuser schmal, die Mauerfarbe ocker, manchmal ein kleiner Balkon im ersten Stock, und in den Seitengassen flattert tatsächlich die Wäsche von der Leine. Es gibt stimmungsvolle Ecken zu entdecken, kurze Gässlein, barocke Tabernakel und den einen oder anderen Antiquitätenladen in einem betagten Palast, oder Trödel, *cose vecchie*, in einem baufälligen Häuschen.

Die älteste Kirche südlich des Arno ist die Santa Felicità, die heute völlig vereinnahmt von Restaurantterrassen in einer Ecke der Via Giucciardini liegt. Wer hier seinen *caffè* nimmt, wird vermutlich weder ihren eleganten Arkadengang noch den darübergelegten Vasari-Korridor (s. S. 71) bemerken. Sie besteht schon seit dem 4. Jahrhundert, allerdings wurde der Bau oft verändert, zum letzten Mal im 18. Jahrhundert. In ihrem Inneren sind große Kunstschätze zu bewundern, zwei Gemälde von Jacopo Pantormo nämlich, wobei die wunderbar lichte *Kreuzabnahme* aus dem Jahr 1528 den Altar schmückt. Die Sakristei hütet Kunstwerke aus dem 15. Jahrhundert, darunter eine *Madonna mit dem Kind* und Heiligen von Taddeo Gaddi.

Die borghi

Vom 12. Jahrhundert an gruppierten sich um diese Kirche zwei *borghi*, wie man damals die Vorstädte in Florenz nannte, der Borgo San Jacopo und der Borgo San Frediano, die heute immer noch als Straßennamen dienen. Wenn man auf der Via Borgo San Frediano ein wenig weiter schlendert, kommt man in den Genuss einer abwechslungsreichen Szenerie. Gleich zu Beginn, dort, wo die Via Santa Spirito in die Borgo San Frediano mündet, liegt der Palazzo Rinuccini, einst der prächtigste der gleichnamigen Familie. Stilgerecht residiert heute ein Antiquitätenhändler darin. Wer Bildhauern lernen möchte, kann das im benachbarten Studio Pasquale Romanelli tun; Romanelli (1812–1887) war ein Florentiner Künstler des 19. Jahrhunderts. Sein Schaufenster ist mit Büsten von der Hand des Meisters dekoriert.

Wenn man im weiteren Verlauf die ockerfarbene Kirche Cestello mit ihrer Kuppel betrachtet, wie sie so nah beim Ufer des Arno ruht, so möchte

Geheimtipp

VASCO PRATOLINO: DIE MÄDCHEN VON SAN FREDIANO

Den größten Ruhm erlangte der im Florentiner Stadtteil Santa Croce geborene Autor Vasco Pratolino (1913–1991) mit seinen Drehbüchern für *Rocco und seine Brüder* von Lucchino Visconti und für *Paisa* von Roberto Rossellini, das er gemeinsam mit Federico Fellini schrieb. Doch zu einem größeren internationalen Bekanntheitsgrad haben die Drehbücher dem Schriftsteller nicht verholfen, obschon beide Filme zu den Meisterwerken des italienischen Kinos zählen.

Mit welchem Genre könnte man Vasco Pratolino identifizieren? Ist er ein Volksschriftsteller? Vielleicht passt das Etikett. Denn er hat sich dem Milieu der kleinen Leute verschrieben, auch in seinem 1949 erschienenen *Le Ragazze de Sanfrediano*, das erst 1990 auf Deutsch herauskam. Die Mädchen von Sanfrediano, das sind die resoluten, um kein Wort verlegenen Korbstuhlflechterinnen, Wäscherinnen und Näherinnen, die sich in der Zwei-Klassen-Gesellschaft im Nachkriegs-Florenz durchsetzen müssen, denen er hier ein Denkmal gesetzt hat.

Rundgang San Frediano

A Santa Felicita – Von außen sieht diese Kirche fast unauffällig aus, im Innern gibt es große Kunst zu bewundern: Gemälde von Pantormo und Taddeo Gaddi. Sie ist in den Vasari-Korridor integriert.

B Palazzo Rinuccini – Die bekannte Florentiner Familie besaß hier einen ihrer ältesten Paläste. Heute residiert im Erdgeschoss ein Restaurant.

C San Frediano di Cestello – Die im Jahr 1686 fertiggestellte Kirche ist Sitz des Erzbischöflichen Seminars und fällt durch ihre prächtige Kuppel – und ihre unverzierte Fassade auf. Im Innern befinden sich kostbare Fresken.

D Piazza dei Nerli – Die Piazza dient als Orientierungspunkt im Viertel. Sie ist eigentlich ganz schön – doch leider zum Parkplatz umfunktioniert.

E Piazza del Carmine – Entstammt aus spätmittelalterlicher Zeit, als die Stadt um die Kirchen und Plätze Santa Maria Novella, Santa Croce, Santo Spirito und Ognissanti herum heranwuchs.

F Santa Maria del Carmine – Berühmt wurde die eher schlicht gebaute Kirche wegen ihrer Brancacci-Kapelle. Sie ist mit den bedeutendsten erhaltenen Fresken aus der Frührenaissance geschmückt, gemalt von Massacio und vollendet von Fra Filippino Lippi.

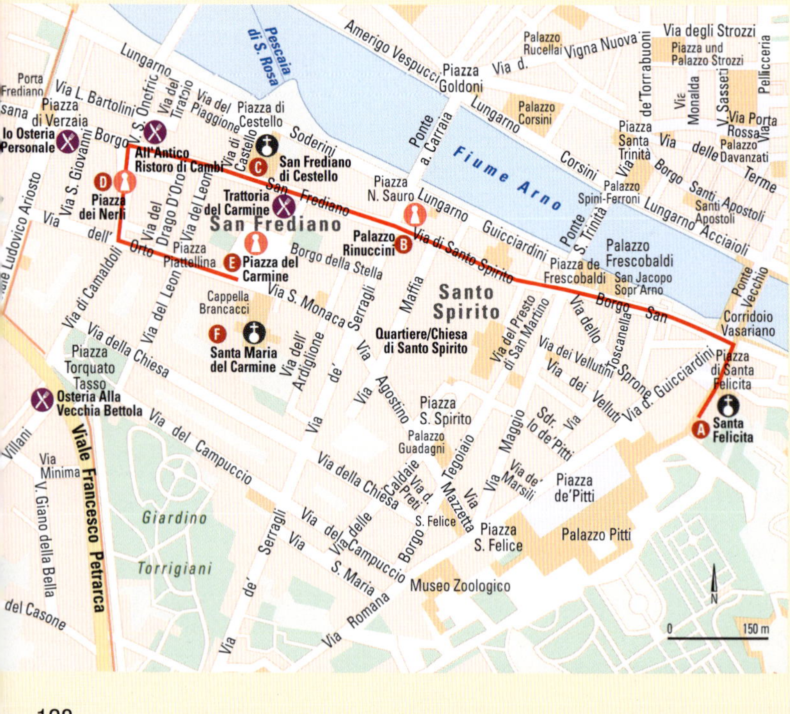

man sie mit ihren harmonischen Proportionen fast ländlich nennen. Ihre Fassade ist allerdings unvollendet geblieben. Sie gilt als exemplarisches Beispiel für Barock, hat eine schöne Innenausstattung mit Fresken und ein aufregendes Kuppelgewölbe. Diese Kirche geht auf eine frühe Klostergründung zurück. Das Gelände fiel später den Zisterziensern zu, die Kirche und Kloster neu gestalten ließen. Heute dient es als Erzbischöfliches Seminar.

Die Via San Onofrio, die wieder zum Borgo San Frediano zurückführt, ist ein Hort kleiner Designerboutiquen und typischer Restaurants wie das »Antico Ristoro die Cambi« oder das »Caffè Onofrio«. Auch die Via dell Orto oberhalb der Piazza dei Nerli hat ein ähnliches Kolorit. Von der Piazza dei Nerli selbst allerdings sollte man sich nicht viel erwarten. Sie wird zwar von großbürgerlich anmutenden Gebäuden gesäumt, ist aber eigentlich nicht mehr als ein Parkplatz.

Brancacci-Kapelle von Masaccio

Auch die Piazza delle Carmine ist eigentlich nur leer, aber immerhin groß genug, um für Freiluftveranstaltungen nutzbar zu sein. Die meisten Besucher dürften sich eher für die Ordenskirche Santa Maria del Carmine interessieren, denn sie enthält die berühmtesten, von Masaccio (1401–1428) ausgeführten Fresken in der Frührenaissance. Der Maler komplettiert das leuchtende Florentiner Dreigestirn Brunelleschi und Donatello. Was Brunelleschi für die Architektur und Donatello für die Skulptur der Frührenaissance geleistet haben, habe er für die Malerei bewirkt, so lautet das einstimmige Urteil der Kunsthistoriker.

Die Fresken für die Kapelle gab der Kaufmann Felice Brancacci 1425 in Auftrag, drei Jahre malte

Geheimtipp

ENTSPANNUNG AM ARNO

Eine kleine Bar oder ein kleines Caffè direkt an den von Weiden bestandenen Ufern des Arno im Freien zu betreiben, ist eine wunderbare Idee. Es gibt zwei davon, eines ist leider nur im Sommer geöffnet – schade, denn auch im Frühling und Herbst ist es warm genug, um den Abend draußen zu verbringen. Da mag der Verkehr noch so toben, man bekommt davon nicht viel mit.

Die eine liegt in der Nähe der Porta San Niccolò, die andere beim Lungarno Soderini in San Frediano. Dort den Tag ausklingen zu lassen mit der Silhouette von Florenz im Blick, hat etwas Romantisches.

Die Brücke Ponte Carraia verbindet die Arno-Ufer bei San Frediano.

Oben: An der Piazza Il Cestello
Unten: In der Brancacci-Kapelle wird man von der Vielfalt an bildlichen Darstellungen überwältigt.

Masaccio an seinem Freskenzyklus. Am berühmtesten sind *Der Zinsgroschen*, für den Masaccio Anregungen in einer Bibelgleichung fand, und die *Vertreibung aus dem Paradies* mit dem hemmungslos weinenden Paar Adam und Eva. Einige seiner Fresken hat er nicht vollenden können, sie wurden von Filippo Lippi weiter ausgeführt.

Von außen teilt die Kirche das Schicksal der Chiesa Cestello, nämlich ohne ansprechende Fassade zu sein.

Stadttor

Der Borgo San Frediano mündet in die Via Pisana, und die wiederum durchläuft das Stadttor, das Oltr'arno abschloss. Dieser wuchtige Zeuge aus dem Mittelalter – das Tor soll zwischen 1332 und 1334 erbaut worden sein – taucht ganz unvermittelt auf. An seiner Fassade ist das Wappen von Florenz zu erkennen. Als Einziges hat es noch seine imponierende, stark verzierte Holztür. Erhalten sind ebenso die Mauerringe zum Anbinden der Pferde und schmiedeeiserne Fackelträger.

Infos und Adressen

Die malerischen Gassen von San Frediano

SEHENSWÜRDIGKEITEN

Brancacci-Kapelle. Mi, Do, Fr 10–17 Uhr, Sa, So 13–17 Uhr, Di geschl.

ESSEN UND TRINKEN

Alla Vecchia Bettola. Tortelli in Kaninchensauce, Pilze aus dem Mugello – die Küche ist deftig und regional und von erster Güte. Das Interieur schön schlicht und hell mit viel Holz und Ladrillo. Für Liebhaber der in Florenz gern gegessenen Innereien: gebackenes Hirn und Crostini mit gebratener Milz. Freundliche Atmosphäre. Mo und Di geschlossen. Viale Ariosto 34r, Tel. 055 22 41 58.

Trattoria del Carmine. Ein beliebter Platz, um leckere hausgemachte Tortellini und Vitello tonnato zu essen, besonders schön an einem Sommerabend auf der Terrasse draußen. Tgl., im Sommer So geschl. Piazza del Carmine 18, Tel. 055 21 86 01.

Io Osteria Personale. Schicke Adresse mit guter Autorenküche, wie man es heute nennt, d. h. selbst erdachte Kombinationen, mit mediterranem Touch. Hier gibt's keine *primi, segondi e dolce*. Unverputzte Wände, schwarzes Mobiliar, Bistrot-Stil. Mo–Sa 19.30–22 Uhr. Borgo San Frediano 167r, Tel. 055 933 13 41, www.io-osteriapersonale.it

Florentiner Alltagsleben: Unterwegs zum Spielplatz?

19 Giardino und Villa Bardini

Barock in Grün

Wie schön, dass Florenz so viele attraktive Gärten hat. Denn so kommt neben der Erbauung die Erholung nicht zu kurz, und einen tollen Ausblick auf Florenz genießt man in jedem Fall. Das gilt auch für den Garten der Villa Bardini. Um zu ihm zu gelangen, muss man durchs dörfliche San Niccolò laufen, was man unter Umständen sonst nicht angesteuert hätte.

Oben: Von der Terrasse der Villa Bardini hat man einen schönen Ausblick auf die Stadt.
Unten: Im Giardino Bardini

Eine gute Idee: Die Kommune hat beschlossen, die Gärten des Oltrarno zu einer »grünen Spange« zusammenzuschließen. Das bedeutet, dass man von der Giardine delle Rose bei dem Piazzale Michelangelo hinüber zum Giardini Bardini spazieren kann und von dort in den Boboli-Garten gelangt.

Die Gärten der südlichen Arnoseite ziehen sich auf welligem Grund hinauf in eine Hügellandschaft, in der die reiche Oberschicht der Stadt residiert. Dieser Bezirk wurde während der Neugestaltung der Stadt unter Guiseppe Poggi einbezogen, und er weist viele stimmungsvolle und exquisite Villen und Landhäuser auf, die sich bis zur Straße nach Monte Acuto hinaufziehen, die nach La Certosa (s. S. 228) führt.

Zunächst hatte der Grund häufig einem anderen Zweck gedient. So hatte sich das von der Stadtmauer umgebene, etwa vier Hektar große Gelände, auf dem heute der Giardino Bardini liegt, seit dem 13. Jahrhundert im Besitz der einflussreichen Familie Mozzi befunden, die auf dem recht steilen Grundstück einen Gemüse- und Obstgarten hatte anlegen lassen. Im 19. Jahrhundert kaufte die Familie einen angrenzenden Garten dazu und engagierte einen Architekten, um die zuvor landwirtschaftlich genutzten Flächen zu einem Garten umzuformen. Es wurden Wäldchen angepflanzt und ornamentale Beete angelegt: Im Jahr 1913 dann erstand der Antiquitätensammler Stefano Bardini den gesamten und mittlerweile ziemlich vernachlässigten Komplex und restaurierte den noch vorhandenen Barockgarten, den englischen Garten und die mit Kies bestreuten Wege. Mittlerweile ist der Bardini-Garten in den Besitz der Comune di Firenze übergegangen.

Das Kaffeehaus

Man sollte betonen, dass das vermutlich Attraktivste das »Kaffeehaus« ist – es heißt wirklich so. Es ist in einer stilvollen Loggia untergebracht, und von dort aus genießt man eine der besten Aussichten auf Florenz. Um sie zu erreichen, muss man den Garten durchqueren und bis zum höchsten Punkt gehen. Der Weg steigt stetig an, wobei das schon zu Barockzeiten konzipierte Treppensystem sich als ausgesprochen hilfreich erweist. Es mündet in eine halbrunde große Aussichtsplattform. Die Kaffeehaus-Loggia ist intim und klein.

Wer den Garten durchstreift, wird mit einer hinreißenden Anlage belohnt, die reich ist an verschwiegenen Plätzchen, mit Pergolen überwölbten Hohlwegen, an antikisierenden Statuen und gestalteten Grotten. Die Bepflanzung der Blumenbeete berücksichtigt optimal den Wechsel der Jahreszeit, sodass es hier immer blüht.

Die Villa Bardini, die in der Nähe des Ausgangs an der Costa San Giorgio liegt, befindet sich wie der Garten in städtischem Besitz und bietet Platz für kulturelle Veranstaltungen, Ausstellungen und Konzerte.

Infos und Adressen

SEHENSWÜRDIGKEITEN

Giardino Bardini. Di–So 10–19 Uhr, Einlass bis 18 Uhr. Costa San Giorgio 2 (Eingang auch in der Via dei Bardi 1r), Tel. 055 20 06 62 06, www.bardinipyron.it

Museo Fondazione Roberto Capucci. In der kleinen Villa, Eingang Costa San Giorgio 4 (nicht zu verwechseln mit der Villa Bardini), werden Sonderausstellungen kuratiert, die mit dem Werk des berühmten römischen Modeschöpfers Roberto Capucci verbunden sind. International bekannt wurde er für seine Entwürfe für den Film *Teorema* von Pier Paolo Pasolini mit Silvana Mangano und Terence Stamp. Gleiche Öffnungszeiten wie der Giardino Bardini.

Casa di Galileo Galilei. In der Costa San Giorgio Nr. 19 lebte der berühmte Wissenschaftler zeitweilig. Das Haus entstammt dem 17. Jh.

ESSEN UND TRINKEN

Kaffeehaus. Öffnungszeiten wie der Giardino Bardini. Tolle Aussicht.

La Leggenda dei Frati. Elegantes Setting für feine Speisen, Haute Cuisine mit toskanischen Zutaten und spezielle Menüs. In der Villa Bardini, tolle Terrasse. Di–So 12.30–14 Uhr und 19.30–22 Uhr.

EINKAUFEN

Lorenzo Villoresi. Bei Lorenzo Villoresi kann man sich ein individuelles Parfüm mischen lassen. Er hat auch eigene Linien entworfen. Mo–Fr 11–19 Uhr, Sa 11–16 Uhr. Via dei Bardi 14, Tel. 055 234 11 87, www.lorenzovilloresi.it

20 Forte Belvedere
Schönste Aussicht

Das Forte Belvedere wurde als Festungsanlage konzipiert und ist als Aussichtsterrasse unschlagbar. Beide Funktionen stecken im Namen – »Fort Schöne Aussicht«. Das Forte wurde zwischen 1590 und 1595 unter Bernardo Buontalentis Aufsicht gebaut und sollte die südliche Stadt mitsamt dem Herzogspalast Pitti und dementsprechend die Familie Medici schützen.

Oben: Romantik pur sind die Florentiner Gassen von der Festung aus betrachtet
Unten: Die Festung Belvedere
Seite 135: Bei der Festung Belvedere

Eine weitere Wehranlage war die Fortezza da Basso in der Nähe des heutigen Bahnhofs Santa Maria Novella. Den Auftrag zum Bau erteilte damals Ferdinando I. de Medici, und vermutlich benutzte der viel beschäftigte Bernardo Buontalenti Pläne, die im Haus des Auftragsgebers entstanden waren. Wahrscheinlich stammte der Entwurf von Giovanni de Medici. Die Festungsanlage hat einen sternförmigen, sechseckigen Grundriss, wie es damals üblich war. Sie befindet sich auf einem Hügel oberhalb des Giardino di Boboli und ist von diesem aus gut zu sehen. Diese privilegierte Lage inmitten der wie onduliert wirkenden Landschaft haben sich viele Villen und Landsitze zunutze gemacht, denn die Aussicht ist dann jeweils einfach grandios. Galileo Galilei soll von hier aus seine Himmelsbeobachtungen durchgeführt haben.

Die Festungsanlage, die den Schutz der Stadtmauern gegen Kriege und Einfälle verstärken sollte, hat auch einen richtigen Namen, San Giorgio. Dass sie an einem Standort so weit oberhalb von Florenz errichtet wurde, gab Anlass zur Spekulation, sie habe auch der Überwachung der Stadt selbst gedient, was für die im Palazzo Pitti residierenden Medici ja durchaus von Vorteil gewesen wäre – die Fortezza da Basso jedenfalls liegt flach im Tal des Arno.

Über längere Zeit war sie geschlossen, weil sich zwei Jugendliche hier zu Tode gestürzt hatten. Doch seit 2013 kann man sie wieder besuchen – und mehr noch; in dem Wohnpalast Palazetto finden hochgelobte Ausstellungen internationaler Künstler der Gegenwart statt, wobei das weite Gelände für künstlerische Installationen einbezogen wird. Der Palast im Mittelpunkt der Festung selbst ist kein auffälliges Beispiel der Spätrenaissance-Architektur. In ihm wurden früher Teile der Kunstwerke der Medici aufbewahrt.

Weiter Blick

Dem Besucher wird es allein auf die Aussicht ankommen; und da der Belvedere nicht so bekannt ist wie der Piazzale Michelangelo und auch nicht von Ausflugsbussen angesteuert wird, ist es auch leerer. Weil die Festung ein wenig höher liegt und nicht so sehr von Wäldern eingefasst ist wie der Piazzale, hat man einen umfassenderen Blick. Es gibt eine Möglichkeit, den Besuch beider Terrassen miteinander zu verbinden. Über die Via Monte alle Croci und entlang der alten Stadtmauer bei der Via di Belvedere steigt der Fußweg zur 1324 erbauten Porta San Giorgio, dem ältesten erhaltenen Stadttor, und dann hinauf zur Festung. Es gibt aber auch einen Ein-/Ausgang im oberen Bereich der Boboli-Gärten, die zum Forte Belvedere führen. Der Spaziergang liegt praktisch oberhalb der Stadtgrenze im schönen Villenviertel. Eine weitere Option: den Ausgang über die Via San Leonardo und die Costa San Giorgio nehmen. Von dort aus gelangt man auf die Via di Belvedere zum Stadttor San Miniato und von dort auf eine Treppe, die hinunter zum Arno führt. Beide Spaziergänge sind sehr zu empfehlen.

Infos und Adressen

SEHENSWÜRDIGKEITEN

Forte Belvedere. Via San Leonardo. Geöffnet bei Ausstellungen. (Bei Drucklegung fortwährend geschlossen. Bitte informieren Sie sich vor Ihrer Reise im Internet.)

SPAZIERGÄNGE DURCH FLORENZ

Florenz auf recht unbekannten Spazierwegen entdecken, das verspricht das Programm »Firenze – The Walking City«, das sieben verschiedene Routen vorstellt.

Das Forte Belvedere beispielsweise wird in einem Rundgang zwischen den Hügeln der Stadt beschrieben. Die Strecken sind präzise geschildert, die jeweiligen Höhepunkte ansprechend vorgestellt. Die Broschüren sind klein genug, um in die Jacken- oder Hosentasche zu passen, oder man lädt sich die entsprechende App aufs Handy unter www.app.comune.fi.it

Oben: Was vom Stadttor übrig blieb: der Torre di San Niccolò. **Unten:** Hübsche Terrassenrestaurants an der Via di San Niccolò

21 Quartiere di San Niccolò
Stimmungsvolles Durcheinander

Dieser Quartiere gehört als Teil von Santo Spirito neben Santa Maria Novella, San Giovanni und Santa Croce zu den ältesten von Florenz. Hinter den ebenen Straßen am Arnoufer geht es den Hügel San Giorgio steil bergan zum Piazzale Michelangelo, was ein absolut empfehlenswerter Spazierweg ist. Spazieren gehen macht auch im Viertel selbst viel Spaß. Mittelalterliche Paläste und kleine interessante Lädchen wechseln mit Handwerksstätten ab.

Die grob umrissenen Grenzen von San Niccolò beginnen östlich der Ponte Vecchio und umfassen als östlichsten Punkt die Porta San Niccolò, einem der ältesten, noch erhaltenen Stadttore von Florenz. San Niccolò ist ein wenig düster wegen der dunklen, wuchtigen Fassaden der Renaissancepaläste, die hier relativ dicht stehen, aber auch wunderhübsch mit seinen steilen *costas* und den Stützbögen zwischen den Gassen, die den Hügel hinauf führen und Florentiner Alltagsmilieu vermitteln. Die Via dei Bardi führt von der Ponte Vecchio hinein in den *quartiere* und macht gleich mit zwei Palästen bedeutender Florentiner Familien bekannt. Der wuchtige Palazzo Capponi delle Rovinate gilt als eines der Architekturbeispiele der Frührenaissance mit einem Sockel aus grob behauenen Steinen, den sogenannten Hausteinen, die so wehrhaft und deswegen leicht abweisend anmuten. Er befindet sich in Privatbesitz und ist nicht zu besuchen, aber es ist bekannt, das Jacopo Pontormo die Hauskapelle mit Fresken ausstattete.

Ein berühmter Innenhof gehört zum Palazzo Bardi Larioni. Ihn schuf Bartolomeo Michelozzo und stattete ihn mit schlanken Säulen aus *pietra serena* aus. Franz von Assisi soll während seiner Florenzreise in dem Hospiz der Santa Maria die Magnoli übernachtet haben, das gleich nebenan liegt. Die Kirche selbst datiert ins 11. Jahrhundert und ist somit eine der ältesten der Stadt. Die Florentiner Familien, die sie unterstützten und auch das Hospiz unterhielten, werden mit ihren Wappenschilden im einschiffigen Innenraum gewürdigt. Der Florenz-Kenner wird die Autorenschaft der azurblau glasierten Terrakotta-Lünette über dem Portal erkennen; es handelt sich um die Werkstatt von Andrea della Robbia.

Malerische Gassen

Die malerischen Costa San Giorgio, Costa delle Magnolie und davon abzweigend die Costa Scarpuccia führen hügelauf, die mit Stützbögen überbaute Via del Canneto geht es wieder hinunter. Das versetzt sofort in eine andere Zeit, in ein anderes Milieu, fast fühlt man sich ein bisschen wie im Mittelalter. In der Costa San Giorgio wurde Galileo Galilei geboren.

Die Piazza Mozzi trennt die Via dei Bardi von der Via San Niccolò und wird an drei Seiten von Palazzi gesäumt. Zwei dieser Paläste gehörten den Mozzi, die im 13. Jahrhundert hohe Kirchenämter bekleideten. Sie dienten als Stellvertreter der Bischöfe und waren Schatzmeister der Päpste. Der rückwärtige Palast hat einen festungsartigen Charakter – ganz so wie es im Mittelalter üblich war. Der zweite, zum Arno hin gelegene, wechselte in den Besitz von Stefano Bardini, einem in Florenz berühmten Antiquitätenhändler, der hier ein Museum eröffnete und es nach seinem Tod im Jahr

Geheimtipp

DER MAESTRO ERFINDET

Wie könnte man die Werkstatt des Goldschmieds Alessandro Dari beschreiben? Magie, Alchimie, Zauber? Es zischt, tickt, klingelt, leuchtet in diesem dunklen Raum, den er als Ausstellungssalon in einem Renaissancepalast eingerichtet hat. In den Vitrinen erstrahlen seine ausgefallenen exquisiten Kreationen umso mehr. Thematisch geordnet nach Antike, Gotik, Renaissance, nach Tierkreiszeichen und Tageszeiten präsentiert der exzentrische Honorarprofessor der Architekturfakultät von Florenz seine unerschöpfliche Fantasie aus Edelmetallen und prachtvollen Steinen: zierlich, fragil, pompös und stark. Die Goldschmiede genießt in seinen Augen denselben künstlerischen Rang wie Bildhauerei und Malerei, sie sollte nicht zum Kunsthandwerk herunterstilisiert werden. Überzeugen kann man sich in seiner atmosphärisch starken »Bottega« in der Via San Niccolò 115r, Tel. 055 244747, www.alessandrodari.it

Oben: Ein schöner Spazierweg führt an den alten Stadtmaueranlagen entlang.
Unten: Ein Atelier an der Via dell'Olmo

1923 der Stadt vermachte. Und das ist für ein Privatmuseum ziemlich sensationell ausgestattet. Im Erdgeschoss sind Fundstücke von der Antike bis ins Mittelalter ausgestellt. Das Zwischengeschoss gehört der Werkstatt des Andrea della Robbia. Der erste Stock spiegelt die Sammelleidenschaft seines ehemaligen Besitzers wider: Münzen, Möbel, Tafelmalerei, Musikinstrumente aus verschiedenen Epochen und eine Donatello zugeschriebene Skulptur, Zeichnungen von Tizian und ein *Erzengel Michael* von Antonio di Pollaiuolo sind zu sehen.

Auch an der Via San Niccolò stehen die wuchtigen Palazzi dicht an dicht. Heute sind sie ganz einfach Wohnhäuser, und manchmal steht ein Tor offen und man kann einen Blick in den Innenhof erhaschen. Auch gibt es kleine Läden, Imbissrestaurants und alteingesessene Handwerksstätten sowie die Schmuckmanufaktur von Alessandro Dari (s. S. 137), die wie ein Schmuckmuseum wirkt.

Zwei Stadttore

Wenn man weiter flaniert, stößt man auf die Porta San Miniato aus dem Jahr 1326. Allerdings war sie nicht wie die anderen als Turm konzipiert, sondern in die Mauer eingelassen. Die Flut von 1966 riss sie in den Arno. Nach langen Restaurierungsarbeiten steht sie wieder an ihrem Platz, und die gleichnamige Piazza davor versprüht ihren ganz eigenen Charme. Hier verläuft ein Weg hinauf zur Klosterkirche San Miniato al Monte.

Die Porta San Niccolò freilich thront unübersehbar machtvoll und wehrhaft am Arnoufer. Das Bauwerk stammt aus dem 14. Jahrhundert. Es wurde von der Umstrukturierung des Stadtraums durch Giuseppe Poggi ausgenommen. Und eine weitere Sehenswürdigkeit: Direkt am Arno liegt eines der wenigen Strandcafés der Stadt.

Infos und Adressen

In der Via dell'Olmo befindet sich das Clet Abraham Studio.

SEHENSWÜRDIGKEITEN

Villa Bardini/Museo Stefano Bardini. Via de Renai 27, Mo, Fr–Sa 11–17 Uhr.

ESSEN UND TRINKEN

Trattoria Cent'Ori. Auch im Viertel San Niccolò gesucht: ein authentisches Restaurant mit italienischer Küche und Lebensart. Gutes-Preis-Leistungs-Verhältnis. Via San Niccolò 48, Tel 055 263 88 97. Tgl. 12–15 und 19–22.30 Uhr.

Antica Osteria Mesquita San Niccolò. Das gemütliche Restaurant im Mesquita-Stil hat auch eine schöne Terrasse zum Draußensitzen. Viele kleine Gerichte, Suppen und traditionelle florentinische Küche. Tgl. 12–0.30 Uhr. Via di S. Niccolò 60r, Tel. 055 234 28 36.

Lungarno 23. Mit Terrasse. Ein helles Weinbistro mit toskanischen Spezialitäten, aber auch Platten mit Käse und Schinken zum Wein. Mo–Fr ab 19 Uhr, Sa, So 12.30–15.30 Uhr, 19.30–23.30 Uhr. Lungarno Torrigiani 23, Tel. 055 234 59 57.

ÜBERNACHTEN

Il Magnifico Bed and Breakfast. Schlichtes sauberes, nett gestaltetes Bed and Breakfast mit Gemeinschaftsbadezimmern. Liegt direkt am Arno, also nicht leise. Lungarno Torrigiani 3, Tel. 055 234 61 86, www.ilmagnificobb.it

EINKAUFEN

Stefano Bemer. Dies ist keine hemdsärmelige Werkstatt, sondern ein feiner Schuhladen für handgefertigte Männermodelle. Wer sich Maßschuhe bestellt, muss mit drei Monaten Lieferzeit rechnen. Mo–Sa 10–19 Uhr. Via di San Niccolò 2,Tel. 055 0460476, www.stefanobemersrl.com

Blick in die »Trattoria Cent'Ori«

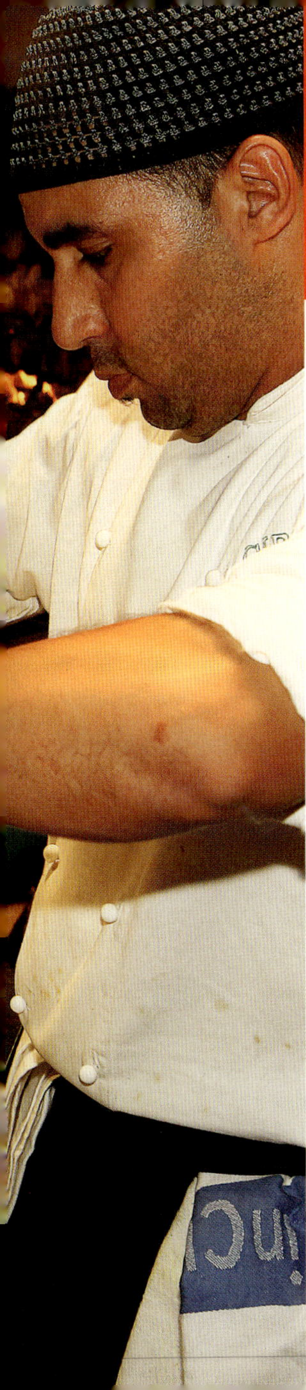

DER OSTEN

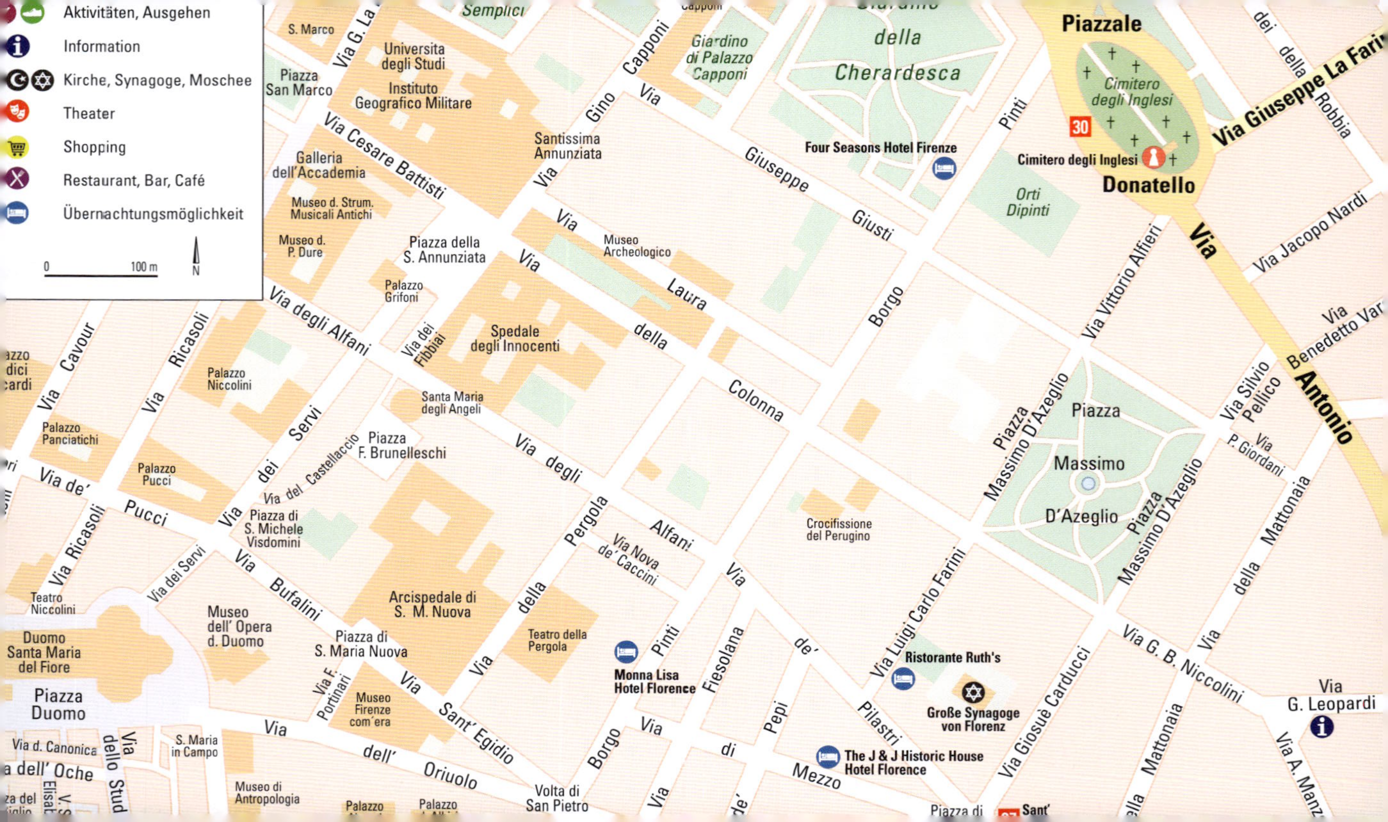
Aktivitäten, Ausgehen
Information
Kirche, Synagoge, Moschee
Theater
Shopping
Restaurant, Bar, Café
Übernachtungsmöglichkeit
0
100 m
N
Piazzale Donatello
Cimitero degli Inglesi
30
Cimitero degli Inglesi
Via Giuseppe La Farina
Via della Robbia
Via Jacopo Nardi
Via Benedetto Varchi
Via Antonio
Giardino della Gherardesca
Giardino di Palazzo Capponi
Orti Dipinti
Four Seasons Hotel Firenze
Via Pinti
Via Giuseppe Giusti
Via Gino Capponi
Via Vittorio Alfieri
Borgo Pinti
Piazza Massimo D'Azeglio
Via Silvio Pellico
Via P. Giordani
Via della Mattonaia
Via G. B. Niccolini
Via G. Leopardi
Via A. Manzoni
Via Giosuè Carducci
Via Luigi Carlo Farini
Ristorante Ruth's
Große Synagoge von Florenz
The J & J Historic House Hotel Florence
Via Pilastri
Borgo di Mezzo
Piazza di Sant'
Crocifissione del Perugino
Via de' Pepi
Via Fiesolana
Via Pinti
Monna Lisa Hotel Florence
Borgo Pinti
Via degli Alfani
Via Nova de' Caccini
Via della Pergola
Teatro della Pergola
Volta di San Pietro
Via della Colonna
Via Laura
Museo Archeologico
Santissima Annunziata
Piazza della S. Annunziata
Spedale degli Innocenti
Palazzo Grifoni
Via dei Fibbiai
Santa Maria degli Angeli
Piazza F. Brunelleschi
Via del Castellaccio
Piazza di S. Michele Visdomini
Arcispedale di S. M. Nuova
Piazza di S. Maria Nuova
Via Sant' Egidio
Museo Firenze com'era
Via F. Portinari
Via dell' Oriuolo
Museo di Antropologia
Palazzo
Palazzo
Via Bufalini
Museo dell' Opera d. Duomo
Via dei Servi
Via dei Servi
Via degli Alfani
Via Cesare Battisti
Galleria dell'Accademia
Museo d. Strum. Musicali Antichi
Museo d. P. Dure
Universita degli Studi
Instituto Geografico Militare
Piazza San Marco
S. Marco
Via G. La Pira
Semplici
Via Ricasoli
Via Ricasoli
Via Cavour
Palazzo Niccolini
Palazzo Panciatichi
Palazzo Pucci
Via de' Pucci
Teatro Niccolini
Duomo Santa Maria del Fiore
Piazza Duomo
Via d. Canonica
Via dello Studio
S. Maria in Campo
Via dell' Oche
V. S. Elisabetta

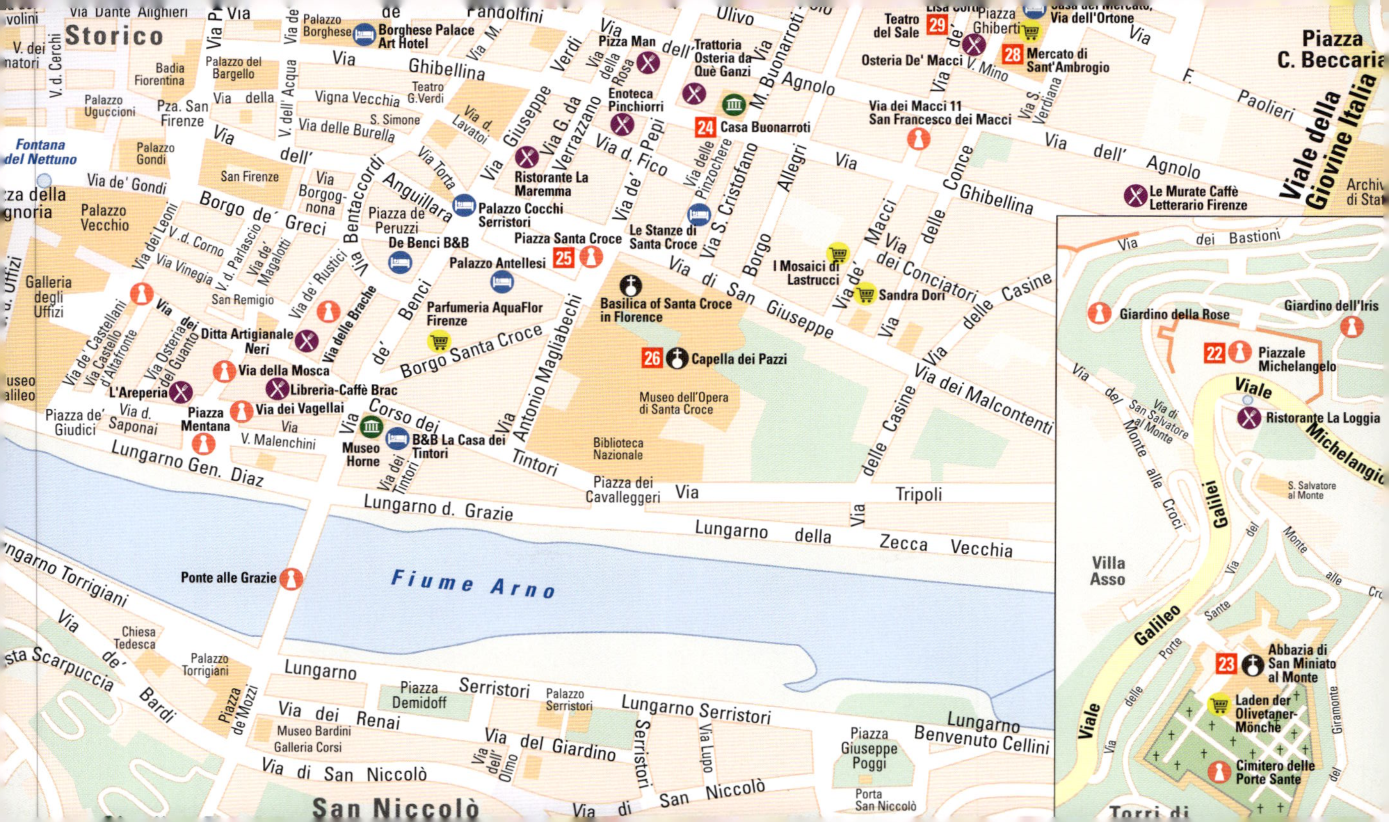

Storico
Piazza C. Beccaria
Viale della Giovine Italia
Teatro del Sale
29
Osteria De' Macci
Piazza Ghiberti
28 Mercato di Sant'Ambrogio
Via dei Macci 11 San Francesco dei Macci
Le Murate Caffè Letterario Firenze
Borghese Palace Art Hotel
Palazzo Borghese
Palazzo del Bargello
Badia Fiorentina
Palazzo Uguccioni
Pza. San Firenze
Palazzo Gondi
Fontana del Nettuno
San Firenze
Palazzo Vecchio
Galleria degli Uffizi
Teatro G.Verdi
S. Simone
Pizza Man
Trattoria Osteria da Què Ganzi
Enoteca Pinchiorri
24 Casa Buonarroti
Ristorante La Maremma
Palazzo Cocchi Serristori
Piazza de Peruzzi
De Benci B&B
Palazzo Antellesi
Piazza Santa Croce
25
Le Stanze di Santa Croce
I Mosaici di Lastrucci
Sandra Dori
Basilica of Santa Croce in Florence
26 Capella dei Pazzi
Museo dell'Opera di Santa Croce
Biblioteca Nazionale
Parfumeria AquaFlor Firenze
Ditta Artigianale Neri
Via delle Brache
Via della Mosca
Libreria-Caffè Brac
L'Areperia
Via dei Vagellai
Piazza Mentana
Museo Horne
B&B La Casa dei Tintori
Piazza de' Giudici
San Remigio
Piazza dei Cavalleggeri
Via Ghibellina
Via dell' Agnolo
Borgo de' Greci
Borgo Santa Croce
Via Antonio Magliabechi
Via di San Giuseppe
Via dei Malcontenti
Via delle Casine
Via Tripoli
Corso dei Tintori
Lungarno Gen. Diaz
Lungarno d. Grazie
Lungarno della Zecca Vecchia
Ponte alle Grazie
Fiume Arno
Lungarno Torrigiani
Chiesa Tedesca
Palazzo Torrigiani
Piazza de' Mozzi
Via de' Bardi
Lungarno Serristori
Piazza Demidoff
Palazzo Serristori
Via dei Renai
Museo Bardini
Galleria Corsi
Via del Giardino
Via Lupo
Piazza Giuseppe Poggi
Lungarno Benvenuto Cellini
Porta San Niccolò
Via di San Niccolò
San Niccolò
Via dei Bastioni
Giardino della Rose
Giardino dell'Iris
22 Piazzale Michelangelo
Viale Michelangiolo
Ristorante La Loggia
Via di San Salvatore al Monte
Via del Monte alle Croci
S. Salvatore al Monte
Viale Galileo Galilei
Villa Asso
23 Abbazia di San Miniato al Monte
Laden der Olivetaner-Mönche
Cimitero delle Porte Sante

Seite 140/141: Wo die Küche zur Bühne wird: das Teatro del Sale in der Via de' Macci.
Oben: Die berühmte Kuppel fest im Blick
Unten: Die Schwertlilie ist die Wappenblume der Stadt. Ihr ist ein ganzer Garten gewidmet.

22 Piazzale Michelangelo

Panorama, Lilien und Rosen

Einer der schönsten Aussichtsbalkone der Stadt wird von einer Kopie des David von Michelangelo gekrönt – so viel Anmut fordert die Anwesenheit sämtlicher Stadttouristen geradezu heraus! Der Besuch der Piazzale ist ein guter Einstieg für Stadtbesichtigungen. Wer in Kauf nimmt, nicht allein mit der Aussicht zu sein, wird mit einem schönen Schauspiel belohnt.

Vor allem wer einen Platz in der ersten Reihe ergattert hat, dem liegen Florenz und die gesamte Umgebung zu Füßen. Gut ist die Stadtstruktur zu erkennen, die Enge des Mittelalters, das im Stadtkern fortlebt, die riesige Domkuppel, die türkisfarbene der Synagoge, das Gewusel auf der Ponte Vecchio – aber vor allem auch die Einheitlichkeit der Farbgestaltung: ein Meer aus Schindeldächern, ockergelben Fassaden und grünen Fensterläden, wohin man auch blickt.

Dieser Piazzale entstand während der Umgestaltung von Florenz unter Guiseppe Poggi, der zeitgleich mit dem Niederreißen der alten Stadtmauern – unter Beibehaltung der Stadttore! – 1864 den Viale dei Colli entwarf, eine sieben Kilometer lange Aussichts-Chaussee von der Porta Romana bis zur Ponte San Niccolò, die durch die sanften Täler und Hügel des südlichen Florenz gleitet und an einigen Sehenswürdigkeiten vorbeiführt. Mit dem Piazzale Michelangelo wurde ihr Höhepunkt geschaffen.

Der Architekt des »neuen« Florenz hat für den Piazzale Michelangelo eine Loggia entworfen, die

die architektonische Brücke zum Renaissance-Florenz schlägt, in dem man ja auf so viele Loggien stößt, an der Piazza della Signoria z. B. oder am Mercato Nuovo. Diese Loggia steht an einem ganz besonderen Punkt: Sie führt hinein in den Giardine dell' Iris. Die Schwertlilie ist die Symbolblume von Florenz, man sieht sie auf Straßenschildern und auf Busfahrkarten, kann sie als Schmuckanhänger auf der Ponte Vecchio kaufen. Der Garten ist nur während der Blütezeit im April/Mai geöffnet und scheint mit seinen steingefassten Beeten buchstäblich den Hügel hinabzugleiten.

Botticellis Rose

Wer von der Aussichtsterrasse den tollen Weg hinunter zur Ponte San Niccolò läuft, kommt an der zweiten Wegbiegung am Eingang des Giardine delle Rose vorbei, dessen Besuch sich auf jeden Fall lohnt, nicht nur wegen des betörenden Duftes. Hier wird eine Rose gezüchtet, die während der Renaissance besonders populär war und auf den Gemälden von Sandro Botticelli zu sehen ist, z. B. auf seiner *Primavera*. Überall im terrassierten Garten verstreut findet man lauschige Aussichtspunkte und -terrassen.

Links von dem Piazzale Michelangelo führt der Waldweg hinauf zur Klosterkirche San Miniato del Monte. Auf halbem Weg ist eine weitere Kirche zu bestaunen, die Michelangelo ein »hübsches Bauernmädchen« nannte, so zumindest wird es kolportiert. Es ist der Konvent di San Salvatore al Monte alle Croci, die Klosterkirche eines Franziskanerkonvents. Simone di Pollaiuolo hat sie im 16. Jahrhundert aus *pietra forte* bauen lassen. Sie hat einen schlichten Grundriss und wird von Fresken von Neri di Bici, Giovanni da Ponte und Rosello di Jacopo Franchi aus der Werkstatt von Fra Bartolomeo geschmückt.

Infos und Adressen

SEHENSWÜRDIGKEITEN

Franziskanerkonvent di San Salvatore di Monte alle Croci. Tgl. Messe um 18 Uhr.

Giardino dell'Iris, Garten der Lilien. Geöffnet nur zur Blütezeit der Lilien zwischen dem 25. April und 20. Mai, tgl. 10–12.30 und 15–19 Uhr.

Giardine delle Rose. Nur im Sommerhalbjahr ganztägig geöffnet. Via Guiseppe Poggi.

ESSEN UND TRINKEN

Ristorante La Loggia. Das sehr behagliche und nobel-klassische Restaurant hat mit seiner Terrasse einen wunderbaren Logenplatz oberhalb des Piazzale Michelangelo. Gute Qualität, ausgesprochen zuvorkommender Service. Tgl. 12–15 und 19–22.30 Uhr. Piazzale Michelangelo 1, Tel. 055 234 28 32.

Eine Kopie des *David* schmückt die Piazzale Michelangelo.

Oben: Entstand im 13. Jahrhundert: die Abtei San Miniato
Unten: Die Terrasse vor der Abtei ist ein stimmungsvoller Platz zu jeder Tageszeit.

23 San Miniato del Monte

Kleinod auf dem Hügel

Oberhalb der Aussichtsterrasse des Piazzale Michelangelo erheben sich auf einem der höchsten Hügel, die Florenz umgeben, das Kloster und die Abtei San Miniato del Monte, eine der frühesten religiösen Stätten in der Region. Michelangelo ist auch hier präsent: Er schuf in der Nähe des Klosters 1553 die Verteidigungswälle gegen die anstürmende päpstliche Armee.

Ein schöner, von Zypressen gerahmter Weg führt von dem Piazzale Michelangelo hinauf zur Kirche und zum Kloster, dessen Bau bereits für das Jahr 1150 verbürgt ist. Es wird von den Olivetanern geführt, einer Glaubensgemeinschaft innerhalb des Benediktinerordens. Der schlicht-zurückhaltende Bau wurde mehrfach restauriert.

Der ebenso schlichte Bischofspalast aus dem Jahr 1295 und Michelangelos Verteidigungswälle umfassen die Kirche der Frührenaissance wie ein kleines Juwel. Ein darunter an den Hügel sich schmiegender Friedhof, von dem später noch die Rede sein wird, ist durch eine breite Freitreppe zu erreichen. Vor der Kirchenfassade breitet sich ein leerer, über die Gesamtlänge der Fassade erstreckender Platz aus – dieses architektonische Konzept erzielt einen schönen dramatischen Effekt für die Kirche.

Aus Marmor und Serpentin

Ihre Fassade gehört zu den hübschesten Beispielen für den Architekturstil des 13. Jahrhunderts. Sie ist ganz mit leuchtend hellem Carrara-Marmor

und Streifen von dunkelgrünem Serpentin, der in Prato gewonnen wird, verkleidet. Das zweite Geschoss, das erst später fertiggestellt wurde, ruht auf vier hohen Pilasterportalen mit halbkreisförmigen Blendbögen. Das Mittelfeld unterhalb des Dreieckgiebels schmückt ein herrliches goldstrahlendes Jesus-Mosaik, das ihn mit Maria und dem Heiligen Minias zeigt.

Vom heiligen Minias geht die Legende, dass er, aus dem armenischen Raum kommend, in Fiorentia um das Jahr 250 den Märtyrertod erlitt. Er selbst habe mit seinem Kopf unter dem Arm diesen Hügel erklommen und sei auf seinem Gipfel gestorben. Über seinem Grab wurde eine Kirche errichtet. Die heutige dreischiffige Basilika folgte. Für den Erhalt der Kirche kam die Florentiner Wollgilde auf. Sie kümmerte sich um die Finanzen und die Ausstattung. Der Adler, ihr Wappentier, krönt den Giebel des Gotteshauses.

Trompe l'œil – Illusionsmalerei

Der Innenraum ist in ein mattes Dämmerlicht getaucht. Erst wenn sich die Augen daran gewöhnt haben, lassen sich die innenarchitektonischen Finessen ausmachen, die sich ganz allmählich aus

Nicht verpassen

FRIEDHOF – CIMITERIO DELLE PORTE SANTE

Von einem idyllisch gelegenen Friedhof mag man ja eigentlich nicht sprechen, aber dieser hätte das Etikett verdient: Zu Füßen der Abtei, die einen hinreißenden Panoramablick auf Florenz gestattet, breitet sich der Cimiterio delle Porte Sante aus, der nach seiner Anlage im Jahr 1864 dann tatsächlich zu einem begehrten Bestattungsplatz avancierte. Die meist marmornen Grabdenkmäler zwischen den zu Säulen gestutzten Zypressen üben sich denn auch nicht in Bescheidenheit, sondern sind individuell und teilweise prächtig gestaltet, ganz zu schweigen von den wie Tempel anmutenden Grabkapellen. Die Berühmtesten, die auf dem kleinen Friedhof ruhen, sind der Pinocchio-Erfinder Carlo Collodi und der Schriftsteller Vasco Pratolino. Ihre Gräber sind freilich nicht zugänglich. Zu sehen ist das Grab der Familie Franco Zeffirellis.

Der Innenraum überwältigt mit seinen Mosaiken und Fresken.

dem Dunkel herausschälen. Der Raum wird durch Säulenarkaden strukturiert, die scheinbar aus Marmor gefertigt wurden – das beruht allerdings auf einem Trompe-l'œil-Effekt. Ein verblasstes Christopherus-Fresko schmückt mit seinem gigantischen Ausmaß eine Wand. Den Heiligen als Riesen darzustellen, entsprach den Vorstellungen jener Zeit. Luca della Robbia fertigte die dekorativen Majolika-Kassetten. Einzigartig wirkt der Marmorfußboden, der mit wundersamen Tierdarstellungen – den bekannten Tierkreiszeichen - bedeckt ist.

Vor dem Zugang zur Sakristei im Hochchor sieht man die vermutlich ältesten Freskenmalereien im gesamten Florentiner Raum. Die später hinzugefügte Sakristei hat Spinello Aretino (1350–1410) mit Fresken bedeckt, die Szenen aus dem Leben des Ordensgründers, dem hl. Benedikt, darstellen. In ihnen liest man wie in einem aufgeschlagenen Buch: seine mehrfachen Versuchungen, seine Wunder, die Gründung des berühmt gewordenen Klosters in Montecassino.

In der Apsis zieht ein Mosaik mit einer Darstellung von Jesus als Richter die Blicke auf sich. Er wird von Maria und San Miniato flankiert. Man datiert es ins 13. Jahrhundert.

An der östlichen Seite fällt die Grabkapelle des Kardinals von Portugal auf. Hier haben sich erneut Luca della Robbia und die Maler aus der Familie Pollaiulolo hervorgetan.

Ob sich die Gebeine des San Miniato tatsächlich im Altar der Krypta befinden, wird von Wissenschaftlern immer wieder einmal angezweifelt. So viel jedenfalls ist sicher: Die Gewölbefresken stammen aus der Schule von Taddeo Gaddi und werden ins Jahr 1341 datiert.

Infos und Adressen

SEHENSWÜRDIGKEITEN

Klosterkirche San Miniato del Monte. Tgl. 9.30–13 Uhr und 15.30–19 Uhr. Via delle Porte Sante 34, Tel. 055 234 27 31, www.sanminiatodelmonte.it

Friedhof – Cimiterio delle Porte Sante. Unregelmäßig geöffnet. Liegt bei der Kirche.

EINKAUFEN

Laden der Olivetaner-Mönche. Rosenkränze, Literatur, Lyrik, in Klöstern hergestellte Kosmetika und Kulinaria. Mo–Sa 10–13 und 15–19 Uhr. Liegt bei der Kirche.

ANKOMMEN

Mit dem Bus 12 oder 13 von Santa Maria Novella oder anderen Stationen entlang des Arno hinauf zum Piazzale Michelangelo, von dort kleiner Fußweg hinauf zur Klosterkirche.

Wenn die Sonne tief steht, beleben Schattenspiele das Bild.

24 Von der Via dei Benci zur Via Ghibellina

Ein buntes Potpourri an Stilen

Wunderhübsch ist das mittelalterliche Gassennetz, das sich auf der nördlichen Seite der Ponte alle Grazie bis zur Via Ghibellina ausbreitet. Es enthält natürlich nicht ausschließlich reines Mittelalter, hat sich aber viel von dessen Ausstrahlung bewahrt. Höhepunkte sind neben den zahlreichen überraschenden Ein- und Ausblicken die Stiftung Horne und das Museo Buonarroti.

Die schöne Via dei Benci, im Hintergrund der Turm des Palazzo Vecchio

Ein Vorschlag: Nicht gleich schnurstracks in die Via dei Benci marschieren, die sich der Ponte delle Grazie anschließt, sondern auf gewundenem Weg über die Piazza Mentana in die Via della Mosca einbiegen. In den schmalen Gassen verbergen sich Künstlerateliers, ein Spazio Culturale, altmodische Haushaltswarengeschäfte und ähnliche Nettigkeiten des Alltags.

Der Abstecher über die Via dei Neri lohnt sich, da gibt es das angesagte Ditta Artiginale, wo hausgerösteter Kaffee serviert wird, man in leicht verschrumpeltem Mobiliar und cooler Atmosphäre Cupcakes und Saft und abends ein kleines Live-Konzert genießen kann. Von hier geht es am besten kurz in die Via delle Brache, die vollends mittelalterlich ist – ebenso wie die Via dei Vagellai. Unter den Hausbögen in diesem Gassengeviert bis hoch zur Via Verdi liegen Eisdielen, Obst- und Gemüsestände, Büchereien und Antiquitätenläden. Eine Gegend, in der man zu gern ein bisschen herumstöbert.

Rund um die Via dei Benci und die Via Ghibellina

A Ponte alle Grazie – Hieß ursprünglich nach dem Podestá Rubaconte da Mandello, denn unter seiner Stadtherrschaft wurde die fünfbogige Brücke 1237 über den Arno gebaut.

B Piazza Mentana – Die kleine hübsche Piazza direkt am Arnoufer wird von einem Denkmal für die Gefallenen während des Risorgimento geschmückt, dient aber hauptsächlich als Parkplatz.

C Via della Mosca – Eine der für die Innenstadt typischen lebhaften historischen Gassen mit abwechslungsreicher Fassadengestaltung.

D Via dei Neri – Die Florentiner Familie Neri besaß hier ihre Häuser. Francesco Neri erlangte traurige Berühmtheit, als er während des Pazzi-Attentats Lorenzo di Medici mit seinem Körper schützte und starb. Seine sterblichen Überreste wurden in der Basilica Santa Croce bestattet.

E Via delle Brache – Woher die schmale Gasse ihren Namen bezieht, darüber kursieren zwei Anekdoten: War es ein Ort, wo man seine Notdurft verrichtete oder ein schattiger Treffpunkt der Florentiner Hausfrauen während der heißen Sommerstunden, um Tratsch auszutauschen?

F Via dei Vagellai – Die mittelalterliche Gasse bezieht ihren Namen von den Kupferkesseln, in dem die ansässigen Färber ihre Stoffe färbten.

G Museo Horne – Aus der Renaissance stammt dieser Palazzo der Familie Corsi, den der englische Kunstliebhaber und -kritiker Hubert Percy Horne bezog und ihn zu einem Museum ausstattete.

H Museo Casa Buonarroti – Dieses Museum gibt einen intimen Einblick in die Lebensweise der Familie Michelangelos und gleichzeitig in deren Sammelleidenschaft.

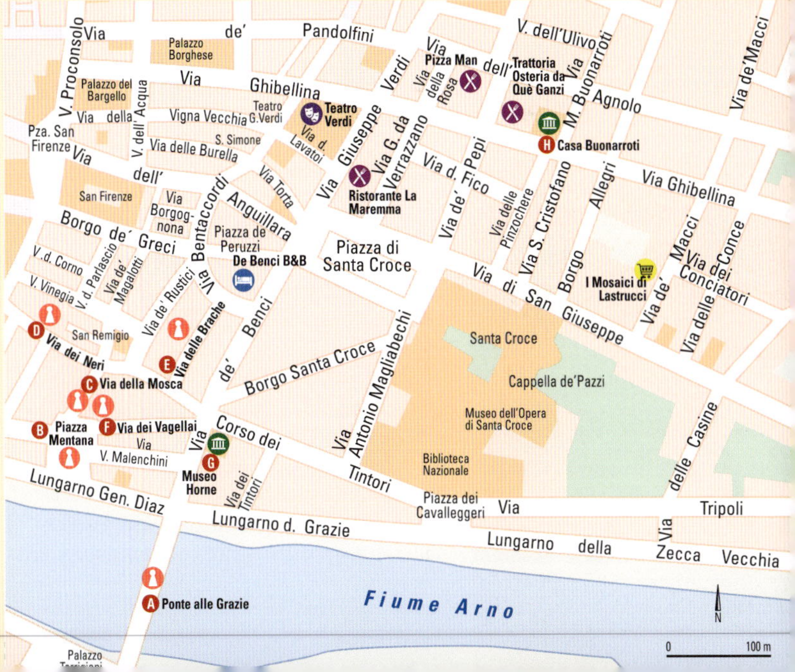

Geheimtipp

I MOSAICI DEI LASTRUCCI

Unter den vielen kleinen Werkstätten, die man in Florenz findet, sticht diese doch hervor: Sie beschäftigt sich mit der alten Kunst der Einlegearbeiten mit Halbedelsteinen. Dazu gibt es zwar ein eigenes Museum, aber hier beim Maestro sieht man, dass diese Kunst längst noch nicht museumsreif ist. Es ist beeindruckend zu verfolgen, wie die Mosaiken entstehen und was man dazu braucht. Die Leute aus der Werkstatt gehen selbst auf die Suche, um die Halbedelsteine für ihre Entwürfe zu finden, und benutzen dabei die alten Landkarten der Medici. Der grüne Japsis (für Blätter und Vögel) kommt aus dem Arno, der gelbe Japsis aus Sizilien, Kalkstein findet man in der Maremma und einen lilafarbenen Halbedelstein im Chianti. In den Hängen von Fiesole stößt man auf gemusterte Steine, die Landschaftssteine. Daraus entstehen dann die kleinen Bilder, Schubladenschränke und Amulette. Man kann auch seinen eigenen Entwurf mitbringen und ihn realisieren lassen.

I Mosaici dei Lastrucci.
Via dei Macci, 9, Tel. 055 24 16 53

Britische Gäste im 19. Jahrhundert

Parallel dazu, in der Via dei Benci, wartet mit der Stiftung Hubert Percy Horne das erste Museum dieses Rundgangs. Der kunstsinnige Literaturkritiker gehörte zu der Gruppe begüterter angloamerikanischer Florenz-Liebhaber, die es auf länger oder immer in die Stadt am Arno zog. Der 1846 geborene Horne sammelte eifrig Objekte und Kunst, insbesondere Grafiken der Renaissance. Eigentlich war er ja mit dem Auftrag von London nach Florenz geschickt worden, eine Biografie über Sandro Botticelli zu verfassen, von der sich der britische Verleger im Zuge des damaligen Renaissance-Hype hohe Auflagen versprach. Horne war also zur richtigen Zeit am richtigen Ort und pflegte enge Verbindungen zu Künstlern, Ethnologen, Schriftstellern. Aby Warburg, Walt Whitman, Oscar Wilde und Roger Fry aus dem Kreis um Virginia Woolf zählten zu seinem Bekanntenkreis. Als Mitglied der »Asociazione per la Defensa de Firenze Antica«, die sich 1898 gegen die Entkernung der Altstadt von Florenz aussprach, machte er sich ebenfalls einen Namen.

Im Jahr 1911 erwarb er den Renaissance-Palazzo Corsi mit seinen schön gemauerten Bogenfenstern, in dem heute seine Sammlung ausgestellt ist. Auf drei geräumigen Stockwerken findet man exquisite Kunstwerke, und die Titelliste liest sich wie ein Who's who der Renaissancemaler: Benozzo Gozzoli (mit einer *Kreuzabnahme*), Filippo Lippi (mit einer *Pieta* und einem *Jesusbild*) und dazu Andrea della Robbia. Es ist nicht nur die Fülle der Kunstwerke, sondern auch der Palazzo selbst mit seinen spiegelblanken Terrakottafliesen und die Einrichtung, die Aufmerksamkeit verdient haben. Tische, Kästen, Schränke, Schnitzereien und Gebrauchsgegenstände entstammen der Zeit

zwischen Trecento und Cinquecento. An der Via Verdi 6 ist kurz Pietro Dazzis zu gedenken, des Gründers der italienischen Volkshochschule.

Michelangelos Haus

Die Via Ghibellina zeigt erneut das typisch florentinische Stadtgesicht: hellgelbe Hausfassaden mit froschgrünen Fensterläden, ein fast kleinbürgerliches Flair. Hier liegt nun das Familienhaus eines der größten Künstler, den die Welt erleben durfte, von Michelangelo Buonarroti. Es handelt sich aber nicht um sein Haus, sondern um das seines Neffen und Großneffen. Des Künstlers Atelier befand sich in der Via Mossa. Doch üblicherweise schlug er seine Werkstatt stets in den jeweiligen Gärten seiner adligen oder geistlichen Mäzene und Auftraggeber auf. Dass so viele seiner Skizzen und Zeichnungen erhalten sind, entsprach wohl nicht dem Wunsch von Michelangelo. Er wollte sie vernichtet sehen, damit man ihn als perfekten Künstler in Erinnerung behalten würde und nicht als Suchenden, der Tausende von Skizzen entwarf, bevor er zum vollendeten Ausdruck gefunden habe.

Zwei ganz besondere Kunstwerke sind in diesem hellen und schön ausgestatteten Wohnhaus aus dem 17. Jahrhundert zu sehen, zwei Meilensteine seines Schaffens: Die Treppenmadonna *Madonna della Scala*, sein erstes Halbrelief überhaupt, und

Oben: Die stimmungsvolle Volta di San Piero
Mitte: Die Büste von Michelangelo Buonarroti weist auf das Museums-Haus hin.
Unten: Fahrradfahren geht gut in Florenz! Hier auf der Piazza Salvemini.

Oben: Eine typische Weinbar in der Via dei Pandolfini
Unten: Bemalte Keramik aus Impruneta in einem Laden in der Via Giuseppe Verdi

Die Schlacht der Kentauren. Beide Marmorbildnisse entstanden in den Gärten der Medici. Wunderbar auch sein Gemälde des Noli-me-tangere-Themas mit Maria Magdalena und Jesus.

Die Exponate repräsentieren die Sammlungen der Familie. Es sind kostbare Majoliken darunter, etruskische und römische Öllampen, Stelen, Torsi, Sarkophage, das berühmte Michelangelo-Porträt von Jacopo dell Conte, viele Werke zeitgenössischer Maler und Bildhauer, darunter auch ein Porträt von Michelangelo, gemalt von Leonardo da Vinci. Besonders originell ist ein erst vom Großneffen entworfener Raum mit kassettierter Decke und einem Fries, das lebhaft debattierende Leute zeigt, die sich hinunter in den Raum beugen.

Fast an der Kreuzung Via Ghibellina mit der Via Verdi stößt man auf das Theater Verdi. Zwei Mittagsrestaurants gegenüber nennen sich stilgerecht »Teatro« und »Simone Boccanegra«.

GUT ZU WISSEN

WOHER KOMMT DIE ENGLISCHE SUPPE?

Die Engländer haben in Florenz mehr bewirkt als Renaissancekunst zu sammeln und sich für die Erhaltung traditioneller Bauwerke einzusetzen, sie haben den Florentinern – und den Italienern – tatsächlich einen Nachtisch hinterlassen!
Was verbirgt sich nun hinter der Kreation, die sich *zuppa inglese* nennt? Es ist tatsächlich eine Variante des ur-englischen *trifle*. Den kennen die meisten, und besonders Kinder mögen diesen köstlichen Mischmasch. Für eine Zuppa inglese braucht man mit Likör beträufelte Biskuits oder Kekse, marinierte Früchte und Eis, Creme, Pudding oder Sahne. Das schichtet man in eine Auflaufform, lässt es durchziehen und fertig ist das Dessert.

Infos und Adressen

SEHENSWÜRDIGKEITEN

Museo Horne.
Mo–Sa 9–13 Uhr. Via de Benci 6,
Tel. 055 24 46 61, www.museohorne.it

Museo Casa Buonarroti.
1. März–31. Okt. 10–17 Uhr, 1. Nov. –28 Feb. 10–16 Uhr. Via Ghibellina 70, Tel. 055 24 17 52, www.casabuonarroti.it

ESSEN UND TRINKEN

Osteria de Que Ganzi. Sorgfältig zubereitete toskanische Spezialitäten, auch gute *segondi piatti*, in einem schlichten Traditionslokal. Hat nicht viel Platz, Vorbestellung ratsam. Mi–Mo 12.00–14.30 und 19.00–22 Uhr. Via Ghibellina 70,
Tel. 055 226 00 10, www.daqueiganzi.it

Pizza Man. Eigentlich sollten Kettenrestaurants hier keine Erwähnung finden, aber Pizza Man ist richtig gut und hat eine vielfältige, kreative Auswahl, einen zuvorkommenden Service – und glutenfreie Pizzas. Tgl. 12–24 Uhr. Via dell'Agnolo 105/107r, Tel. 055 248 02 00, pizzaman.it

Ristorante Maremma. Durchgestyltes künstlerisches Ambiente und toskanische Rezepte, sehr wohlschmeckend umgesetzt. Tgl. 12–14.30, 19–22.30 Uhr. Via Giuseppe Verdi 16r,
Tel. 055 24 09 72, www.ristorantelamaremma.it

ÜBERNACHTEN

De Benci Bed& Breakfast. Ein elegantes Bed & Breakfast in ausgezeichneter Lage – und in einem historischen Palast untergebracht. Die Etagenpension verfügt über große und historisch gestylte Zimmer, gute Wahl. Via de Benci 19,
Tel. 055 234 52 27, debencisuite.com

AUSGEHEN

Teatro Verdi. Bunt gemischtes Programm von der Show über Konzerte und Ballett bietet dieses altehrwürdige traditionelle Theaterhaus. Via Ghibellina 99, Tel. 055 21 34 96

Das Restaurant »L'Antico Noe« in der Volta San Piero

25 Santa Croce

Viertel der Färber und Gerber

Mittelalterliche Enge beherrscht das Viertel Santa Croce, das zwischen Arno und Sant'Ambrogio liegt. Bis dann der wunderbare Platz Santa Croce auftaucht: riesig und belebt, mit der hoheitsvollen Skulptur des Dante Alighieri vor den stets belagerten Stufen der Kirche Santa Croce. Jung und Alt finden sich hier ein, aus Texas, aus Osaka, aus Santa Croce und aus Mülheim an der Ruhr.

Und es ist schon überraschend, wenn man erfährt, dass um das letzte Fitzelchen Platz gerungen wurde, als Lesungen mit Dantes Texten auf dieser großen trapezförmigen Piazza abgehalten wurden. Dante? Toll, Weltliteratur, aber unlesbar! Verrätselt, kaum zu verstehen! Und schon so alt! Über 750 Jahre! Wer das Kunststück fertigbrachte, den Platz in Rekordzeit spielend zu füllen, war Italiens Filmstar Roberto Benigni, Oscar-Preisträger für *La Vita e bella*. Da war Dante plötzlich wieder angesagt, heimgeholt nach Florenz, wo er 1265 geboren wurde. Der nun, mit einem Adler zu seinen Füßen, hoch aufgerichtet und mit Lorbeerkranz auf dem Haupt, die Besucher der Kirche und der schönen Piazza grüßt, an deren Rändern sich die Genre-Maler und Schnellporträtisten versuchen.

Die Statue des Dante Alighieri schmückt die Treppenstufen vor der Kirche Santa Croce.

Das Stendhal-Syndrom

Und noch ein Mythos zu Dante und Santa Croce: In der Kirche Santa Croce soll angeblich der französische Schriftsteller, Essayist und Literat Stendhal in Ohnmacht gefallen sein vor innerer Aufruhr, an einem Platz zu weilen, an dem Dante, Galileo Galilei, Giacomo Rossini, Niccolò Machia-

Die Franziskanerkirche Santa Croce

velli, Lorenzo Ghiberti und Michelangelo begraben wurden!

Santa Croce gehörte im 13. Jahrhundert zu den vier Bezirken, die Florenz bildeten. Die Franziskaner errichteten hier im Viertel schon kurz nach dem Tod des hl. Franziskus 1226 ihre Kapelle, die 70 Jahre später zu einem prachtvollen gotischen Neubau ausgeweitet wurde – 115 Meter lang, 73 Meter breit, und in ihrer Größe nur von der Santa Maria Novella des Dominikanerordens übertroffen. Im Viertel siedelten sich Ledergerber und Färber an, wie sich an den Straßennamen Tintori und Saponai ablesen lässt. In den Seitenstraßen buhlen Stände und Geschäfte um die Gunst des Käufers, alles Leder und von bester Qualität. Das Herumstreifen macht viel Spaß, besonders in den stimmungsvollen Gassen Borgo Santa Croce, Via San Guiseppe, Via Pepi, wo sich viele dekorative Fassaden, Geschäfte, kleine Caffès und Galerien verbergen.

Klosterkirche der Franziskaner

Die dreischiffige Kirche in ihren nunmehr Ehrfurcht heischenden Proportionen und ihrer schönen neogotischen Fassade aus pastellfarbigem

Nicht verpassen

CALCIO EN COSTUME

Die Piazza Santa Croce ist ein hinreißender Treffpunkt, liefert die Kulisse für den florentinischen Weihnachtsmarkt und die Schokoladenmesse. Findet in Florenz ein Marathon statt, liegen hier Start- und Endpunkt. Aber das ist alles nichts gegen den *Calcio en costume*, den »Fußball in Kostümen«, wo die Florentiner den Gästen einmal zeigen, dass Fußball bei ihnen nicht erst seit dem AC existiert, sondern schon seit der Renaissance!

Und da geht es richtig zur Sache: Auf dem Platz streiten sich 54 Spieler um den Ball. Kleine Tätlichkeiten sind erlaubt, auch die Benutzung von Armen und Händen.

50 Minuten dauert das historische Spektakel, und es wird am 24. Juni ausgetragen, dem Ehrentag des Schutzpatrons von Florenz, San Giovanni. Die Florentiner strömen in Massen herbei, um ihre Mannschaften anzufeuern, die aus den vier Bezirken von Florenz stammen.

Oben: Die bemalte Fassade des Palazzo dell'Antella aus dem 17. Jahrhundert
Unten: Der Kenograf für Dante Alighieri trägt eindeutig Züge des Jugendstils.

Marmor (1843 fertiggestellt) hütet einen Schatz an Kunstwerken und Grabdenkmälern. Der Franziskanerorden wurde hoch geachtet, und die vornehmen Familien der Stadt bemühten sich, dort eine Kapelle ausstatten zu können. Die Architektur selbst freilich ist schlicht, und bei aller Monumentalität berührt das Nebeneinander von restaurierten und verblichenen Fresken. Die begehrtesten Plätze für Kapellen liegen neben dem Hauptaltar, und hier hat Giotto zwischen 1316 und 1330 seine schönste Freskenkunst für die Familien Bardi und Peruzzi aufgeboten. Ursprünglich gab es noch viel mehr Fresken des Künstlers, doch fielen sie einer Umgestaltung der Kirche im 16. Jahrhundert zum Opfer. Ein Beispiel für die Kunst der Frührenaissance zeigt Donatellos Verkündigungsrelief im linken Längsschiff, das er aus goldgefasster *pietra serena* schuf. Von ihm stammt auch der hölzerne Christus am Kreuz.

Die Grabmäler

Übertroffen wird der Rang der künstlerischen Bildwerke nur vom Ruhm derer, die hier zur letzten Ruhe gebettet wurden. Giorgio Vasari schuf das Grabmal des von ihm hochverehrten Michelangelo. Galileo Galilei fand hier seine letzte Ruhestätte, und auch der aus seiner Heimatstadt verbannte Dante Alighieri hat hier sein Scheingrab, beerdigt wurde er in Ravenna.

Historische Paläste umrunden die Piazza. Da fällt die Fassade des Palazzo dell'Antella aus dem 17. Jahrhundert auf, die mit wunderbaren, teils ziemlich verblichenen Fresken von Giovanni da Ser Giovanni verziert ist; das Erdgeschoss teilen sich Gold- und Juwelierhändler. Und dann gibt es noch den Stadtpalast der Familie Cocchi Serristori, der von Guiliano da Sangallo gestaltet wurde, dem Lieblingsarchitekten von Lorenzo di Medici.

Infos und Adressen

Duftstäbchen im Geschäft von Aqua Flor

SEHENSWÜRDIGKEITEN

Santa Croce. Mo–Sa 9.30–17.30, So 14–17.30 Uhr

ESSEN UND TRINKEN

Enoteca Pinchiorri. Elegant, stilvoll; feine Küche im großbürgerlichen Ambiente. Trägerin von Michelin-Sternen und weiteren Auszeichnungen. Sehr gute Risotti und Gerichte mit Meeresfrüchten. Di–Sa 19.30–22 Uhr. Via Ghibellina, 87, Tel 055 24 27 57.

Ditta Artiginale. Fröhliche Mixtur aus Café und Bistrot-Restaurant in einem dezent trödeligen Interieur, veranstaltet auch Lesungen und Konzerte. Eigene Kaffeerösterei. Als Treffpunkt gleichermaßen beliebt bei Florentinern wie den vielen Sprachstudenten aus dem Ausland. Mo–So 8–22 Uhr. Via dei Neri, 32/R, Tel. 055 274 15 41.

L'Areperia – Cucina Venezolana. *Arepas* aus Maismehl mit vielen verschiedenen Füllungen, Empanadas und venezolanische Hausmannskost mit schwarzen Bohnen und Kürbis liefern eine nette Abwechslung zur vielerorts zu genießenden florentinischen Küche. Kleines Restaurant, schlichte Aufmachung. Tgl. 11–15, 18–22 Uhr. Via della Mosca. 1r, Tel. 055 21 73 58, www.lareperia.it

ÜBERNACHTEN

Borghese Palace Art Hotel. Ambitioniert künstlerisch gestaltete 25 Zimmer im 4-Sterne-Ex-Palazzo, jedes ist verschieden ausgestattet und mischt Stilmerkmale der verschiedensten Epochen. Via Ghibellina, 174r, Tel. 055 28 43 63, www.borghesepalacehotel.com

EINKAUFEN

Aqua Flor. Dieser edle Laden im Erdgeschoss eines renovierten Palastes bietet handgemachte Cremes, Seifen, Bodylotions und Wohnaromen; Industrieware gehört nicht zum Sortiment, wird versichert. In den mit feinem dunklem Holz möblierten Gewölben ist viel Platz für die stilvolle Präsentation. Man kann sich einen passenden Duft selbst zusammenstellen lassen. Tgl. 10–19 Uhr. Via Borgo Santa Croce, 6, Tel. 055 234 34 71.

In der Antica Scuola die Cuoio, der Lederwerkstatt

26 Capella Pazzi
Brunelleschis Kapelle

Oben: Die Capella Pazzi, vom Klosterinnenhof aus betrachtet
Unten: Blick in die verzierte Kuppel der Capella Pazzi

Mit dem Namen der Pazzi verbindet sich für Florenz eines der einschneidensten Attentate während der Renaissance, das ein Licht auf die blutrünstigen und grausamen Zeitläufte wirft. Mehrere einflussreiche Familien hatten sich unter Mitwisserschaft des Papstes mit den Pazzi verbunden, um sich der Medici zu entledigen. Während des österlichen Hochamtes im Dom am 26. April 1478 wurde Lorenzos Bruder Giuliano erstochen, Lorenzo entkam schwer verletzt. Die Rache war fürchterlich.

Wie viel Macht die Familie Pazzi im 15. Jahrhundert in Florenz ausübte, verdeutlicht die Capella Pazzi, die sich auf dem Gelände des angesehenen und bedeutsamen Franziskanerklosters Santa Croce befindet und ursprünglich sogar als dessen Kapitelsaal fungieren sollte. Und natürlich war sie finanziell ebenfalls sehr gut ausgestattet, um einen Baumeister wie Filippo Brunelleschi für diese Kapelle beauftragen zu können.

Um die Familie Pazzi ebenso wie um ihre Grabkapelle ranken sich einige Mythen. Es wurde gemutmaßt, dass bei der Verschwörung der den Medici nicht wohl gesonnene Papst Sixtus (aus dem Haus della Rovere) eine deutlich größere Rolle eingenommen habe als zunächst angenommen. Und Historiker und Wissenschaftler bezweifelten immer einmal wieder die Urheberschaft Brunelleschis für den Entwurf zur Kapelle und ließen Bertoldo de Michelozzo dafür verantwortlich zeichnen. Unumstritten ist jedenfalls, dass Brunelleschi schon hochbetagt war, als mit dem Bau der

Capella Pazzi im Jahr 1442 begonnen wurde und er deren Fertigstellung 1461 auch nicht mehr erlebte. Was die Kapelle aus dem Reigen der vielen berühmten Kirchen in Florenz herausstechen lässt, ist die fast ausschließliche Verwendung der *pietra serena*, des sogenannten »heiteren Steines«.

Pietra serena

Die *pietra serena* ist eines der Baumaterialien, mit denen Florenz identifiziert wird. Dabei handelt es sich um einen Sandstein von einer feinen Konsistenz und einer gleichmäßigen taubenblauen Farbe – eine fast elegante Note. Viele Bauwerke und Dekorationen wurden während der Renaissance aus diesem Material hergestellt, die Uffzien, Santo Spirito, der Palazzo Strozzi. Die einzige weitere Farbe, die im Kloster Santa Croce stilistisch eingesetzt wird, ist das leuchtende Weiß des Marmors.

Die Capella Pazzi betritt man durch einen Vorbau mit kassettiertem Tonnengewölbe, der durch sechs korinthische Säulen gestützt wird. In der Mitte ist die Säulenparade durch einen größeren Rundbogen unterbrochen, der auf den Eingang hinweist. Halbbögen und Säulen sowie Pilaster beherrschen als gestalterische Motive den gesamten Innenausbau und stiften ein fast verwirrendes Raumgefühl. Der viereckige Bau im Zentrum wird von einer Rundkuppel überwölbt, die Andrea della Robbia über und über mit runden Majolika besetzt hat, die das Wappen der Familie zeigen.

Mit der Familie nahm es übrigens nach der Aufdeckung der Verschwörung zunächst kein gutes Ende. Familienmitglieder wurden getötet und gelyncht, die Überlebenden enteignet und verbannt. Erst nach einigen Jahrzehnten konnten sie zurückkehren.

Infos und Adressen

SEHENSWÜRDIGKEITEN

Capella dei Pazzi. Öffnungszeiten wie die Kirche: Mo–Sa 9.30–17 Uhr, So 14–17 Uhr. Piazza di Santa Croce 16. www.santacroceopera.it

ESSEN UND TRINKEN

Brac. Das Brac ist zu jeder Tageszeit einen Besuch wert. Veganes und vegetarisches Café-Restaurant, Buchhandlung, in der man praktisch mittendrin sitzt, und kulturelle Veranstaltungen. Tgl. 12–24 Uhr. Via dei Vagellai 18, Tel. 055 094 48 77.

ÜBERNACHTEN

Casa dei Tintori BB. Die Struktur des historischen Palastes wurde in den Zimmern beibehalten, die unterschiedlich geschnitten und groß sind. Richtig gute Lage. Corso dei Tintori 33, Tel. 055 263 97 71.

Le Stanze di Santa Croce BB. Pension, in der man auch einen Kochkurs buchen kann, liegt mitten im Viertel in einer schmalen Straße. Originelle Ausstattung. Via delle Pinzochere 6, Tel. 055 0552 00 13 66, www.lestanzedisantacroce.com

Eine der bemalten Majoliken in der Kuppel der Capella

Oben: Die Kuppel der Synagoge schwebt über der Silhouette von Sant'Ambrogio.
Unten: Auf dem Mercato dei Ciompi, dem täglich stattfindenden Flohmarkt

27 Quartiere Sant'Ambrogio
Das neue In-Viertel?

Das malerische, dabei unaufgeregte Viertel mit typischen Florentiner Fassaden, der charakterischen Mischung aus Alltagsleben und Kunst, unvermittelt auftauchenden mittelalterlichen Durchlässen und vielen historischen Spuren wandelt sich gerade zu einem begehrten Standort. Während der Flut 1966 war es ganz besonders betroffen.

Vielleicht am sinnfälligsten für den Charme dieser Gegend ist der Markt auf der Piazza dei Ciompi. Der täglich stattfindende Mercato delle Pulci heißt übersetzt Flohmarkt, ist aber keiner. Die fest installierten Buden auf der Piazza halten vor allem Antiquitäten bereit und keine typische Flohmarktware. Alte Postkarten, Schellackplatten, alter Schmuck, Thonet-Stühle, Bücher mit Goldschnitt, Sekretäre und ähnlichen Kostbarkeiten harren ihrer Entdeckung. Die Geschäfte rundherum bieten Ähnliches an. Sonntags dehnt sich der Markt in die umliegenden Straßen aus.

Mit der Loggia di Pesce hat der Mercato eine augenfällige Zier. Giorgio Vasari, Maler und Architekt der Spätrenaissance und großer Verehrer Michelangelos, hatte sie für die Fischhalle des Mercato Vecchio entworfen. Der musste später ja der Piazza della Repubblica weichen, und die Loggia wanderte somit hierher.

Aufstand der Wollweber

Mit seinem Namen erinnert der Platz (*dei ciompi* = »der Wollweber«) an eines der einschneidendsten Ereignisse in der Geschichte der Stadt. Er weist auf den Aufstand der Wollweber im Jahr 1378 hin, der nach jahrelangen undurchsichtigen Machtwechseln den Amtsmissbrauch der herrschenden Gruppierungen (um die Guelfen) und der machtvollen Gilden beenden sollte (siehe folgende Seite).

Synagoge und jüdisches Museum

Zurück zu unserem Erkundungsgang: Immer wieder blitzt eine türkis glitzernde Kuppel zwischen den Straßen auf. Sie gehört zu der im Jahr 1847 errichteten Synagoge. Ganz in maurisch-orientalischem Stil gehalten und mit prachtvollen Glasfenstern und Bodenmosaiken ausgestattet, symbolisiert sie die gestalterische Kraft der jüdischen Bevölkerung. In Florenz war sie unter den Medici zunächst wohlgelitten – fanden sich in ihren Reihen doch hoch willkommene Bankiers und Ärzte. Die Medici-Familie stellte sie unter Schutz und gewährte ihnen weitgehende Rechte. Trotzdem gab es auch in Florenz später ein Ghetto. Davon existieren keine Spuren mehr. Ein kleines Museum mit Ritual- und Alltagsgegenständen im ersten Stock des Komplexes gibt Auskunft über jüdische Kultur.

Es fällt die stilistische Geschlossenheit des Viertels auf. Die Häuser zeigen den mild ockerfarbenen Ton, der für Florenz so typisch ist, die saftig-grün angestrichenen Fensterläden, die schmiedeeisernen Fenstergitter. Viele Restauratoren und Hersteller von Bilderrahmen betreiben ihre Werkstätten. Das Flair ist fast kleinstädtisch.

In der Via dei Macci stößt man auf das ehemalige Klarissinnenkloster und die Kirche San Francesco dei Macci, die 1355 von der Familie Macci in Auftrag gegeben worden war. Die Nonnen kümmer-

Geheimtipp

LE MURATE

Zwischen den Vias Ghibellina und Agnolo liegend öffnet sich in Le Murate einer der rührigsten und modernsten Kultur- und Wohnkomplexe der Stadt. Auf diesem Gelände befand sich einst das Männergefängnis der Stadt. Gebäudeteile des alten Gefängnisses wurden in die neuen Komplexe integriert. Vor der Verwendung als Gefängnis hatten die Gemäuer einem Nonnenkloster gedient, wovon die noch erhaltene Fassade der Kapelle Madonna de la Neve, Schneemadonna, erzählt. 1966 verwüstete die Flut vieles, es musste neu aufgebaut werden, das Gefängnis wurde verlegt. Um das Viertel Santa Croce neu zu beleben, entstand nach Plänen (auch) Renzo Pianos 1999 die Umwidmung dieses Straßengevierts. Zusammen mit seinem hängenden Garten, den Geschäften, den originellen Wohnungen, einem Restaurant und einem Café hat das Geviert sich zu einem neuen Treffpunkt der Stadt entwickelt. Das Café »Letterario Le Murate« zeichnet sich als qualitätsvoller Veranstaltungsort, als Bühne für Konzerte und Lesungen aus.

Oben: Die Terrasse des »Cibreo« in der Via de' Macci
Unten: Im Museum der Synagoge

ten sich im angeschlossenen Hospital um von ihren Ehemännern geschlagene Frauen. Im 17. Jahrhundert ließen die Medici die Kirche grundlegend herrichten; allerdings nahm Cosimo de Medici das Altarbildnis von Andrea di Sarto mit, um es im Palazzo Pitti auszustellen. Jetzt befindet sich die wunderschöne Harpyienmadonna in den Uffizien.

Einer der interessantesten Kultur- und Architekturkomplexe liegt in unmittelbarer Nähe: Le Murate mit Literaturcafé, Bühne, Buchhandlungen und zwei Restaurants. Die mächtigen Mauern (*murate*) blieben bestehen und geben dem Komplex seinen Namen.

GUT ZU WISSEN

DIE CIOMPI

Wer in Florenz einen Flohmarkt sucht, wird auf die Piazza dei Ciompi verwiesen. Das ist kein Familienname, sondern die Bezeichnung für Tausende von meist ungelernten Arbeitern, die in Florenz für eine der wichtigsten und reichsten Zünfte arbeiteten, die es in der Stadt gab – der Wollzunft. Die *ciompi* allerdings wurden zu dieser Zunft nicht zugelassen. Oftmals entstammten sie der Landbevölkerung und waren wegen scheinbar besserer Arbeitsmöglichkeiten in die Stadt gezogen. Die *ciompi* reinigten die Wolle, kämmten und spannen sie auch. Sie arbeiteten als Tagelöhner für geringstes Entgelt, das oftmals außerhalb der Stadtgrenzen nichts wert war. Verschuldeten sie sich, mussten sie die Schuld abarbeiten – wer das nicht schaffte oder sich etwas zuschulden kommen ließ, den bestrafte man mit dem Abhacken der Hände oder Füße. Die extrem demütigende Arbeitssituation und ihre Entrechtung brach sich 1378 in einem Aufstand Bahn. Die Wollarbeiter stürmten Bargello und Palazzo Vecchio und gründeten ihre eigene Zunft, die Arte dei Ciompi.

Infos und Adressen

Auf dem Flohmarkt könnte man Stunden verbringen.

SEHENSWÜRDIGKEITEN

Piazza dei Ciompi. Tgl. 9–19.30 Uhr, nicht immer haben alle Stände geöffnet. Gut bestückter (Nicht-nur-)Flohmarkt

Synagoge und jüdisches Museum. Personalausweis nicht vergessen. Jede volle Stunde abwechselnd kleine Führungen durch die Synagoge und das Museum. So–Do 10–17.30, Fr 10–15.30 Uhr. Via Luigi Carlo Farini 6.

ESSEN UND TRINKEN

Ruth. Koscheres Essen mit mediterranem und östlichem Touch, Fisch und Vegetarisches in einem betont schlicht gehaltenen, freundlichen Restaurant. Mo–Do 12.30–14.30 Uhr und 19.30–22 Uhr, freitags nur mittags, samstags nur abends. Via Luigi Carlo Farini 2r, neben der Synagoge. Tel. 055 248 08 88, wwwkosheruth.com

ÜBERNACHTEN

Hotel Monna Lisa. Überschwänglich im britischen Salonstil möbliertes Viersternehotel im Renaissancepalast mit individueller Handschrift. Viel Rot, viel Antikes, viel Verspieltes, Originalgemälde, Blumenbuketts, Spiegel. Lauschiger Garten. Via Borgo Pinti 27, Tel. 055 247 97 51, www.monnalisa.it

Hotel J&J. Ein sehr elegant ausgestattetes Haus, in dem die hellen Farben dominieren, mit unterschiedlich geschnittenen, bequemen Zimmern. Via di Mezzo 20, Tel. 055 263 12, www.jandjhotel.net

EINKAUFEN

Sandra Dori. Die Designerin stammt aus einer Kunsthandwerksfamilie und entwirft Dekoratives, vom bestickten Lederlampenschirm bis zum Kerzenständer aus Japanpapier und Schmucksteinen. Eine kleine Fundgrube für originelle handgefertigte Wohnaccessoires. Mo–Sa 10–14, 15.30–19.30 Uhr. Via de' Macci 10 r, Tel. 348 357 47 26, www.sandradori.com

Um die Piazza dei Ciompi herum bis zur Piazza Salvemini findet man viele Antiquitäten- und Trödelläden.

AUSGEHEN

Bamboo Lounge & Club. Via Giuseppe Verdi, Tel. 335 434 484 (mobil), bambooloungeclub.com

Und der zweite Streich von Fabio Picchi: das Caffé

Oben: Ein Markt für jeden Tag mit bunter Vielfalt an Obst und Gemüse
Unten: Hülsenfrüchte spielen in der Florentiner Küche eine prominente Rolle.
S. 168: Aus diesem saftigen Stück Rindfleisch wird das *bisteca fiorentina* geschnitten.

28 Mercato Sant'Ambrogio
Der Markt der Florentiner

Es stimmt schon: Der Mercato San Lorenzo ist sehr bekannt, hat mehr Touristenzulauf, und die Händler berufen sich auf die Tatsache, dass am selben Ort schon im Mittelalter die Landwirte ihre Waren verkauften oder tauschten. Aber fragt man einen Florentiner, dann wird er den Mercato Sant'Ambrogio als denjenigen bezeichnen, in dem es ursprünglicher zugeht.

Der erste Grund dafür dürfte sein, dass er eben nicht auf der »Touristenmeile« liegt. Den Mercato San Lorenzo streift jeder auf seinem Weg zwischen den Sehenswürdigkeiten im Zentrum von Florenz, er liegt nur einen Wimpernschlag von der Basilica di San Lorenzo und dem Dom entfernt. Dementsprechend sieht auch sein Angebot aus; es gibt neben den traditionellen, hervorragenden Ständen auch Dinge, die zunächst eher die Augen und den Geldbeutel der Touristen ansprechen, z.B. Geschenkpackungen mit italienischen Lebensmitteln oder Smoothies.

Beim Mercato Sant'Ambrogio sieht das anders aus. Er wird von vielen Besuchern als ganz normaler Lebensmittelmarkt geschätzt, untergebracht in einer ganz normalen Halle, die schon 150 Jahre alt ist. Ein Indiz dafür, dass es sich um einen Markt handelt, dessen Besuch in den Florentiner Alltag ebenso eingebunden ist wie der morgendliche *caffè* mit *dolce* in der Lieblingsbar, sind die Stände mit preiswerten Kleidern und Schuhen vor dem Eingang. In zwei Reihen gibt es alles von der Unterwäsche bis zum Winterstiefel, dazu Modeschmuck, Kosmetika und Haushaltswaren, die praktischen *caffeteras* für den Herd, Schneebesen, Holzkochlöffel, Plastiktischsets, Gardinen und Kissenhüllen. Manchmal mischen sich auch ein oder zwei Stände mit Secondhand-Klamotten drunter, die gestärkte Leinenwäsche, ordentlich auf Bügeln aufgehängt, verkaufen. Ebenfalls noch vor dem Eingang bieten Obst- und Gemüseverkäufer ihre Waren an. Sie sind rein regional, und daher unterscheidet sich das Angebot je nach Jahreszeit. Einen guten Käsestand und einen mit Brot und Backwaren findet man hier zudem.

Bacalao und Bandnudeln

In der Halle selbst ist das Angebot breiter gefächert. Stets umlagert ist der einzige Kaffeeröster; eingelegte Gemüse wie Auberginen, Artischocken und Zucchini dagegen verkaufen mehrere Händler. Abgepackte Gewürze und aromatische Kräuter sind stets ein Renner. Fans von Oliven entdecken im Mercato ihr Dorado, und wer in einer Ferienwohnung logiert und gern kocht, freut sich über das tolle Angebot an hausgemachten Nudeln, ob das nun feine Tortellini mit Trüffelfüllung sind oder schlichte grüne Bandnudeln. Frischer Fisch und Meeresfrüchte sind ein fester Posten des Marktes, ebenso wie die Paletten getrockneten Fisches, dem *bacalao*. Gut umlagert sind die *Salumerias* mit Würsten, die Käsestände mit Angeboten aus dem Mugello, Weinhändler und Stände mit den in der Toskana so beliebten Hülsenfrüchten.

Und natürlich gibt's *schiacciata*, die die Florentiner zu jeder Tageszeit gern verzehren: ungefüllt, mit Mozzarella, mit Schinken und Käse, süß mit Nüssen und Trauben, morgens, als Snack, als Mittagessen. Wie sollte bei dieser schmackhaften Konkurrenz ein McDonald's echten Erfolg haben?

Infos und Adressen

SEHENSWÜRDIGKEITEN

Mercato Sant'Ambrogio. Mo–Sa 7–14 Uhr.

ESSEN UND TRINKEN

Osteria de' Macci. Die florentinische Küche bekommt einen noblen Touch. Dezent eingerichtetes und feines Lokal. Mo–Sa ab 19 Uhr. Via de' Macci 77r, Tel. 055 24 12 26.

ÜBERNACHTEN

La Casa del Mercato. Attraktiv und sommerlich aufgemachtes Appartement für drei Personen mit gut ausgestatteter Küche und Sonnenpatio. Via dell' Ortone 8. www.firenzeallogio.com

EINKAUFEN

Lisa Corti. Ein Fest für die Augen ist dieser Laden mit Wohn-Accessoires und Kleidung aus farbenprächtiger indischer Seide und nordafrikanischen Designs. Keramik aus Marokko und Tunesien. Tuniken, Taschen, Kissen, Gardinen. Bunt und einladend gestylter Laden. Mo–Sa 10–19 Uhr. Piazza Ghiberti 33r, Tel. 055 200 18 60, www.lisacorti.com

Florentiner Köstlichkeiten – der »Himmel« hängt voller Schinken.

WIE ISST FLORENZ?

Am liebsten volkstümlich

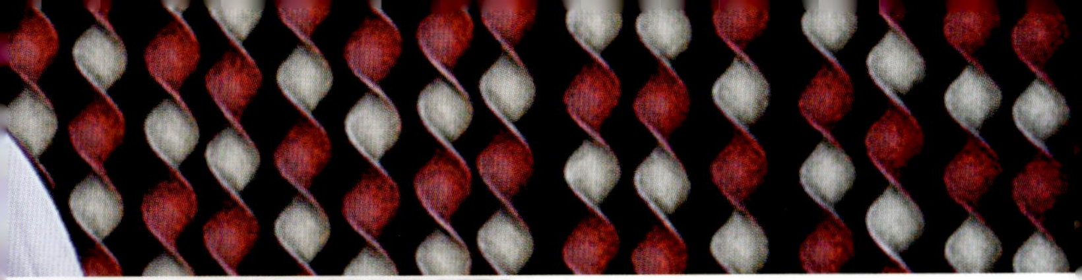

Wie isst Florenz? Das ist nicht ganz einfach zu beantworten. Den idealtypischen Florentiner gibt es natürlich nicht. Aber nehmen wir einmal an, es gäbe ihn, wann und wie würde er was essen?

Sobald man ein Restaurant betritt, fällt jedem Besucher auf, wie traditionsbewusst es ausgestaltet ist, wie sehr die Florentiner ihre Geschichte achten. Der Gast soll sich behaglich fühlen; eine Küche à la Hausfrauenart zu servieren ist für den Koch ein Lob und kein Zeichen für Rückständigkeit.

Die Italiener lieben Slow Food, sie lieben Pasta; die Einteilung in Antipasti, Primi, Segondi und Dolci ist für sie Naturgesetz. Ein Salat, von dem man satt wird, erfüllt sie eher mit Skepsis als mit Bewunderung.

Ein Frühstück, bei dem man literweise schwachen Kaffee in sich hineinschüttet, Bagels mit Lachs und Frischkäse, gebratene Eier und auch noch Speck verzehrt, ruft Kopfschütteln hervor. Ein Italiener, und also auch ein Florentiner, trinkt morgens einen *caffè* (Espresso zu sagen ist eine ausländische Unsitte) und isst allenfalls einen Joghurt dazu oder ein *dolce*, ein Hörnchen oder ein anderes vergleichbares Gebäck. Wer nicht zu

Hause frühstückt, sondern im Café, der bedient sich aus einem Plastikbehälter auf der Theke oder bittet den Barrista darum, natürlich nachdem man bezahlt hat. Das Frühstück nimmt man selbstverständlich im Stehen ein. Dabei kann man auch schnell noch einen Blick in die Zeitung werfen, die in jeder guten Bar ausliegt, und ein Schwätzchen halten.

Die Florentiner lassen sich zum Essen Zeit, aber natürlich nicht morgens. Die bringt man lieber für ein Mittagessen auf, das gerne aus zwei Gängen bestehen darf, also Antipasti und Pasta. Mindestens. Zum Abschluss gibt es wieder einen *caffè*. Cappuccino trinkt man am ehesten noch morgens oder nachmittags; er gilt als komplette Mahlzeit. Und Latte Macchiato trinken bei uns nur die kranken Leute, sagen die Florentiner. Ein *caffè macchiato* kommt ihnen schon eher unter, das ist ein Espresso mit einem Tropfen Milch.

Zum Frühstück mögen es die Italiener am liebsten süß.

Ein Törtchen am Nachmittag entstammt dem böhmisch-habsburgerischen Kulturkreis, da sagen die Florentiner nicht Nein. Auf französische Lebensart lässt schließen, die auch die in Florenz heiß geliebten *profiteroles* nachmittags zu verzehren. Aber ein Kuchen – das geht gar nicht. Kuchen ist Nachtisch, zum Beispiel eine *torta a la nonna* oder eine *crostata di pere*.

Die Florentiner Vorlieben

Zur Florentiner Tradition gehört die *schiacciata*. Das ist ein mit Olivenöl bestrichenes Weizenbrot, das man in Bäckereien solo oder mit Füllungen und Belag bekommt, und da sind der Fantasie keine Grenzen gesetzt. Es gibt sie auch in einer süßen Variante und sie ersetzt oft ein Mittagessen.

Was sich dem Fremden nicht so leicht erschließt, ist die Vorliebe für Kutteln. Auf die *trippa fiorentina* sind die Florentiner regelrecht stolz, und sie schmeckt richtig gut, weil das klein geschnittene Fleisch als eine Art Ragout in einer Tomatensauce zubereitet wird. Ein bestimmter Teil vom Darm, der den *lampredotto* ausmacht, wird gekocht und

Gastlichkeit spielt für die Florentiner eine ganz große Rolle – und gutes Essen auch.

dann mit einer Kräutersauce übergossen in einem Brötchen serviert. Florentiner genießen diesen schnellen Snack am liebsten an einem der *lampredotto-kioscos*, die man überall im Zentrum findet.

Ganz wichtig: Am 1. Mai isst man grüne Bohnenschoten mit Pecorino, ein Gericht, dass an diesem Tag und auch sonst im Frühling in vielen Restaurants als Antipasti angeboten wird. Ein unverzichtbarer Bestandteil der Regionalküche sind Hülsenfrüchte, am liebsten getrocknete Weiße Bohnen, die man einweicht und anschließend stundenlang kochen lässt. Pilze, Trüffel, mit Kartoffeln gefüllte Tortelli, *Pasta in brodo* (Nudelsuppe), Wildschwein, Hase – das alles sind Florentiner Lieblingsgerichte – gekrönt nur von der *bistecca fiorentina*, dem deftigen T-Bone-Steak.

Lieblingsgericht: Innereien. Und die schmecken am Kiosk oder am *food truck* besonders gut.

29 Teatro del Sale

Die Küche ist eine Bühne

Genau gegenüber dem Teatro del Sale auf der Terrasse des Ristorante »Cibreo« erläutert der Sohn eines berühmten Florentiner Kochs, Fabio Picchi, den Kultstatus seines Vaters – und dessen Theaterrestaurants. Dinner und Show sind klar abgegrenzt, oder etwa nicht? Wer die Präsentation des 30-Gänge-Menüs erlebt, der kann die Grenzen nicht so leicht ziehen ...

Jeden Abend gegen 18.30 Uhr bildet sich eine kleine Schlange von Gästen internationaler Herkunft vor der Hausnummer 118. Die charmant altmodische Holzfassade lässt den Blick auf einen dunkelroten Samtvorhang frei, hinter dem dann später die Weihen der florentinischen Kulinarik – zusammengestellt von Fabio Picchi – zelebriert werden. Um einen der begehrten 170 Plätze zu ergattern, kann man sich jedoch nicht einfach so anstellen und warten, bis man an der Reihe ist. Das Teatro del Sale versteht sich als Club – die begehrte Mitgliedschaft wird aber jedem gewährt! Bislang hat er 162 000 Mitglieder, darunter welche aus New York oder aus Georgien.

Fabio Picchi ist wirklich der Starkoch von Florenz. 1979 zog es ihn nach Sant'Ambrogio. In der Via de' Macci eröffnete er zunächst die Trattoria »Cibreo«. Später kam das Café »Cibreino« hinzu, das eine schicker, das andere informeller. Mit teilweise von seiner sizilianischen Großmutter ererbten Rezepten verführt er seine Kundschaft. Den Stockfisch *bacalao* bezieht er aus Portugal und den Knoblauch importiert er aus Frankreich. Der Weizen für das Mehl, das in seiner Küche verwendet wird, entstammt biologischem Anbau. »Seine«

Oben: In der Küche des Teatro del Sale
Unten: Entspannte Atmosphäre beim Schmausen

Hühner laufen frei herum. Jeden Morgen besucht Fabio Picchi den geliebten Mercato Sant'Ambrogio, sucht und wählt aus. Das Brot backt er selbst, denn das übliche toskanische ist salzlos. Salz war früher so kostbar, dass der Begriff *soldi*, Salär, davon herrührt. Er jedenfalls versorgt es mit einer gehörigen Prise Salz.

Mit dem Teatro del Sale ist etwas Besonderes geglückt: Ein Theater, möbliert im Stil der 1920er-Jahre, untergebracht im Gewölbe eines ehemaligen Klosters. Die Idee zu einem solchen Etablissement kam ihm zusammen mit seiner Frau, der Chansonniere Maria Cassi.

Vorhang auf!

Es beginnt wie im Theater. Der Vorhang rauscht zur Seite, eine Glocke ruft die Gäste an die Tische. Und dann geht's los mit dem Buffet. Das Theater findet zunächst, so sind sich die Gäste einig, hinter der großen Glasscheibe in der Küche statt. Hingebungsvoll wird gebrutzelt, dekorativ im Pastakessel gerührt. Das Publikum hat freie Sicht. Da wird genascht und probiert, die Grillhähnchen drehen sich, derweil ein Koch mit Kochmütze die Spezialitäten wie ein Marktschreier vor der Küchentür ausruft: Sardinen, *ribollita*, *spaghetti vongole*. Geduldig stellt man sich in die Reihe, das Personal ist zu Scherzen mit den Gästen aufgelegt. Es ist lustig. Und auch wenn 30 Gerichte für 170 Esser gleichzeitig zu produzieren kein Kinderspiel ist, sondern eher eine Meisterleistung, es schmeckt alles gut und typisch. Das stets wechselnde Programm wird eröffnet, wenn das Essen vorbei ist. Im Vorraum kann man Porzellan aus Asien kaufen, das die Mutter Picchi so liebt, den Honig, der in der Küche verwendet wird, Tee, Gewürze und Kochbücher aus der Feder des Hausherrn.

Infos und Adressen

ESSEN UND TRINKEN

Teatro del Sale. Di–Sa, Einlass ab 19 Uhr. Dafür braucht es eine Reservierung und eine Clubmitgliedschaft. Sa, So Brunch-Buffet zwischen 11.30 und 15 Uhr. Via dè Macci, 118, Tel. 055 200 14 92, www.edizioniteatrodelsalecibreo.it.

Ristorante Cibreo. Gepflegte Bistro-Atmosphäre im Fin-de-Siècle-Stil, die Qualität besticht, die Preise liegen recht hoch. Di–So 12.50–14.30 und 19–23.15 Uhr. Via Andrea del Verrocchio, 8r, Firenze, Italien, Tel. 055 234 11 00.

Trattoria Cibreino. Öffnungszeiten siehe »Cibreo«. Liegt schräg gegenüber und hat einen gemütlicheren Touch. Typische toskanische und florentinische Küche, Innereien. Oft voll, man kann nicht reservieren. Also am besten schon um halb sieben bis sieben Uhr da sein. Via de' Macci, 122r.

LESEN

Fabio Picchi ist auch Buchautor! Sein neuestes, schön bebildertes Werk heißt *Florence – walking through food and culture*. Darin versammelt sind Vorschläge für entspannte Spaziergänge, Rezepte, Anekdoten.

Anstehen für den 25. Gang …

Oben: Auf dem Friedhof der Engländer …
Rechte Seite oben: … bewachen Zypressen die Grabstätten.
Rechte Seite unten: Blick in den Patio des Four Seasons

30 Cimiterio degli Inglesi
Die Ruhestätte großer Florenz-Liebhaber

Von der Mitte des 19. Jahrhunderts an pilgerten kunstsinnige Briten nach Florenz, um die Werke der Renaissance zu bewundern – und vor Missachtung zu retten. Viele der Lebenskünstler, Schriftsteller, Maler, Bohemiens blieben ihr Leben lang dort. Sie sind auf dem Englischen Friedhof im Nordosten des historischen Stadtzentrums bestattet.

»Bleiben Sie oder reisen Sie im Winter weiter nach Rom?« lautete die bange Frage der Hoteliers, die sich über die berühmten angloamerikanischen Gäste freuten, wenn die sich bei ihnen einmieteten. Thomas Hardy, Henry James, Oscar Wilde, George Eliot, Julian Hawthorne, Mark Twain, der Kunsthändler Bernard Berenson und Aby Warburg zählten zur illustren Klientel, die sich von der besonderen Florentiner Ausstrahlung fesseln ließen. Doch keine Sorge, sie blieben. Der künstlerische Aufbruch, der die Kunst der Renaissance auszeichnete, befeuerte literarische Zirkel und gesellschaftspolitische Diskussionen. Eine freiheitsliebende und unkonventionelle Bohemien-Stimmung kennzeichnete die Szene.

Dante und Beatrice

Populärstes Œuvre der Florenz-Schwärmerei ist das Gemälde *Dante und Beatrice* von Henry Holiday, das er 1883 malte. Es zeigt die Begegnung des Dichters mit seiner Angebeteten in der historischen Umgebung der Ponte Vecchio und dem Palazzo Spini-Feroni. Es ist im präraffaelitischen Stil gemalt.

Der Präraffaelismus formierte sich im England des Viktorianischen Zeitalters mit vorwiegend romantisch-symbolistischen Bildgehalten; der Kunsthistoriker John Ruskin, der ihn favorisierte und förderte, hatte seine Wohnstatt in Florenz aufgeschlagen. Wie sehr sich die Briten um die Renaissancekunst und den Erhalt des alten Stadtbildes im Angesicht der Umgestaltung im 19. Jahrhundert bemühten, verdeutlicht das Engagement von Herbert Horne.

Die Lage des Englischen Friedhofs ist jedoch ein Produkt ebendieser Umgestaltung. Stadtplaner Guiseppe Poggi ließ die Stadtmauern abreißen und ringförmige Umgehungsstraßen anlegen – und umschlossen von diesen *viali* liegt das leicht erhöhte Oval des Cimiterio Inglesi. So still und friedlich wie das von Zypressen geschmückte Areal aus dem Kranz der Umgehungsstraßen ragt, wirkt es wie für die Ewigkeit angelegt. Der Friedhof soll dem Schweizer Maler Arnold Böcklin als Inspiration für sein Gemälde *Die Toteninsel* gedient haben. Es entstand in fünf Versionen.

Der Friedhof selbst gründet sich auf eine Schweizer Initiative, die ein Gelände für einen Friedhof für evangelische und orthodoxe Christen suchte. Die bekannteste unter den hier Bestatteten dürfte die viktorianische Dichterin Elizabeth Barrett Browning (1806–1861) sein.

Infos und Adressen

SEHENSWÜRDIGKEITEN

Cimiterio degli Inglesi. Di–Fr 15–18 Uhr, Mo 9–12 Uhr, Sa, So geschl., Piazzale Donatello 38.

ÜBERNACHTEN

Four Seasons Hotel Florence. Dieses Hotel aus der Four-Seasons-Kette ist richtig teuer, aber es ist auch etwas ganz Besonderes: Untergebracht in einem komplett umgestalteten Renaissancepalast mit einem riesigen eigenen Park, geschmückt von Kopien der bedeutendsten Skulpturen der Stadt, mit geräumigen, elegant-behaglichen Zimmern und Bädern komplett aus Marmor, barocke Innenausstattung, ruhig und doch zentral gelegen. Via Borgo Pinti 99, Tel. 055 2626 1, www.fourseasons.com

ARANCIA
SICILIA
€1,50
CUORE DI
BUE

DER NORDEN

Piazza della
Indipendenza
Via della Fortezza
Via del Pratello
Via di Barbano
Via Faenza
Piazza del Crocifisso
Via Guelfa
Via Montanelli
Via XXVII Aprile
Via San Zanobi
Via Santa Reparata
Loggia dei Tessitori
Palazzo degli Affari
Cenacolo di S. Apollonia
Museo di A. del Castagno
Via Bernardo Cennini
Galleria Ferroni
Cenacolo di Fuligno
Via Nazionale
S. Barnaba
Vecchio Forno
Libri Liberi Sit'N'Breakfast
Via San Gallo
Biblioteca Marucelliana
Via Chiara
Via Fiume
Via Panicale
Piazza del Mercato Centrale
32
Mercato Centrale
Via S. Orsola
Coccole Cioccolato
Via Guelfa
Hotel Botticelli
Hotel Collodi
Via Rosina
Via Taddea
Via Ginori
Il Papiro
Hotel Il Gu
Hotel Gioia
Il Desco Bistro
Bed and Breakfa
Già Via larga
Hotel Casci
Via G. B. Zannoni
Via dell' Ariento
Da Nerbone
Scrivimi di S.M. Davidson
Trattoria Mario
Trattoria ZàZà
Palazzo Tolomei
Falsi Gioielli
Casa del Vino
Via del Gomitolo dell' Oro
Borgo la Noce
Via della Stufa
Via de' Ginori
Via S. Antonino
Via Faenza
Via del Canto dei Nelli
37
Palazzo Medici Riccardi
Via Cavour
Via dell' Amorino
Medici - Kapelle
Basilica di San Lorenzo di Firenze
Piazza San Lorenzo
31
San Giovanni
Via de' Gori
Palazzo Panciatichi
Via de' Pucci
Palazzo Pucci
Piazza dell'Unità Italiana
Via del Melarancio
Pza. Madonna degli Aldobrandini
Biblioteca Medicea Laurenziana
Via de' Panzani
Via del Giglio
Via dell' Alloro
Via de' Conti
Via F. Zanetti
Borgo San Lorenzo
Via de' Martelli
Via Ricasoli
Desii Vintage
Desii Umberto
Teatro Niccolini
Via dei Banchi
Via d. Cerretani
Battistero San Giovanni
Pza. di S.M. Maggiore
Piazza d. Olio
Duomo Santa Maria del Fiore
Via delle
Via de' Rondinelli
Via del Trebbio
Piazza di S. Giovanni
Piazza Duomo
Via del Moro
Palazzo Antinori
Piazza Antinori
Via degli Agli
Via de' Pecori
Via Belle Donne
Loggia d. Bigallo
Via del Sole
Via de' Giacomini
S. Gaetano
Via Brunelleschi
Via Roma
Via d. Canonica
Via dello Studio
Via de'Corsi
Via d. Campidoglio
Via de' Tosinghi
Via dell' Oche
Via d. Spada
Via de' Tornabuoni
Via de Pescioni
Via de' Vecchietti
Piazza della Repubblica
Via d. Medici
Pza del Giglio
Via Elisabetta
V. S.
Museo M. Marini
Via d. Speziali
Via d. Calzaiuoli
Via del Corso
Palazzo Rucellai
Via degli Strozzi
Vicolo del Bazar
Via d. Vigna Nuova
Palazzo Strozzi
Pza. d. Strozzi
Via dei Tavolini
V. d. Cerchi
Via dell'Inferno
Vicolo degli Strozzi
Via d. Anselmi
Via Sassetti
Orsanmichele
Via Dante Alighier

Hotel Antica Dimora Johlea
Chiostro dello Scalzo
Via Pier Antonio Micheli
V. Luigi S. Cherubini
Via Venezia
Via Gino Capponi
Viale Giacomo Matteotti
Museo Botanico
Giardino dei Semplici
Giardino dei Semplici, Orto Botanico
Via della Dogana
Via G. La Pira
Kloster und Museum San Marco
Palazzo Capponi
Giardino di Palazzo Capponi
Giardino della Cherardesca
Universita degli Studi
Instituto Geografico Militare
Piazza San Marco
Via Giuseppe Giusti
Via Cesare Battisti
Basilica della Santissima Annunziata
Galleria Accademia
33
34
35
Hotel Loggiato Dei Serviti
Piazza della Santissima Annunziata
Museo Archeologico Nazionale di Firenze
Via della Colonna
Via Laura
Hotel Morandi alla Crocetta
Opificio delle Pietre Dure
Palazzo Grifoni
Hotel Palazzo Budini Gattai
B&B Soggiorno Panerai
Via degli Alfani
Via dei Fibbiai
Spedale degli Innocenti
Borgo Pinti
Via dei Servi
Santa Maria degli Angeli
Piazza F. Brunelleschi
Via del Castellaccio
Via degli Alfani
Il Caffelatte
Crocifissione del Perugino
Via della Pergola
Via Nova de' Caccini
Via de' Pilastri
Via Luigi Carlo Farini
Bufalini
Arcispedale di S. M. Nuova
Teatro della Pergola
Piazza di S. Maria Nuova
Via F. Portinari
Museo Firenze com'era
Via Sant' Egidio
Via Fiesolana
Via dell' Oriuolo
Borgo Pinti
Via di Mezzo
Fashion Loves You, Palazzo Giostra
Volta di San Pietro
Palazzo Altoviti
Palazzo d. Albizi
Piazza San Pier Maggiore
Piazza G. Salvemini
Via de' Pepi
Borgo degli Albizi
Via de' Giraldi
V. delle Seggiole
Via M. Palmieri
V. d. Badesse
Via Giuseppe Verdi
Via dell' Ulivo
Palazzo Borghese
Via de' Pandolfini
Sehenswürdigkeit, Museum
Aktivitäten, Ausgehen
Information
Kirche, Synagoge, Moschee
Theater
Shopping
Restaurant, Bar, Café
Übernachtungsmöglichkeit
0
70 m
N

Die Piazza San Lorenzo mit einem Denkmal für Giovanni delle Bande Nere, einem der »Stammväter« der Medici-Dynastie

31 Quartiere San Giovanni

Der »Kern« von Florenz

Lebendig, quirlig, vielseitig, präsentiert sich das Viertel San Giovanni zwischen Dom und Piazza San Marco. Einerseits verläuft hier der »Touristenlaufsteg« zwischen Duomo, der Chiesa San Lorenzo und dem allseits beliebten Mercato San Lorenzo, andererseits findet man um die Via Guelfa Dönerkneipen, Hippieläden, Blumengeschäfte und ganz normale Tabacchi sowie Internetcafés mit Money Transfers. Dieses Nebeneinander von Renaissancekultur, touristischem Kolorit und Florentiner Normalität überrascht an jeder Ecke.

Stand hier die Wiege des Renaissance-Florenz? Wie alt dieses Viertel wirklich ist, lässt sich daran ablesen, dass hier im Jahr 393 ein Gotteshaus von Bischof Ambrosius von Mailand geweiht worden war. Es war dem hl. Lorenzo gewidmet. Wiederaufgebaut wurde die Kirche im 12. Jahrhundert, ganz neu geschaffen von Filippo Brunelleschi um das Jahr 1420, der die Fertigstellung aber nicht mehr erlebte; sie wurde 1461 von seinem Schüler Antonio Manetti vollendet. Damit tritt die Familie Medici auf den Plan, denn Giovanni di Bicci de' Medici, der Vater von Cosimo I., hatte Brunelleschi mit der Erweiterung beauftragt.

Mitten in der Renaissance der Medici

Auf den weiten Stufen der Kirche ist ein Innehalten ratsam. Schräg gegenüber der Basilika erblickt man an einer Hausfassade das Wappen der Medici mit seinen unverwechselbaren sechs *palle*. Eine

In der Via dei Rondinelli

Skulptur auf der Piazza San Lorenzo würdigt Giovanni delle Bande Nere, den Vater von Cosimo I. Im Quartiere San Giovanni ist man also mittendrin bei den Medici. Und auch in der Renaissance.

Gleich um die Ecke hatten die Medici ihren Familiensitz etabliert, den heutigen Palazzo Medici Riccardi an der Via Cavour, und so schien es ihnen naheliegend, San Lorenzo zur Familienkirche zu bestimmen. Sie sollte nach den ursprünglichen Erweiterungs- und Umgestaltungsplänen mit einer schönen Fassade aus Marmor geschmückt werden, mit der niemand Geringerer als Michelangelo beauftragt wurde, dem von Lorenzo Il Magnifico bevorzugten Künstler, doch sie wurde aus Kostengründen nie realisiert. So blieb das schlichte Äußere. Welche künstlerischen und kulturellen Wunder allerdings in seinem Inneren zu sehen sind, verrät die Fassade keineswegs: Die Capella dei Principi, die Biblioteca Laurenziana, das Grabmal Lorenzo de Medicis (von Michelangelo geschaffen), das Grabmal des Vaters von Lorenzo, Cosimo I., sowie das von Donatello, dem Cosimo als Freund so verbunden war, dass er verfügte, dass dessen Grabstelle sich neben seiner zu befinden habe. Piero, Cosimos Sohn und Lorenzos Bru-

Nicht verpassen

RIBOLLITA

An der Qualität einer *ribollita* bemisst sich die Qualität der Köchin/des Kochs, sagen die Florentiner. Die *Ri-bollita* (»erneut gekocht, aufgewärmt«) ist eine toskanisch-florentinische Erfindung. Drei Zutaten gehören immer hinein: weiße Bohnenkerne, Schwarzkohl, der in unseren Breiten nicht wächst, und getrocknetes Weißbrot. Das Nachkochen ist nicht schwer, der Schwarzkohl lässt sich durch Wirsing gut ersetzen. Wer getrocknete weiße Bohnen verwendet, muss sie über Nacht einweichen. Dann das Einweichwasser durch frisches ersetzen und die Bohnen darin aufkochen. Knoblauch, Zwiebeln, Lauch, in Stücke gepflückte Wirsingblätter werden zuerst in Öl angedünstet und dann zu den Bohnen gegeben, es folgen getrocknetes Weißbrot in Stückchen und Kräuter nach Geschmack. Diese Bohnen-Kohlsuppe wird eintopfartig eingekocht und erst vor dem Servieren gesalzen – sonst werden die Bohnen hart. Mit Petersilie servieren – besondes gut ist sie (eben) aufgewärmt.

Geheimtipp

TRATTORIA DA MARIO

Bei Mario gibt es nur Mittagessen und sonntags ist sowieso geschlossen, denn dann spielt der AC Florenz, und da kann Mario natürlich nicht kochen, da muss er das Spiel sehen. So, das sei hier einleitend zum Selbstverständnis dieses urigen, nicht großen, recht spartanisch eingerichteten Lokals gesagt.

Das Regionalkolorit geht so weit, dass im »Mario« nur das klassische ungesalzene toskanische Weißbrot mit seiner dicken knusprigen Krume auf den Tisch kommt – und ansonsten alle bodenständigen Herrlichkeiten der Toskana: Fasan, Bohnen, Nudeln, Ossobuco. Eine Karte gibt's nicht, dafür eine liebevoll von der Hand beschriebene Menütafel.

Trattoria da Mario.
Mo–Sa 12–15 Uhr,
Via Rosina 2r,
Tel. 055 21 85 50.

der, erfüllte den Wunsch und ließ Donatello, der zwei Jahre nach Cosimo verstarb, in der Krypta der Alten Sakristei beisetzen.

Rundgang

Der Eingang zur Basilika wie zur Biblioteca Laurenziana, die sich im oberen Geschoss des Klosters befindet, liegt links der Hauptfassade, sodass man den Komplex durch einen Kreuzgang betritt. Der darauf folgende zweite Kreuzgang schließt sich um einen herrlich ruhigen, grünen und harmonisch proportionierten Garten. Die Wände sind mit den barocken Grabplatten berühmter Florentiner Familien versehen. Der Gang wird von elegant geschwungenen Arkaden geschmückt; Wohnräume, das Refektorium und die Räume des Priors öffnen sich zu seinem Geviert hin.

Wer chronologisch vorgehen will, besucht als Erstes das Museo del Tesoro di San Lorenzo. In dem hell gestrichenen Kreuzrippengewölbe werden zahlreiche kostbare Reliquienschreine aus verschiedenen Jahrhunderten aufbewahrt, der Marmorsarkophag Donatellos ist ebenso zu sehen. Auch Cosimo de Medici wurde hier bestattet.

Die Basilika nach Brunelleschi

Brunelleschi verwob in seinen Entwürfen für die Basilika frühchristliche mit gotischen Formen und bereicherte das Gebäude um das Querschiff mit den Chorkappellen und der Alten Sakristei. Der nüchtern hellgraue Ton der *pietra serena*, die Stuckdekorationen und die geschnitzte helle Kassettendecke bewirken ein ruhiges Raumbild. Besonders sehenswert sind die Bronzekanzeln von Donatello und die *Vermählung der hl. Jungfrau* von Rosso Fiorentino mit seiner besonderen Farbwahl und den nahezu modern wirkenden Schattenspielen. Dort, wo das Langschiff auf das Querschiff trifft, deutet eine Marmorplakette auf das Grab von Cosimo I. in der Krypta hin.

Dem Komplex der Basilika angegliedert ist die von Giulio de Medici – als Papst nannte er sich Clemens VII. – in Auftrag gegebene Biblioteca Laurenziana, die die wertvollen Handschriften und Bücher der Familie enthält, darunter kostbare Manuskripte und Handschriften griechischer Philosophen. Die Konstruktion stammt von Michelangelo – und er hat sich einiges einfallen lassen. Der Treppenaufgang besteht aus mondsichelförmig nach außen gewölbten Stufen, die Bibliothek erinnert mit ihren Bänken an einen Kirchenraum.

Capella dei Principi, Fürstenkapelle, Medici-Grabmäler

Den großartigsten Augenschmaus allerdings verspricht die Capella dei Principi. Sie erstrahlt im Glanz unzähliger Perlmuttkorallen und Lapislazuli – Dekorationen, die den Reichtum der Medici versinnbildlichen. Im 18. Jahrhundert galt sie gar als Weltwunder, der tiefblaue Lapislazuli als der Stein der Könige, denn kein anderer war so schwierig zu gewinnen. Man brachte ihn aus Afghanistan nach Florenz.

Wie die Fürstenkapelle erreicht man auch die Neue Sakristei über die Piazza Madonna degli Aldobrandini. Sie ist eigentlich keine, man nennt sie nur so, weil sie in symmetrischer Achse zur Alten Sakristei liegt. Sie birgt die berühmten Grabmäler der Medici-Herzöge, die Michelangelo für seinen Gönner und Freund Lorenzo Il Magnifico und dessen Sohn Giuliano schuf. Sie zeigen in allegorischer Manier die Tageszeiten, den Morgen, den Tag, die Dämmerung und die Nacht, symbolisiert

Oben: Die prunkvolle Biblioteca Laurenziana, entworfen von Michelangelo Buonarroti
Unten: In der *bottega* von Ghirlandaio entstand dieses Gemälde von San Antonio de Abate mit den Medici-Brüdern Lorenzo und Giuliano.

Oben: In der Bottega Quattro
Mitte: Ledermarkt in der Via dell'Arriento
Unten: Das Wappen der Medici mit den sechs *palle* aus *pietra serena*, hier noch ohne die Gold-blaue Bemalung.

durch ruhende Paar-Skulpturen aus seidenglattem Marmor. Darüber thronen in engen Nischen die idealisierten Statuen der beiden Medici.

Wieder draußen, umgeben von der Geschäftigkeit in den Straßen, löst sich rasch die Starre der Ergriffenheit angesichts dieser Kunst-Spektakel. In der Via de' Genori locken witzige Geschäfte, z. B. die »Goielli Falsi«, Bäckereien wie der »Vecchio Forno«, in der stets frische *Cantuccini morbidi di Prato* aus dem Ofen gezogen werden, und Eissalons. Typisch sind für Florenz zudem die Tabernakel, die an vielen Straßenecken angebracht wurden. An der Ecke Via Taddea ist es nicht eine Statuette oder ein kleines Figurenensemble wie sonst üblich, sondern ein Gemälde mit einer Kreuzigungsszene. Und ebenso typisch: das Gedenken an die im Widerstand gegen die deutsche Besatzung Umgekommenen. In der Via Taddea wird des Sozialisten Spartaco Lavagnini mit einer Plakette gedacht.

GUT ZU WISSEN

DAS WAPPENSCHILD DER MEDICI

Das Wappen der Medici wird man in Florenz oft sehen, ebenso häufig begegnet man der Schwertlilie. Hier im Viertel San Giovanni gibt es an der Piazza di San Giovanni, Ecke Piazza Canto alla Paglia ein Musterexemplar. Sechs Kugeln, angeordnet wie auf einem Schild, sind darauf zu sehen. Doch was bedeuten sie? Die Medici waren das erste europaweit operierende Bankhaus, also interpretieren die meisten Historiker die Kugeln als Münzen. Andere sehen darin Pillenkugeln, denn Medici bedeutet ja auch Mediziner. Nur: Ärzte befanden sich nicht unter den bekannten Medici, aber man könnte annehmen, dass sich in der Ahnenreihe welche finden ließen. Die mittlere obere Kugel zeigt drei goldene Lilien auf blauem Grund, Symbole des französischen Königswappens. Louis XI. hat sie den Medici 1465 verliehen.

Infos und Adressen

Lobby in einem echten Palast: das Hotel Botticelli

SEHENSWÜRDIGKEITEN

Basilica di San Lorenzo. Mo–Sa 10–17.30 Uhr, So 13.30–17.30 Uhr. Letzter Eintritt eine halbe Stunde vor Schließung.

Biblioteca Laurenziana. Mo–Sa 9.30–13.30 Uhr. Beide: Eingang Piazza San Lorenzo.

Capella dei Principi (Medicee). Tgl. 8.15–16.50 Uhr, geschl. 1., 3. und 5. Montag , 2. und 4. So jeden Monats. Eingang: Piazza Madonna degli Aldobrandini.

ÜBERNACHTEN

Hotel Botticelli. Ansprechendes Dreisternehotel in einem Palasthaus aus dem 15. Jh. mit Aussichtsloggia und gemauerten Rundbögen über den Türen. Die Zimmer sind gepflegt und geräumig. Via Taddea, 8, Tel. 055 29 09 05, www.hotelbotticelli.it

Palazzo Tolomei. Wohnen wie in einem Palast lautet hier die Devise. Dieser hier stammt aus dem 17. Jh. und ist sehr stimmungsvoll eingerichtet. Die schönen Zimmer haben Terrakottafußböden, verspielte Kristallleuchter und romantisches Flair. Mit Innenhof, die schmale Via de Genori ist recht belebt. Via dè Ginori 19, Tel. 055 29 28 87, www.palazzotolomei.it

EINKAUFEN

Desii Vintage. Desii ist für Florenz-Modefans kein unbekannter Name. Es gibt ein traditionelles Schuhgeschäft für Herren in der Borgo San Lorenzo und eines mit internationalen Street-Wear-Marken in der Via della Spada. Desii Vintage verkauft Getragenes, Secondhand von Designermarken. Der Laden ist zwar ein bisschen rumpelig aufgemacht, hat aber manche Überraschungen. Mo–Sa 11–21 Uhr. Via de Conti 17/19/21r, Tel. 055 230 28 17.

Desii Umberto. Hier gibt's sportliche Männermode und Schuhe. Mo–Sa 11–21 Uhr. Borgo S. Lorenzo 4–6r, Tel. 055 29 23 21.

Vecchio Forno. Bäckerei, die mit regionalen Zutaten und nach klassischen Rezepten backt. Das heißt, es gibt saisonale Ware. Im Winter Traubennusskuchen und *Cantuccini morbidi di Prato,* im Sommer die typischen Obstkuchen *crostata.* Mo–Sa 8–13 und 15–20 Uhr. Via de' Genori 27.

Goielli Falsi. Die falschen Juwelen bestehen in diesem originellen kleinen Geschäft aus Plexiglas. Stilvorbild sind hier eindeutig die Swinging Sixties, Love peace and happiness. Di–Sa 10–20 Uhr, So geschl. Mo ab 13 Uhr. Via de' Ginori, 34, Tel. 055 28 72 37.

Cioccole. Feiner, ein bisschen barocker Schokoladenladen mit eigenen Kreationen und heißer Schokolade. Mo–Sa 10–20 Uhr. Via de' Genori 17.

DIE MEDICI

Porträt einer Familie

Ist dieser blonde Jüngling Lorenzo di Medici? Gemalt von Benozzo Gozzoli, zu sehen im Palast Medici Riccardi.

Spricht man von Florenz, so spricht man von den Medici. Die Stadt und die Familie scheinen untrennbar miteinander verbunden zu sein. Die Medici umhüllt eine nahezu mythische Aura, und schnell ist man mit den Begriffen Mäzenatentum, Philosophie, Renaissance zur Hand.

Und tatsächlich: Die bedeutendsten Künstler ihrer Epoche wie Donatello, Botticelli, Ghirlandaio, Michelozzo und Michelangelo standen zu ihren Diensten. Es ist ein Leichtes, in den Museen und Kirchen nach Kunstwerken zu suchen, die die Medici-Sprösslinge darstellen: Sie sind als Heilige dargestellt, als Weise aus dem Morgenland, in imperialer römischer Pose, als Denker oder schlicht als Bürger. Zu finden sind diese Darstellungen fast überall. Es gibt sogar eine Gedenkmünze, die diese Verbindung untermauert: Bertoldo di Giovanni schuf sie nach der Pazzi-Verschwörung, bei der Giuliano de Medici ermordet wurde und deren Motto lautet: Laurentius Medices Salus Publica, »Lorenzo de Medici, öffentliches Wohl«.

Aber war Florenz nicht eine Republik?

Ein Stadtstaat mit den verschiedensten Gremien einer Volksvertretung? Und wieso nicht auch: Bardi, Strozzi, Albizi, Rucellai, Mozzi, Tornabuoni? All diese Familien führten die Florentiner Gesellschaft an. Teilweise pflegten sie in erbitterter Feindschaft zu den Medici zu stehen, denn die waren im Spätmittelalter einfach Emporkömmlinge und zeichneten sich auch nicht durch übermäßige wirtschaftliche Fortune aus. Mächtig und tonangebend wie die anderen waren sie zu Beginn des 14. Jahrhunderts keineswegs.

Das änderte sich mit Giovanni di Bicci Medici (1360–1429), der familiäre Verflechtungen geschickt zu nutzen wusste und sich vor allem mit der Verwaltung des Vatikanvermögens hervortat. Diese Verpflichtung übernahmen seine Söhne und Enkel. Auch ihr Engagement für die stets klammen Kassen der Königs- und Fürstenhäuser diente dem Zweck, ein möglichst engmaschiges Netzwerk zu knüpfen.

Cosimo Il Vecchio (1389–1464) legte den Grundstein dafür, wie die Familie sich selbst zu sehen wünschte: in der Rolle der wirtschaftlich, politisch, philosophisch und künstlerisch Führenden der Stadt. Seine Erben Lorenzo Il Magnifico (1449–1492) oder Cosimo I. (1519–1574) verfolgten dieses Ziel oft brutal und halsstarrig; sie betätigten sich aber auch als großzügige Mäzene und Förderer von Kunst und Philosophie. Man assoziiert die Medici mit Florenz, weil sie es verstanden, ihr Schicksal mit dem der Stadt zu verknüpfen. Und es gab jemanden, der über sie schrieb. Es war Niccolò Machiavelli, der im Jahr 1512 von den Medici aus der Stadt gejagt wurde. Der Philosoph ist der Vater der Staatstheoretiker. Seine Theorien beziehen sich auf – wen sonst – die Medici.

Auf dem Markt San Lorenzo – da kauft man doch gern ein, oder?

32 Mercato San Lorenzo
Markt seit dem Mittelalter

Dass sich die Florentiner das gute Essen etwas kosten lassen, lässt sich im Mercato San Lorenzo schön beobachten. Der traditionellste Markt für Lebensmittel ganz in der Nähe vom Duomo besticht durch seine Vielfalt und vor allem durch seine Qualität. Im oberen Stockwerk kann man viele Leckereien gleich ausprobieren.

Wenn man den Geschichten, die im Mercato kursieren, Glauben schenkt, dann gibt es keinen vergleichbaren Lebensmittelmarkt mit einer ähnlich langen Tradition. Schon im frühen Mittelalter haben an exakt dieser Stelle die Bauern aus der Region ihre Waren feilgeboten. – Und heute? Auch wenn man sich erst einmal durch eine Kette von Smoothie-Buden und knallbunten Donut-Ständen kämpfen muss, zählt anschließend nur noch die Region, zählen die Florentiner Hügel und die Toskana, feiern die Bauern aus der Umgebung ihr kulinarisches Fest. Die meisten Stände bieten handgefertigte Köstlichkeiten an, wie z. B. die »Patissería« ihre Törtchen, die wie kleine Kunstwerke aussehen. Ungeschwefelte Trockenfrüchte gibt es ausschließlich aus heimischen Landen. Obst und Gemüse stammen aus der Toskana und nicht aus Holland oder der Türkei und schon gar nicht aus Südafrika.

Erlaubt allerdings sind Spezialitäten aus anderen italienischen Provinzen wie zum Beispiel die köstlichen Zwiebeln aus Tropea in Kalabrien, die bei speziellen Schmorgerichten zum Einsatz kommen und auch auf die florentinische Quiche gehören. Erlaubt ist natürlich der San-Daniele-Schinken aus dem Veneto, obwohl am Stand der Familie

Savigni ein ganz besonderes Produkt zu kaufen ist: Schinken von Schweinen der *cinta senese*, einer alten Rasse, die an den Hängen von Pistoia wieder gezüchtet wird. Das *bistecca fiorentina* ist weltberühmt und für die Italiener das beste Steak überhaupt. Es verdankt seine enorme Größe einem besonderen Schnitt. Wer es einmal probieren will, sollte das am besten hier in Florenz tun. Die Qualität muss stimmen, dann braucht man nur noch gutes Öl und ein paar Kräuter.

Neben Olivenöl wird auch gern Wein verkostet, Pasten und Oliven stehen bereit, duftendes Brot und die *schiacciata* (»Scherben«) eine besondere Form des florentinischen Brots, das mit viel Öl bestrichen und anschließend mit Käse, Tomaten Schinken etc. belegt und überbacken wird. *Schiacciate* sind fast so beliebt wie die Brötchen mit *porchetta* oder *lampredotto* (s. S. 83).

Begehrte Kochschule

Der erste Stock des schönen Eisen-Glaspalastes aus dem 19. Jahrhundert ist für die Köche reserviert. Entlang der Wände reihen sich Pizzerien, Pastaküchen, Cocktail-, Bier- und Weinbars, Gelaterías, Käsereien, Cafeterias und Stände für frittierte Köstlichkeiten aneinander. In der Mitte kann man Platz nehmen und gemeinsam tafeln. Das Stimmengewirr ist beträchtlich, und das bis in die späten Abendstunden. Sich hier auf einen Drink zu verabreden, ist keine schlechte Idee.

Eine Kochschule werkelt hier übrigens auch – gut einsehbar für alle hinter einer riesigen Fensterfront. Sie heißt – natürlich – »Lorenzo di Medici« und bietet spezielle Pastakurse an. Ebenso gibt's einen Buchshop mit Kochbüchern und eine Abteilung von »Eatitaly« voller nachhaltig produzierter Köstlichkeiten.

Infos und Adressen

ESSEN UND TRINKEN

Antica Tripperia Nerbone. Dieser schöne Traditionsstand im Mercato Centrale ist sehr beliebt. Seit 1872 schneiden hier fleißige Helfer die Brötchen auf, um sie mit *porchetta* oder gekochtem Rindermagen zu füllen. Hier greifen besonders die Florentiner beherzt zu. Piazza del Mercato Centrale, 12.

Trattoria ZaZa. Sieht mit bunten Mobiliar lustig aus, hat schöne Terrassen auf der Piazza del Mercato Centrale, und das Essen ist absolut in Ordnung. Aber eher Touristentreffpunkt als Geheimtipp. Tgl. 11–23 Uhr. Piazza del Mercato Centrale 26, Tel. 055 21 54 11.

ÜBERNACHTEN

Hotel Collodi. Freundliches und hübsches Zweisternehotel mit persönlicher Handschrift. Die Zimmer sind unterschiedlich geschnitten und historisch möbliert. Via Taddea, 6, Tel. 055 29 13 17, www.relaishotel.com

EINKAUFEN

Scribimi. Die verzierten und goldbemalten Florentiner Papierwaren sind schon etwas Besonderes. Hier gibt es sie in großer Auswahl, dazu gemalte Postkarten und Federhalter. Mo–Sa 10.30–19.30 Uhr, So 13–19.30 Uhr. Piazza del Mercato Centrale, 40, Tel. 055 265 82 75.

Oben: Beispiel für die Maniera: *Der Raub der Sabinerin* von Battista Giambologna in Kopie
Unten: *Die Krönung der Jungfrau* von Jacopo di Cione aus dem 14. Jahrhundert

33 Galleria dell' Accademia
Kunstakademie der Medici

Jeder, der den perfekten David des Michelangelo Buonarroti auf der Piazza della Signoria bestaunt, wird wissen, dass es sich dabei nur um eine Kopie handelt. Das Original befindet sich in der Galleria della' Accademia, und hier sind nun wirklich Warteschlangen angesagt. Die Karten für dieses tolle Museum, sie sind mit genauer Uhrzeitangabe versehen, sollte man sich im Internet besorgen.

In der Galerie ist beileibe nicht nur der *David* zu sehen, sondern eine Fülle hervorragender Skulpturen und Gemälde aus der Renaissance mit besonderem Augenmerk auf der toskanischen Malerei seit dem 13. Jahrhundert. Ein gesondertes Kabinett ist jeweils wechselnden Sonderausstellungen gewidmet, ein weiteres, das den Abschluss des Rundgangs im Parterre bildet, wurde zu einer Art Skulpturenwerkstatt hergerichtet.

Die Florentiner Kunstakademie (= Accademia) besteht schon seit dem 16. Jahrhundert und sie genoss, wie so viele Institutionen in der Stadt, den Schutz der Familie Medici, besonders unter Cosimo I. An den dort ausgestellten Kunstwerken sollten die Studenten beobachtend und kopierend ihre Fähigkeiten schulen.

Rundgang

In der ersten Halle jenseits des Eingangs steht eine Kopie von Battista Giambolognas *Raub der Sabinerin*, deren Original die Loggia dei Lanzi auf der Piazza della Signoria schmückt. Einen Höhe-

Detail aus *Christus als Schmerzensmann* von Maestro della Madonna Straus

punkt der Malerei auf Holz stellt die Hochzeitsparade der Familie Adimari dar – es handelt sich um ein Bild aus dem 15. Jahrhundert. Mode, Haartracht, Schmuck, höfische Haltung und Architektur sind bis ins kleinste Detail ausgemalt – im Hintergrund ist das Baptisterium eingefügt.

Die Holztafel mit dem Bildnis *Madonna del Mare* wird Sandro Botticelli zugerechnet. Das dunkle Blau, das sie zeigt, galt in der Renaissance als Königsfarbe. Mehrere Altartafeln u. a. von Botticelli und Ghirlandaio zieren die gegenüberliegende Wand. Am auffälligsten: Pietro Peruginos (1446–1523) prächtige und farbentrunkene *Auferstehung Marias.*

Der zweite Saal, die Galleria dei Prigioni, enthält vier nicht vollendete Marmorskulpturen, die Michelangelo Buonarroti für das Grabmal des Papstes Julius II. im Petersdom konzipiert hatte. Sie nun liefern einen ganz eigenen Kommentar zu dem Schaffen des Bildhauers: Da die vier dargestellten Sklaven (*prigioni*) in jeweils unfertigem Zustand sind, vermeint man förmlich zu spüren, wie sie sich aus ihrem Marmorblock herauswinden, wie sie sich gegen ihre Fesseln wehren.

Nicht verpassen

MICHELANGELO – INFERNO UND EKSTASE

Wer diesen Titel liest, wird wissen, dass es sich nur um ein Produkt der 1960er-Jahre handeln kann, und richtig! Dieses Breitwand-Technicolor-Epos wurde 1965 gedreht und ist eine richtig fette, bunte Hollywoodproduktion mit den damaligen Stars Charlton Heston und Rex Harrison in den Hauptrollen. Regisseur immerhin war Carol Reed, der sich mit *Der dritte Mann* unvergesslich in die Kinogeschichte eingeschrieben hat. Der Film basiert auf dem Roman von Washington Irving und ist hier dramatisch zugespitzt und erzählperspektivisch verkürzt auf die Auseinandersetzung des Künstlers mit Papst Julius II.

Trotzdem: Er dauert stolze zweieinhalb pralle Stunden.

Der Film ist auf DVD erhältlich.

Oben: Endlich: Michelangelos *David* im Original
Unten: Blick in die Gipsoteca: Hier wird es schwierig, sich auf ein Kunstwerk zu konzentrieren. Alle anderen »schreien«: Ich bin auch wunderbar!

Es gibt noch viele weitere Höhepunkte in diesem Saal zu sehen, z. B. *Vir dolororum* von Andrea dell Sarto (1486–1530), ein fast hingehauchtes Fresko, das Jesus als verletzlichen Mann zeigt. Und das extrem sinnliche Gemälde *Venus und Cupido* von Jacopo Pontormo (1494–1557).

GUT ZU WISSEN

MICHELANGELO BUONARROTI

Die Kunstgeschichte feiert Michelangelo (1475–1567) als einen der größten Genies aller Zeiten, und es gibt wohl kaum einen Betrachter, der sich seiner suggestiven Kunst entziehen könnte, hinter der stets ein philosophischer Kosmos hervorblitzt. Geboren im März 1475 in einer gut beleumundeten Familie, die von der Verwaltung ihrer Landgüter lebte, verfolgte er unbeirrbar seinen Wunsch, Künstler zu werden und trat zunächst in die Werkstatt des berühmten Freskenmalers Domenico Ghirlandaio ein. Als einziger Lehrling übrigens wurde er bezahlt. Später dann entdeckte er in dem Werkstattgarten von Lorenzo di Medici seine Hingabe an die Bildhauerei. Die chaotischen politischen Zeitläufte ließen den Künstler mehrfach zwischen Florenz und Rom wechseln, wo er neben dem florentinischen *David* seine prachtvollsten Kunstwerke schuf, die Fresken in der Sixtinischen Kapelle, die Statue des Papstes Julius II. und die Pietà für den Petersdom. Sein Werk reflektiert das Menschenbild der Renaissance als Schöpfung Gottes, stark, schön, klug. Die Unverhülltheit seiner Modelle stieß auf teilweise heftigen Widerstand innerhalb der Kirche; die präzise Kenntnis des menschlichen Körpers eignete er sich in unerlaubten Sezierversuchen an Leichen an.

Obwohl seine unglaubliche Schaffenskraft bis ins hohe Alter nahezu unvermindert anhielt, blieben doch zahlreiche Vorhaben unvollendet. Michelangelo starb mit 87 Jahren in Rom.

In Florenz sind seine Werke im Museo Bargello, im Palazzo Vecchio, in der Galleria dell' Accademia, den Uffizien und in der Medici-Kapelle zu sehen.

Die Galleria dei Prigioni führt direkt auf den *David* zu. Schon beim Betreten der Halle sieht man ihn auf seinem Sockel stehen, Licht strömt aus einer Glaskuppel auf ihn herab. Diese *tribuna* wurde 1850 eigens für ihn gebaut und an die Galleria angeschlossen, nachdem er von 1504 an die Piazza della Signoria geschmückt hatte und Witterungseinflüssen ausgesetzt gewesen war. Dieser fabelhaften Skulptur hat man künstlerisch nacheifernde Bewunderer an die Seite gestellt. So ist hier eine auf Holz gemalte *Grablegung Christi* von Santi di Tito zu sehen und eine von Cosimo I. bei Bronzino (1503–1572) in Auftrag gegebene, die zunächst den Vasari-Korridor geschmückt hatte. Zwei weitere Gemälde im Stil des Manierismus stammen von Alessandro Allori (1535–1605), die *Krönung der Jungfrau Maria* und *Mariä Verkündigung.*

Rechts vom *David* hängt ein Bild, dessen Topos auffällt: Es sind Johannes der Täufer und Maria Magdalena, dargestellt als vom Alter gezeichnete Menschen, die sich, in zwei Nischen gestellt wie Statuen, einander zuneigen. Man muss unwillkürlich an die Grabmonumente Michelangelos für die Medicis in der Neuen Sakristei der Basilica San Lorenzo denken. Die Gemälde stammen von Filippo Lippi.

Gipsoteca

Den Abschluss bildet die Skulpturenwerkstatt auf der gegenüberliegenden Seite. Für all die formvollendeten Marmorskulpturen sind langwierige Vorarbeiten nötig, u. a. werden Gipsmodelle gefertigt. Die hier zu findenden sind aus dem 19. Jahrhundert. Sie sind – bereits beeindruckende Vorgänger – der in Marmor anzufertigenden Skulpturen. Der Saal wurde bezeichnenderweise *Gipsoteca* getauft.

Infos und Adressen

SEHENSWÜRDIGKEITEN

Galleria dell' Accademia. Hier ist Schlangestehen angesagt. Man kann dem etwas entgehen, indem man die Firenzecard hat oder schon vorher im Internet Karten mit einem festen Zeitrahmen besorgt hat. Für diese Besucher wird eine zweite, meist wesentlich kürzere Schlange eröffnet. Di–So 8.15–18.50 Uhr. Via Ricasoli 58/60, Tel. 055 238 86 09, www.uffizi.firenze.it

ESSEN UND TRINKEN

Il Vegetariano. Eines der ersten vegetarischen Restaurants von Florenz. Alles frisch und preiswert. Di–Fr 12.30–15.30, 19.30–24 Uhr, Sa, So nur abends. Via delle Ruote 30r, Tel 055 47 50 30.

ÜBERNACHTEN

Hotel Gioia. Ein bürgerlich-nüchtern aufgemachtes Etagenhotel – etwas günstiger. Via Cavour 25, Tel. 055 28 28 04, www.hotelgioia.it

Hotel Il Guelfo Bianco. In diesem Haus ist die Einrichtung romantisch gehalten. Via Cavour 29, Tel. 055 28 83 30, www.ilguelfobianco.it

Hotel Casci. Familiengeführtes Zweisternehotel ohne überragenden Komfort oder Chichi, aber eine Adresse für alle, die eine solide Leistung zu einem guten Preis suchen. Via Cavour 13, Tel. 055 21 16 86, www.hotelcasci.com

Bed & Breakfast Gia Via Larga. Das kleine Bed & Breakfast hat drei Zimmer – bequem, sauber und ordentlich. Via Cavour, 19N, Tel. 0347 846 56 92, bbvialarga.it

34 Piazza Santissima Annunziata

Die Renaissance als Platz

Die Piazza San Marco muss als Verkehrsknotenpunkt für innerstädtische Busse herhalten, die Piazza San Lorenzo ist sowieso immer voll und die Piazza del Duomo auch. Wie kann es da sein, dass nur einen Steinwurf davon entfernt eine Oase der Stille auftaucht? Denn das ist sie, die Piazza Santissima Annunziata, im schönem ruhigen Gleichmaß, und mit einer Reihe bedeutender Bauwerke gesegnet.

Ihr architektonisches Gardemaß weist den Platz als einen Renaissance-Entwurf aus, umso mehr, als sie an drei Seiten von luftigen Arkadengängen gesäumt wird. Auch erblickt man hier eine Fülle an *pietra serena*, den hellgraublau schimmernden Stein, der für Florenz so typisch ist. Die Weite der gepflasterten Piazza wird durch Werke des flämischen Bildhauers Giambologna und seines Schülers Pietro Tacca betont. Ferdinando I. de Medici reitet in heroischer Pose auf seinem Bronzeross in Richtung Dom, ergänzt wird das Ensemble durch zwei reich verzierte Brunnen. Man datiert sie in das 16. und 17. Jahrhundert. Treppenstufen führen über die Länge des Platzes zu zwei sich gegenüberliegenden Bauwerken, hier lässt es sich gut ruhen und/oder nachdenken.

Zu sehen ist erst einmal das Ospedale degli Innocenti. Dabei handelt es sich um das erste Waisenhaus Europas. Es wurde von der Zunft der reichen Seidenhändler gestiftet. Der geniale Goldschmied und Domkuppel-Baumeister Filippo Brunelleschi hat es entworfen und sich dabei an dem antiken Vorbild der Säulengestaltung von San Miniato del

Oben: Die eleganten Arkadensäulen auf der Piazza Santissima Annunziata.
Unten: Eine Majolika von Andrea della Robbia, die ein Wickelkind zeigt und damit auf ein Waisenhaus hinweist.

Die wertvollen Einlegearbeiten verzaubern.

Monte orientiert. So ist schon im Jahr 1416 eine vollendet komponierte Loggia entstanden, die sich alle späteren Renaissance-Baumeister zum Vorbild nehmen werden. Eine breite Freitreppe geleitet zum Paradebeispiel der Frührenaissance-Architektur. In den Bogenzwickeln der zart geschwungenen Arkaden fallen runde, blau glasierte Porzellanscheiben auf, auf denen ein in Weiß gehaltenes Wickelkind dargestellt ist. Es ist das Symbol für Waisen, das auch an anderen Häusern in Florenz zu sehen ist. Andrea della Robbia (1435–1525) hat sie gefertigt. Nicht alle sind im Original erhalten, einige wurden im 19. Jahrhundert ausgetauscht.

Im Jahr 1445 wurde das Waisenhaus seiner Bestimmung übergeben. Frauen konnten ihre Neugeborenen auf einen runden drehbaren Stein legen und eine Glocke läuten. Damit wurde eine Mechanik ausgelöst, die die Babys ins Innere des Waisenhauses beförderten.

Das Ospedale degli Innocenti wird zurzeit zum Museum zur Geschichte der Kindheit umgebaut. Sein kostbarster Besitz war bislang eine *Anbetung der Hl. Drei Könige* von Domenico Ghirlandaio, auf die sich der Name des Findelhauses bezieht:

Nicht verpassen

OPIFICIO DELLE PIETRE DURE

Die Einlegearbeiten mit Halbedelsteinen erhob die Medici-Dynastie zu einem öffentlich geförderten Kunstgewerbe.

In diesem gut ausgestatteten Museum der Halbedelsteine sieht man, zu welchen Kunstfertigkeiten die Florentiner fähig waren. Ganze Altäre und Bilder sind aus diesem wertvollen und anspruchsvollem Material gearbeitet. Zunächst dominierten als Motiv Pflanzen, Vögel und Blüten, später waren es Landschaften und Genrebilder, die auf Kästchen, Schmuckschränken, Sekretären und Dekorationsgegenständen prangten – aus Amazonit, Granit, Desideria, Tigerauge und Granit aus den Anden, aus der Schweiz und aus Ägypten. Diese Mode ebbte im 19. Jahrhundert ab. Das Opificio unterhält neben dem Museum einen Restaurationsbetrieb.

Opificio delle Pietre Dure. Mo–Sa 8.15–14 Uhr, Via degli Alfani 78, Tel. 055 2 65 11.

Oben: Der Arkadenvorbau der Santa Maria Annunziata
Unten: Brunnendetail und durstige Taube

Im Hintergrund der Anbetung ist der von Herodes befohlene Kindermord der Unschuldigen – *innocenti* – zu sehen.

Rosso fiorentino

Fast die gesamte Nordseite des Platzes nimmt das Kloster ein, das dem Platz den Namen gegeben hat, die Santissima Annunziata. Der Orden der Serviten hatte es im 13. Jahrhundert gegründet – und, wie im reichen Florenz üblich – ließen es mächtige Familien erweitern (Lorenzo di Medici 1444) und verschönern (Pucci 1559). Der beeindruckende Bogengang wurde wesentlich später, nämlich erst 1611 angefügt. Die Vorhalle der Wallfahrtskirche schmücken einige kostbare Fresken. Die Himmelfahrt Mariä stammt von Rosso Fiorentino. In seinem besonderen Fall hat eine Farbe, *rosso fiorentino*, florentinisches Rot, dem Maler zu dessen Künstlernamen verholfen – er hat diesen strahlend hellen Ton »erfunden«. Eine ebenfalls hervorstechende Malerei ist die *Geburt Mariä* von Andrea del Sarto. Neben all der florentinischen Renaissance fällt eine Holzskulptur von Veit Stoß in der Rotunde des Chors auf.

Im Florentiner Alltag

Die Via della Colonna und die Via Laura führen von der Piazza in südwestliche Richtung zum Quartiere Santa Croce und zum Viertel Sant'Ambrogio. Aus ihnen scheint das touristische Gedränge vollends getilgt zu sein. Zwei in historischen Gebäuden untergebrachte städtische Gymnasien liegen sich gegenüber. Dazu: kleine Cafés, Zeitungsgeschäfte, ruhiger Florentiner Alltag. Wer sich von der Piazza gen Süden wendet, kommt rasch zum Duomo. Seine Kuppel scheint allgegenwärtig auch über der Piazza Santissima Annunziata zu schweben.

Infos und Adressen

im Café: Gute Gespräche und angenehme Atmosphäre

SEHENSWÜRDIGKEITEN

Santissima Annunziata. Mo–Fr 7.30–12 und 16–18.30 Uhr, Sa, So zusätzlich noch 21–21.45 Uhr.

ESSEN UND TRINKEN

Casa del Vino. Im Sommer samstags geschlossen, im August Ferien. Eine kleine Enoteca mit angeschlossenem Buffet-Bistro; eine weitere dieser ausgezeichneten Traditionsadressen von Florenz. Hierhin kommt man zur Weinverkostung oder eben auch mal schnell auf eine kleine Köstlichkeit zum Glas Wein. Mo–Do 9.30–15.30 Uhr, Fr, Sa 9.30–20 Uhr. Via dell'Ariento 16r, Tel. 055 21 56 09.

Il Caffélatte. Mit Möbeln wie vom Flohmarkt eingerichtetes, kleines Caffè mit Mittagsgerichten und einer netten Stimmung. Hat zwei winzige Tische zum Draußensitzen. Tgl. 8–1 Uhr, Mo abends geschl. Via degli Alfani 39 r, Tel. 055 247 88 78.

ÜBERNACHTEN

Loggiato dei Serviti. Direkt an der Piazza in einem Palast unter Arkadengängen untergebrachtes sehr schönes Hotel mit antiquarischem Mobiliar und sehr freundlichem Ambiente. Alle Zimmer unterschiedlich geschnitten und eingerichtet. Die Dependance ist ein wenig lauter, aber auch sehr nett. Piazza Santissima Annunziata 3, Tel. 055 28 95 92, www.loggiatodeiservitihotel.it

Palazzo Budini Gattai. Und der nächste Palast! Diesmal aus dem 16. Jh. Und ebenfalls mit antiquarischem Mobiliar ausgestattet. Hat einen tollen Blumengarten und einen hübschen Salon. Via dei Servi 51, Piazza Santissima Annunziata, Tel. 055 21 08 32, www.budinigattai.com

Ein Zimmer in der »Loggiato dei Serviti«

Oben: Funde aus dem Tomba del Duce, Vetulonia
Unten: Statuetten aus vorrömischer Zeit

35 Archäologisches Nationalmuseum

Auf Spurensuche in der Antike

Die Florentiner schätzen ihr Archäologisches Nationalmuseum sehr, gleichzeitig darum wissend, dass es nie der Publikumsrenner werden wird. Aber wer ein bisschen tiefer in die Antike schauen möchte, die Vorbild für die Renaissance war, sich für etruskische Kultur interessiert und Fundstücke aus pharaonischer Zeit, ist hier genau richtig. Die Sammlungen stammen aus dem Schatz der Großherzöge der Toskana - also der Medici - und aus der Habsburg-Lothringer Dynastie.

Wie so viele Museen, ist auch das Museo Archeologico Nazionale in einem historischen Palast der Medici untergebracht, diesmal in einem aus dem 17. Jahrhundert, der für die Tochter von Ferdinando I. von Medici, Maddalena, als Wohnsitz gedacht war. Den Palazzo Crocetta schmückt ein schöner Innenhof; in seinem üppigen grünen Garten ist ein richtiges Freilichtmuseum entstanden, in dem antike Monumente ihren Platz gefunden haben. Zuvor waren die archäologischen Sammlungen in den Uffizien untergebracht, wo auch heute noch die antiken Statuen zu sehen sind. Die ägyptische Ausstellung stützt sich auf Sammlungen des Erzherzogs Pedro Leopoldo von Habsburg-Lothringen und ist die umfangreichste Italiens nach der von Turin, die etruskische Sammlung hat einen extra Pavillon im Garten und eines der berühmtesten und bekanntesten Kunstwerke aus dieser Zeit, die bronzene *Chimäre von Arezzo.*

Etruskische Kultur

Und so bildet die etruskische Kunst und Kultur auch einen der Stützpfeiler des Museums; gesammelt wurde sie bereits von Cosimo II Vecchio im 15. Jahrhundert. Die Skulptur der zähnefletschenden Chimäre z. B. war während des Baus einer Festungsanlage der Medici in Arezzo zutage gefördert worden. Der *Redner* entstammt ebenfalls diesen frühen Sammlungen wie auch der sogenannte Amazonensarkophag. Besonders eindrucksvoll sind die Goldexponate aus jener Zeit und die *Mater Matuta*, die morgendliche Mutter, eine etruskische Frühlingsgöttin. Nicht unbedingt Florenz, aber viele Ortschaften in der Region beziehen sich auf etruskische Gründungen wie z. B. Fiesole, dementsprechend profund auch die Ausstattung des Museums.

Von einer anderen Art des »Erwerbs« von Exponaten spricht die ägyptische Sammlung. Eine vom toskanischen Erzherzog Leopoldo II. gemeinsam mit König Karl V. von Frankreich finanzierte Expedition nach Ägypten in den Jahren 1828–1829 erbrachte den überwiegenden Teil der reichen Fundstücke, die in gläsernen Vitrinen ausgestellt sind. Sie umfassen alle Epochen bis hin zur römischen, wobei der Wagen aus der 18. Dynastie gemeinsam mit den Mumien, dem bemalten Sarg einer Dame und eine Sammlung von Stoffen die überraschendsten sind.

Die nicht ganz so umfangreiche römische Sammlung birgt ebenso Großartiges; am bekanntesten dürfte der *Idolo von Pesaro* sein, eine römische Bronze und vermutlich Kopie einer griechischen Skulptur von einem Jüngling in einer bewegten Pose. Auch der Medici-Riccardi-Pferdekopf ist eine kostbare Bronze aus der römischen Antike, und eine Besonderheit der sogenannte Sarkophag der Amazonen aus dem 4. Jahrhundert.

Infos und Adressen

SEHENSWÜRDIGKEITEN

Museo Archeologico Nazionale di Firenze. Sa, So, Mo 8.30–14 Uhr, Di–Fr 8.30–19 Uhr. Piazza Santissima Annunziata 9b, Tel. 055 2 35 75.

ÜBERNACHTEN

Morandi alla Crocetta. Ein kleines Juwel von Hotel in einem ehemaligen Kloster mitten im historischen Geviert der Via Laura und der Via Pergola. Das Haus betont die historische Architektur, die nicht großen Zimmer sind individuell romantisch gestaltet. Via Laura 50, Tel. 055 234 47 47, www.hotelmorandi.it

BB Soggiorno Panerai. Das Bed & Breakfast hat richtig hübsch und historisch möblierte Zimmer (nicht groß, aber mit Schrank) vorzuweisen und ein ansprechendes Preis-Leistungsverhältnis. Via dei Servi 49, Tel. 055 26 41 03, www.soggiornopanerai.it

EINKAUFEN

Fashion loves you. Dies ist ein Projekt der *Florence Association for International Education*. In einem betont puristisch gehaltenen Showroom präsentieren Studierende Objekte und Mode, die sich der Nachhaltigkeit verschrieben haben. Mo–Fr 12–19 Uhr. Palazzo della Giostra, Via Borgo Pinti 20r, Tel. 055 246 90 16.

Oben: Die Fassade von San Marco
Unten: Im Kreuzgang des Klosters

36 San Marco und der Giardino dei Semplici

Grün lockt ...

Schön und grün, dient die Piazza San Marco hauptsächlich als Haltestelle für den innerstädtischen Busverkehr – was natürlich überhaupt nicht schlecht ist, weil Dom, Santissima Annunziata, die Basilica di San Lorenzo und die Galleria dell' Accademia quasi um die Ecke liegen. Das Kloster San Marco selbst verfügt über das berühmte Letzte Abendmahl von Domenico Ghirlandaio. Gleich anschließend breitet sich einer der ältesten Botanischen Gärten Italiens aus.

Die Familie Medici ist mit dem Dominikanerkloster eng verknüpft – Cosimo Il Vecchio hat es finanziert, sein Enkel Lorenzo hat seinen späteren erbitterten Gegner Girolamo Savonarola 1490 zum Prior dieses Klosters und Pilgerhospizes berufen. An mehreren Stellen wird man das Wappen der Medici mit seinen sechs Kugeln sehen.

Gegründet hat es der später heiliggesprochene Antoninus, nach dem der erste Kreuzgang benannt wurde, den man gleich nach dem Eingang betritt. Antoninus hielt zwischen 1434 und 1444 die Stellung als Prior inne und wurde anschließend zum Erzbischof von Florenz ernannt. Diesen ersten Kreuzgang sollte man mit Blick nach oben abschreiten. In den Lünetten des Kreuzganggewölbes sind Mönche und Padres porträtiert, und zwar auf eine so charmante Art und Weise, dass sich das genaue Hinschauen lohnt. Da sieht einer furchtbar griesgrämig aus, der andere lächelt den Betrachter schüchtern an, der Dritte ist dick, der Vierte schlitzohrig. Andere wirken böse und streng, wieder andere gleichgültig oder freundlich – eine erstaunlich naturalistische Porträt-Parade.

Fra Angelico

Wie bei jedem Kloster, leitet auch hier der Chiostro di Sant'Antonino über von der Welt »draußen« in die Welt drinnen, dient der Sammlung und der Ruhe. Bartolomeo Michelozzo hat ihn 1444 mit feinen ionischen Säulen aus *pietra serena* ausgestattet. An der dem Eingang gegenüberliegenden Wand ist ein Fresko von Fra (Bruder) Angelico (1395–1455) erhalten, das den *Heiligen Domenicus in Anbetung des Gekreuzigten* zeigt. Ursprünglich war das Kloster ausschließlich mit Fresken des malenden Mönches ausgestattet, doch im Laufe der Zeit kamen Bildwerke anderer Künstler hinzu. Die Räume der ehemaligen Pilgerherberge, die man direkt vom ersten Klostergang aus betritt, breiten allerdings noch einmal die Kunst Fra Angelicos vor dem Betrachter aus, seine fantasievolle *Verkündigung* und seine *Anbetung der Könige* befinden sich darunter. Besonders fesselnd ist sein Hochaltar, den er für die Klosterkirche schuf.

Ghirlandaios Letztes Abendmahl

Das kleine Refektorium schmückt eines der Meisterwerke von Domenico Ghirlandaio, das *Letzte Abendmahl*, das in einer weiteren Version auch in der Kirche Ognissanti hängt. Die Jünger sind ebenso barfüßig dargestellt wie Jesus, nur Judas, der als Einziger auf der dem Betrachter zugewandten Raumseite sitzt, trägt Sandalen. Sein Gewand ist gelb, eine Farbe, die in der damaligen Symbolik Gold imitierte – und somit »falsch« war. Die lieblichen Orangenbäumchen, die man in den Fensteröffnungen erblickt, symbolisieren Frucht-

Einfach gut!

IL DESCO BISTROT

Wer während seiner Stadtbesichtigungen Stärkung braucht, ist mit diesem sommerlich netten und freundlichen, familiengeführten Bistro sehr gut bedient, zumal auch Gerichte für Vegetarier zubereitet werden. Die Gemüseküche der Toskana liefert da zahlreiche Vorlagen. Die Menüs und Tellergerichte basieren auf traditionellen Kombinationen, sind aber leicht und kreativ abgewandelt. Salate, Gemüse und Obst stammen aus organischem Anbau vom eigenen Bauernhof.

Ist ab 12 Uhr eine »leckere« Adresse, auch wenn man nachmittags einkehrt und nur einen Kuchen oder einen Saft will.

Il Desco Bistrot. Mo–Sa 12–23 Uhr, Via Cavour 27r, Tel. 055 28 83 30, www.ildescofirenze.it

Fra Angelico ist mit vielen Kunstwerken im Kloster vertreten, hier mit einer *Kreuzigung*.

Oben: *Das letzte Abendmahl* von Domenico Ghirlandaio
Mitte: Graffiti sind keine Seltenheit im Florentiner Zentrum.
Unten: Im Giardino dei Semplici

barkeit und das Leben, die fliegenden Vögel die Wiederauferstehung. Die Katze an Judas Seite symbolisiert Verrat und Tod – sie ist Feindin der Hunde, der Dominikaner – der Hunde Gottes.

Eine Treppe führt ins Obergeschoss mit den Schlafzellen der Mönche, die ebenfalls zur Besichtigung offen stehen. Auch Cosimo de Medici hatte zwei ineinander übergehende Räume, und eine eigene kleine Kapelle. Ursprünglich befand sich hier die Bibliothek der Medici, doch mit dem Bau der Biblioteca Laurenziana wurde sie dorthin überführt. Trotzdem sind in San Marco noch einige eindrucksvolle Bibelabschriften mit kunstvoll verzierten Initialien ausgestellt. Ein Bookshop ist in einem Teil der Bibliothek untergebracht.

Im Erdgeschoss gibt es das kleine Museo di Firenze Antica mit schönen Majoliken, Säulenfragmenten, Konsolen, Eckpfeilern und weiteren Gebäudefragmenten aus dem alten Florenz. Ein Entwurf von San Marco ist dort auch ausgestellt.

Giardino dei Semplici

Der Giardino dei Semplici, einer der ältesten Botanischen Gärten Italiens, schließt sich nordöstlich an San Marco an. Schon 1545 hat er exakt an dieser Stelle bestanden – als Garten für Heilpflanzen, die auf ihre therapeutische und medizinische Wirkung hin untersucht wurden. Der mit 9000 Exponaten bestückte Garten ist heute ein Teil der Naturwissenschaftlichen Fakultät. Medizinalpflanzen aus aller Welt gibt es immer noch zu sehen, dazu mehrere unterschiedlich temperierte Gewächshäuser, eine Orchideensammlung, viele Aromapflanzen und eine Vielzahl seltener Bäume aus dem Himalaya, dem Kaukasus, aus Japan und China, aber der Garten ist hauptsächlich eines: eine wohlduftende Oase der Ruhe mitten in der Stadt.

Infos und Adressen

Originell: das »Room Mate Luca«

SEHENSWÜRDIGKEITEN

Kloster San Marco. Mo–Fr 8.15–13.20 Uhr, Sa, So 8.15–16.20 Uhr. Piazza San Marco 3. www.polomuseale.firenze.it

Giardino dei Semplici. Do–Di 10–19 Uhr. Via Pier Antonio Micheli, 3.

ESSEN UND TRINKEN

Gran Caffè San Marco. Viele Café-Bistro-Restaurants haben sich an der Piazza San Marco niedergelassen. Dieses hier ist stilvoll und hat das überzeugendste Angebot, was das Eis und die Kuchen und Torten betrifft. Mittagsgerichte, kleine Abendkarte. Eigene Herstellung von Pralinen und Marzipanfrüchten. Mit Terrasse zur Piazza. Via Cavour 132, Tel. 055 21 59 40.

Libri Liberi. Eine ungewöhnliche Mischung aus Buchhandlung und Leseraum und kleinem, buntem Kunst-Café mit *tramezzini* und Sandwiches. Di–Sa 10–19.30 Uhr, So, Mo 15–19.30 Uhr. Via San Gallo 25 r, Tel. 055 21 80 80, www.sitandbreakfast.com.

ÜBERNACHTEN

Antica Dimora Johlea. Hübsches, originell und folkoristisch möbliertes und ziemlich luxuriöses Bed & Breakfast mit einer kleinen Aussichtsterrasse, auf der das Frühstück serviert wird. Via San Gallo 80, Tel. 055 463 32 92, www.antichedimorefiorentine.it

Antica Dimora Firenze. Ein paar Häuser weiter liegt die nächste schöne Pension dieser B&B-Kette. Vom Schnitt her ganz ähnlich, ist die Ausstattung hier etwas romantischer. Via San Gallo 72, Tel. 055 462 72 96, www.antichedimorefiorentine.it

Verlockendes im »Gran Caffè San Marco«

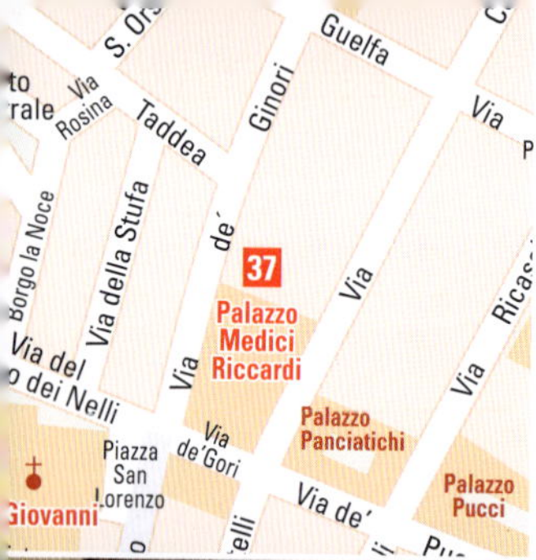

Oben: Im ersten Innenhof des Palastes
Rechte Seite: Detail aus dem Gemälde *Der Zug der Heiligen Drei Könige* von Benozzo Gozzoli.

37 Palazzo Medici Riccardi

Perle der Frührenaissance

Die architektonischen Prinzipien der Frührenaissance lassen sich an diesem Medici-Palast besonders gut studieren. Cosimo Il Vecchio gab ihn 1459 bei seinem bevorzugten Architekten Bartolomeo Michelozzo in Auftrag. Die Familienkapelle enthält mit dem Zug der Heiligen Drei Könige von Benozzo Gozzoli eine der schönsten Freskenmalereien in Florenz. Zu sehen ist außerdem eine Sammlung hellenistischer Skulpturen und Büsten aus der Sammlung der Familie Riccardi.

Der Palast gilt als Paradebeispiel für die Architektur der Renaissance im 15. Jahrhundert – und wie sah sie aus? Überwältigend – so der erste Eindruck. Geometrisch angeordnete Fensterfriese unterbrechen diese Monumentalität. Biforienfenster im gotischen Stil werden von ummauerten Halbbögen gekrönt; Schmucksimse und aus Stein gehauene Wappenschilde sind einzige Dekoration. Das auch heute noch machtvolle Gebäude muss zu seiner Zeit als riesenhaft gegolten haben: Etwa 20 Häuser mussten weichen, um genügend Platz zu schaffen. Die Monumentalität hat Symbolcharakter. Sie sollte die wirtschaftliche und gesellschaftliche Macht verdeutlichen, die die Medici innehatten. Doch die Zeitläufte waren stürmisch: im Jahr 1659 verkaufte Francesco de Medici den Palast an die Familie Riccardi.

Man betritt den Palast durch einen weiten Innenhof, in dem sich schlanke Säulen durch Halbbögen zu Arkaden verbinden. Das zarte Grau der Mauern ist mit weißen Friesen bemalt, Medaillons zeigen die plastisch herausgearbeiteten Wappenschilde der Medici und der Riccardi. Ein üppiger Statuenschmuck sorgt für eine fast museale Stimmung. Der zweite Innenhof dagegen gleicht einem Garten mit seinen in Terrakotta-Amphoren gepflanzten Orangenbäumchen, seinen Rasenflächen und seiner geometrischen Struktur.

Hier befindet sich der Zugang zum Marmormuseum, das die Sammlung der Riccardi präsentiert. Die Familie sammelte griechische und römische Plastiken.

Die Capella dei Magi

Zurück zum Innenhof. Im Erdgeschoss wurde das ehemalige *laboratorio* mit einer Videoinstallation ausgestattet, die das berühmte Kapellen-Fresko genau erläutert. Im ersten Stock sind die Wohnräume untergebracht, denen die Capella dei Magi angeschlossen ist. – Die Residenz prunkt mit kostbaren Interieurs. Kronleuchter aus Muranoglas, Wandteppiche, Gemälde, ein Deckenfresko des Neapolitaners Luca Giordano (1634–1705), auf dem er einen ganzen Kosmos entwirft, Türkis, Gold, Stuck, Putten, Ornamente – nichts war dem Barockstil zu überschwänglich.

In der Capella dei Magi fesselt das Fresko des Fra-Angelico-Schülers Benozzo Gozzoli mit seinem prachtvollen *Zug der Heiligen Drei Könige*. Kunstkritiker bemängeln, dass Gozzoli das riesige Format hauptsächlich dazu genutzt habe, Mitglieder der Medici-Familie darzustellen; so wird angenommen, dass es sich bei dem blonden Jungen auf einem Schimmel im Zentrum des Freskos um Lorenzo Il Magnifico handele. Sicher identifiziert sind indes Cosimo und seine Söhne, auf einem Pferd erkennt man die Symbole der Familie, den Schild mit sechs Kugeln und die Federn.

Infos und Adressen

SEHENSWÜRDIGKEITEN

Palazzo Medici Riccardi. Oft mit guten Sonderausstellungen in einem separaten Trakt. Do–Mi 8.30–19 Uhr. Via Camillo Cavour 3, Tel. 055 276 03 40.

ESSEN UND TRINKEN

Da Mario. Eines der beliebtesten Restaurants auch für Florentiner. Es ist klein und laut und hat nur mittags geöffnet und sonntags ganz geschlossen. Die Speisekarte mit wechselnden Gerichten wird stets auf eine Tafel geschrieben. Sehr zu empfehlen sind die Nudeln mit Fasansauce, das Ossobuco und das Bisteca Fiotentina. Man sitzt zusammen; wer kommt, wird gesetzt. Via Rosina 2, Tel. 055 21 85 50, www.trattoria-mario.com

EINKAUFEN

Il Papyro. Eine Fundgrube für Liebhaber der florentinischen Papierkunst. Die Verwendbarkeit dieses aufwendig bedruckten Materials scheint grenzenlos: Notizbücher, Fotorahmen, Leporellos, Briefpapier, Visitenkarten, Alben. Im Geschäft selbst demonstriert eine Mitarbeiterin die Entstehung des marmorierten Papierdrucks. Mo–Sa 10–19 Uhr. Via Cavour 49r, Tel. 055 21 52 62.

DER WESTEN

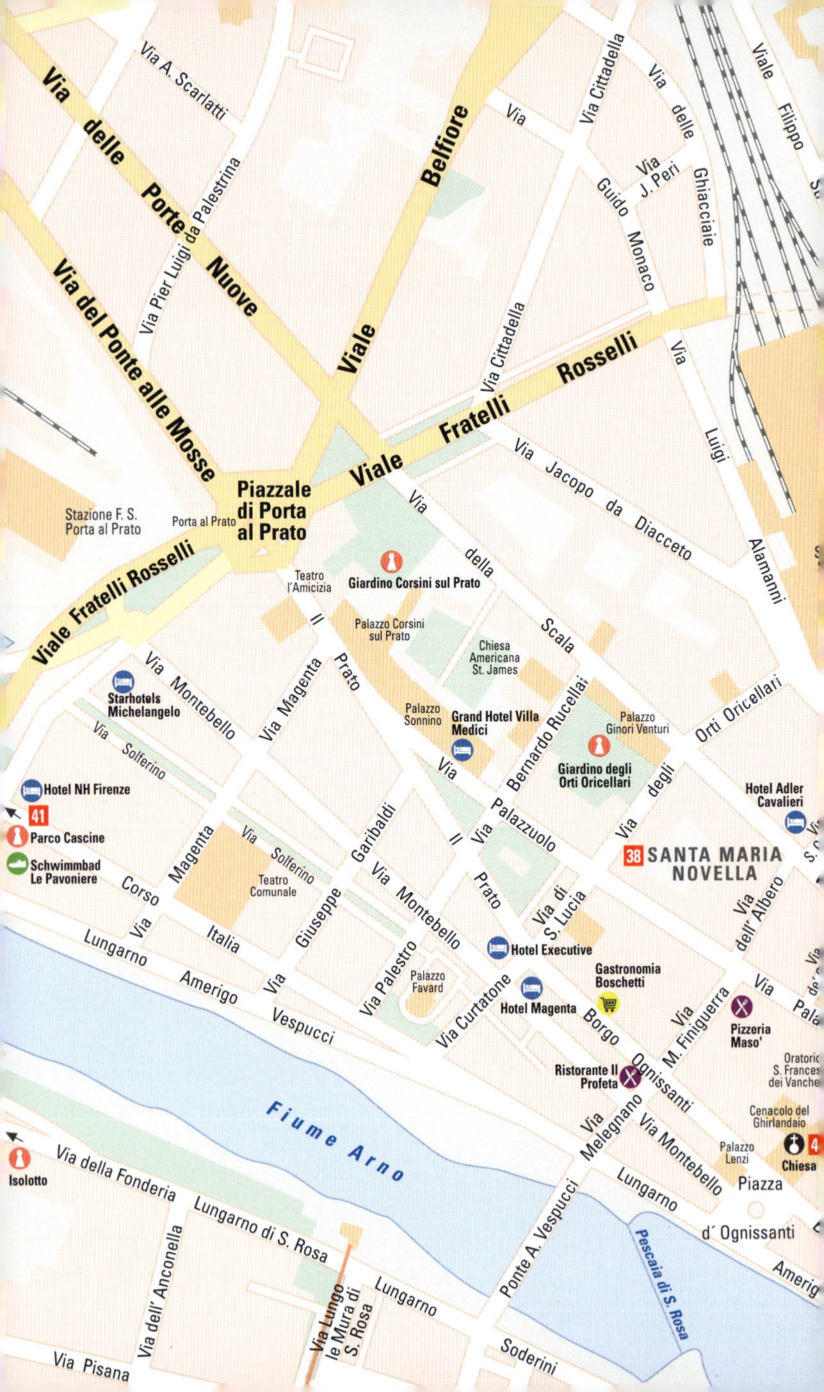

Via A. Scarlatti
Via delle Porte Nuove
Via Pier Luigi da Palestrina
Via del Ponte alle Mosse
Viale Belfiore
Via Cittadella
Via delle Ghiacciaie
Via J. Peri
Via Guido Monaco
Viale Filippo
Viale Fratelli Rosselli
Via Luigi Alamanni
Via Jacopo da Diacceto
Piazzale di Porta al Prato
Porta al Prato
Stazione F. S. Porta al Prato
Via della Scala
Teatro l'Amicizia
Giardino Corsini sul Prato
Palazzo Corsini sul Prato
Chiesa Americana St. James
Il Prato
Via Magenta
Via Montebello
Starhotels Michelangelo
Via Solferino
Hotel NH Firenze
41
Parco Cascine
Schwimmbad Le Pavoniere
Palazzo Sonnino
Grand Hotel Villa Medici
Via Bernardo Rucellai
Palazzo Ginori Venturi
Giardino degli Orti Oricellari
Via degli Orti Oricellari
Hotel Adler Cavalieri
Via Palazzuolo
38
SANTA MARIA NOVELLA
Via dell' Albero
Via Giuseppe Garibaldi
Teatro Comunale
Corso Italia
Via di S. Lucia
Hotel Executive
Gastronomia Boschetti
Lungarno Amerigo Vespucci
Via Palestro
Palazzo Favard
Via Curtatone
Hotel Magenta
Borgo Ognissanti
Via M. Finiguerra
Pizzeria Maso'
Ristorante Il Profeta
Oratorio S. Frances dei Vanche
Cenacolo del Ghirlandaio
Fiume Arno
Via Melegnano
Via Montebello
Palazzo Lenzi
Chiesa
Piazza d' Ognissanti
Isolotto
Via della Fonderia
Lungarno di S. Rosa
Via dell' Anconella
Via Lungo le Mura di S. Rosa
Lungarno Soderini
Ponte A. Vespucci
Pescaia di S. Rosa
Via Pisana

Palazzo delle Esposizioni
Fortezza da Basso
Palazzo degli Uffici Finanziari
Via G. Dolfi
Via V. Salvagnoli
Via E. Poggi
Porta Faenza
Viale Filippo Strozzi
Via del Pratello
Via di Barbano
Via C. Ridolfi
Piazza della Indipendenza
Via F. Bartolomei
Via San Zanobi
Via Faenza
Via della Fortezza
Palazzo dei Congressi
Via Valfonda
Piazza del Crocifisso
Via Guelfa
Via Montanelli
Via XXVII Aprile
Via Santa
Giardino Di Valfonda
Palazzo degli Affari
Via Bernardo Cennini
Cenacolo di S. Apollonia Museo di A. del Castagno
Via San Gallo
Galleria Ferroni
Via Nazionale
S. Barnaba
Piazza Adua
Cenacolo di Fuligno
Via Chiara
Via S. Orsola
Via Fiume
Via Panicale
Piazza del Mercato Centrale
Mercato Centrale
Via Rosina
Via Taddea
Via Guelfa
Via G. B. Zannoni
Via dell' Ariento
Via Ginori
Via Cavour
Via del Gomitolo dell' Oro
Borgo la Noce
Via della Stufa
Via de' Ginori
Piazza della Stazione
Via S. Antonino
Palazzo Medici Riccardi
Museo Santa Maria Novella
Via dell' Amorino
Via del Canto dei Nelli
Cappelle Medicee
Palazzo Panciatichi
Santa Maria Novella
39
Piazza dell'Unità Italiana
Via del Melarancio
Pza. Madonna degli Aldobrandini
Piazza San Lorenzo
Via de' Gori
Via de' Pucci
Officina Profumo Farmaceutica di Santa Maria Novella
San Lorenzo
Biblioteca Laurenziana
Arnold Coffee
Via de' Panzani
Via del Giglio
Via dell' Alloro
Via de' Conti
Via F. Zanetti
Borgo San Lorenzo
Via de' Martelli
Via Ricasoli
Grand Hotel Minerva
Garibaldi Blu
Piazza Santa Maria Novella
Teatro Niccolini
Via dei Banchi
Via d. Cerretani
Via della Scala
Via Porcellana
Pza. di S.M. Maggiore
Piazza d. Olio
Hotel Roma-Firenze
Via delle Belle Donne
Via de' Rondinelli
Via del Trebbio
Via del Moro
Via Palazzuolo
Palazzo Antinori
Piazza Antinori
Via degli Agli
Via de' Pecori
Piazza di S. Paolino
S. Paolino
Spazio Uno
Via del Sole
Via de' Giacomini
S. Gaetano
Via d. Spada
Via de' Corsi
Via d. Campidoglio
Via Brunelleschi
Desii Lab
Via Tornabuoni
Via de Pescioni
Via de' Vecchietti
Via de' Fossi
Museo Marino Marini
Via del Moro
V. d. Palchetti
Via dei Federighi
Palazzo Rucellai
Via degli Strozzi
Palazzo Strozzi
Pza. d. Strozzi
Vicolo degli Strozzi
Via d. Vigna Nuova
Via dell'Inferno
Via d. Anselmi
Via Sassetti
Via Pellicceria
Piazza Goldoni
Via del Parione
Via del Purgatorio
Sehenswürdigkeit, Museum
Aktivitäten, Ausgehen
Information
Kirche, Synagoge, Moschee
Theater
Shopping
Restaurant, Bar, Café
Übernachtungsmöglichkeit
0
100 m
N

Seiten 206/207: Stöbern ist Pflicht: Schönheiten der Antiquitätenläden in Santa Maria Novella
Oben: Blick in die geschäftige Via dei Panzani, im Hintergrund die Kirche Santa Maria Novella

38 Das Viertel Santa Maria Novella

Kulturelle Vielfalt

Der Bahnhof Santa Maria Novella als Zentrum des städtischen Verkehrs hat so rein gar nichts Idyllisches oder Großartiges an sich. Um wie viel größer ist die Überraschung zu sehen, welche Kleinode von Gartenanlagen ganz in seiner Nähe liegen. Mit dem Museo Novecento und dem Museo Marino Marini bietet das lebhafte Viertel zwei besondere Anziehungspunkte.

Die gesamte Gegend war schon früh eines der Zentren von Florenz, befand sich doch das Dominikanerkloster Santa Maria Novella in dessen Mitte. Das Franziskanerkloster von Ognissanti schloss sich an, und anhand der Straßennamen lässt sich ablesen, dass beide außerhalb des eigentlichen Kerns lagen: Die erhaltenen Borghi, die in Florenz heute oft Teil eines Straßennamens bilden, bedeuten Vorstädte, also Orte, die nicht von der Stadtmauer umschlossen waren.

Heute zeigt die Gegend zwischen der Via della Scala, der Via della Spada und der Via Valfonda ein buntes Gesicht: Weil der Bahnhof unweit liegt, warten eine Fülle von Hotels, Pensionen, Bed & Breakfasts auf Kundschaft, es gibt jede Menge Imbisse und kleine Restaurants. Viele Asiaten betreiben Lädchen und Lebensmittelkioske. Und ebenso wie um die Via Guelfa in San Giovanni leben hier viele Neubürger. Der Florentiner Chic liegt gleich nebenan, buchstäblich um die Ecke tun sich die vornehme Via Tornabuoni und der Palazzo Strozzi auf, und ein bisschen mittelalterliche Enge herrscht ebenso. Und trotz aller Glasfassaden, Billiggeschäfte, Filialkettenniederlassungen

Unterwegs in Santa Maria Novella

A Giardino Corsini sul Prato – Das Paradebeispiel eines wunderbaren Barockgartens mitten in der Stadt. Besonders lohnt der Besuch während der Kunsthandwerks-Messe im Mai.

B Giardino degli Orti Orticellari – Dieser Sommergarten gehörte einst der Familie Rucellai und wurde zuletzt von Giuseppe Poggi umgestaltet.

C Museo Marino Marini – Das Zusammenspiel von Renaissance-Architektur und einem Innenausbau, der der Moderne huldigt, liefert einen schönen Rahmen für das Museum des berühmtesten italienischen Bildhauers des 20. Jahrhunderts.

D Officina Profumo Farmazeutica di Santa Maria Novella – Was einmal eine Klosterapotheke war, ist heute mit seinem Angebot an Körperpflegeprodukten und Kosmetika das Lieblings-Shopping-Ziel von Asiatinnen.

E Giardino di Valfonda – Der einst prächtige Garten der Familie Bartolini Salimbreni musste in Teilen dem Bau des Eisenbahnhofs Santa Maria Novella weichen.

F Fortezza da Basso – Die mächtige Festungsanlage stammt aus dem 16. Jahrhundert und zeichnet im Grundriss ein Rechteck nach.

und Souvenirhändler: Palastfassaden und betagte Tabernakel sind dem Bezirk keineswegs fremd.

Die Gärten

Der vom Bahnhof am weitesten entfernte Punkt ist der Giardino di Pal Corsini sul Prato, der über die Via della Scala zu erreichen ist und sich bis zur Via Il Prato ausdehnt. Die Grafenfamilie Corsini bewohnte in der Nähe zwei Paläste; dieser hier, *sul prato*, auf der Wiese, war als Sommerresidenz mit Garten konzipiert. Für die ursprüngliche Anlage aus dem Jahr 1590 zeichnete Bernardo Buontalenti verantwortlich. Hier steht eine Inszenierung der Natur im Mittelpunkt, das Gelände ist geometrisch um eine Zentralachse herum aufgebaut, die auf den Palast zuführt. Wieder zurück in Richtung Piazza Santa Maria Novella liegt dort der Giardino degli Orti Oricellari mit dem Palast Venturi Ginori. Ursprünglich Gemüse- und Obstgarten, *orto*, der Familie Rucellai, die in die Familie Medici einheiratete, wurde er von Blanca Capello, Geliebte und spätere Ehefrau Francesco II. de Medici, erworben und zu einem Barockgarten umgestaltet. Mehrfach wechselte das Gelände den Besitzer, änderte sich das Aussehen von barock zu englisch zu italienisch; es kam die Statue von Polyphem, der aus einem Weinschlauch trinkt, hinzu, einem »Bruder« des *Appenin* im Parco Demidoff.

Die Museen

Genau gegenüber der Kirche Santa Maria Novella wurde das Museo Novecento hinter neoklassizistischer Fassade eingerichtet, ein Museum, das sich der Kunst des 19. Jahrhunderts widmet und damit dem Beginn der Moderne. Eine Synthese zwischen Moderne und Spätmittelalter herzustellen, versucht dagegen das Museo Marino Marini – in einem alten Gehäuse residiert eine ganz junge Aus-

Oben: Im Viertel stößt man auf interessante Antiquitätengeschäfte.
Mitte: Blick auf die Piazza Goldoni.
Unten: Der Giardino di Pal Corsini sul Prato ist ein wunderschöner Barockgarten.

stellungshalle. Marino Marini war einer der bedeutendsten italienischen Bildhauer und Zeichner des 20. Jahrhunderts. Das Museum ruht auf den Fundamenten der alten Klosterkirche San Pancrazio. Die Familie Rucellai beauftragte Leon Battista Alberti (1404–1472) mit dem Kirchenumbau und ließ sich dort die Familienkapelle einrichten. Im Jahr 1808 ging es in Familienbesitz über, später wurde es Tabakfabrik. 1988 dann folgte die Umwandlung zum Museum – es war das allererste für das 20. Jahrhundert in Florenz!

Der Bau des Bahnhofs Santa Maria Novella schnitt tief in das Gewebe der alten Stadt. Zwei Anlagen mussten weitgehend umgestaltet werden. Das ist zum einen der nunmehr kümmerliche Rest des einst großartigen Gartens Giardino di Valfonda der Familie Bartolini Salimbreni, und die Fortezza da Basso. Die Fortezza da Basso überragt mit ihren Mauern das Straßennetz. Die Festungsanlage stammt noch aus der Zeit der Medici und sollte der Verteidigung der Stadt als auch als Fluchtort der Familie dienen, denn die war nicht immer beliebt bei den Florentinern ... Bis zum Jahr 1967 war sie dann im Besitz des Militärs, heute wird das imponierende Gelände bei Messen einbezogen.

Nicht verpassen

OFFICINA PROFUMO FARMAZEUTICA SANTA MARIA NOVELLA

Was heutzutage wie eine luxuriöse Parfümerie daherkommt, begann im Jahr 1221 als Klosterapotheke der Dominikaner. Die Officina Profumeria Farmazeutica des Klosters Santa Maria Novella errang einen außergewöhnlichen Ruf – und so reifte der Plan, die Erzeugnisse in einer eigenen Apotheke zu verkaufen. Sie befindet sich seit der Säkularisierung Italiens 1866 in privater Hand. Das Geschäft wurde in einem Jugendstilhaus in der Via della Scala in einer prachtvollen Zimmerflucht eingerichtet. Marmor und Fresken rahmen das betont kühl und asketisch präsentierte Angebot an Düften, Raumparfüms, Körperpflegeprodukten und Kosmetika, darunter klassische Kreationen wie das Acqua della Regina, das für Katharina di Medici ersonnen wurde.

Officina Profumo Farmazeutica Santa Maria Novella. Tgl. 9–20 Uhr. Via della Scala 16, www.smnovella.it

Infos und Adressen

Die Dachterrasse des Gran Hotel Minerva

SEHENSWÜRDIGKEITEN

Giardino di Pal Corsini sul Prato. Mo–Fr 9 Uhr bis zum Sonnenuntergang. Via il Prato 58, Via della Scala 115.

Giardino Orti Orticellari. Der Garten ist nur nach Voranmeldung zu besichtigen, unter der Tel. 055 230 22 12. Man kann aber einfach mal probieren, ob er offen steht. Via degli Orti Oricellari 10.

Museo Marino Marini. Mo–Sa 10–17 Uhr. Piazza San Pancrazio.

ESSEN UND TRINKEN

Osteria Centopoveri. Eines dieser typischen recht einfachen und gemütlichen Restaurants, das im Viertel verankert ist. Plexiglas und Holz. Gutbürgerliche Küche. Tgl. 12–15 und 19–23 Uhr. Via Palazzuolo, 31r, Tel. 055 21 88 46.

Trattoria Maso. Bodenständiges Weinrestaurant mit handgeschriebener Speisekarte und kleiner Terrasse. Gut für ein nettes Pizza-Pasta-Mittagessen. Tgl. 12–23.45 Uhr. Via Finiguerra Maso 10, Tel. 05 21 21 06.

ÜBERNACHTEN

Gran Hotel Minerva. Ein klassisches schönes Haus mit einem zuvorkommenden Service. Der absolute Hit ist der Swimmingpool auf dem Dach. Domkuppel, Campanile, halb Florenz erscheint zum Greifen nah. Piazza Santa Maria Novella, 16, Tel. 055 272 30, www.granhotelminerva.com

Hotel Universo. Originelles kleines, gepflegtes Dreisternehotel, weder Renaissance noch Klassik, sondern poppig im Stil der 1970er-Jahre. Piazza St. Maria Novella, 20, Tel. 055 29 38 91, www.hoteluniversoflorence.com

Hotel Villa Medici. Die Villa liegt gut, ruhig und trotzdem zentral. Eine richtige kleine, recht luxuriöse Oase mit Garten, Pool und eleganten Zimmern, sechs davon liegen im obersten Stock der Villa aus dem 18. Jahrhundert. Via Il Prato 42, Tel. 055 27 71 71, www.sinahotels.com.

EINKAUFEN

Medinette Firenze. Lustige Boutique im leicht abgeschabten Vintage-Stil mit selbst entworfener, handgenähter Mode. Kein Mainstream, eher Gothic und im Stil der 1950er-Jahre. Genau bei der Bushaltestelle Unità gegenüber dem Bahnhof. Tgl. 10.30–19.30 Uhr.

Junges Design und Vintage in den Boutiquen des Viertels

Zimmer im Palazzo dal Borgo Hotel

Desii Lab. Hier gibt's jungen Streetwear von internationalen Labels, eine gute Schuhauswahl, Accessoires und Taschen. Bisschen punkig, ein wenig Flower-Power. Und Vintage. Mo–Sa 10.30–19.30 Uhr. Via della Spada 40.

AUSGEHEN

Spaziouno. Das Spaziouno ist eines der wenigen Programmkinos von Florenz. So, wie man es sich vorstellt: Plüschsaal, ausländische Filme im Original, italienisches Arthouse-Kino. Via del Sole 10, Tel. 055 28 46 42.

39 Santa Maria Novella
Renaissance von innen und außen

Oben: Nur die Santa Maria Novella hat eine echte Renaissancefassade
Unten: Familienwappen der Tornabuoni in einem Bleiglasfenster der Hauptchorkapelle

Man muss nur ein paar Schritte um die Ecke gehen, und schon ist man der wuseligen Atmosphäre des Hauptbahnhofs entronnen, den Selfie-Sticks, den billigen Souvenirbüdchen und Trolley ziehenden Touristen. Und es tut sich auf: Die tolle Piazza Santa Maria Novella mit der einzigen Kirche, die in der Renaissancehauptstadt der Welt eine wahre Renaissancefassade hat: Santa Maria Novella.

Der großzügig geschnittene Platz lässt die Fassade und die Dimension dieses Kunstwerks und des Klosters gebührend prachtvoll wirken, ein schöner architektonischer Kniff.

Die Santa Maria Novella ist eine der frühen Sakralbauten von Florenz und wurde von Dominikanern begründet. Sie ist in dieser Hinsicht eine Konkurrentin/Ergänzung der Santa Croce im Osten der Stadt, die von Franziskanern aufgebaut wurde. Sie bestand bereits im 10. Jahrhundert, doch beruht der heutige Bau auf einem gotischen Entwurf und einer Umgestaltung in der Renaissance, ausgeführt von Leon Battista Alberti zwischen 1456 und 1460 im Auftrag der Familie Rucellai.

Eine Renaissancefassade sollte, wie wir wissen, auch die Kirche San Lorenzo bekommen, doch dieses Vorhaben erlosch in den politischen Wirren der Zeit, die die Medici abwechselnd hinauf und hinab in die Sphären der Macht und Korruption trieben. Und so blieb die Kirche San Lorenzo schmucklos. Hier aber sieht man eine exemplarisch schöne, streng geometrisch aufgebaute Fassade in den bevorzugten Materialien jener Epoche, weißem Marmor und dunkelgrünem Serpentin.

Die Fassade wirkt trotz aller geometrischen Ruhe sehr lebendig, das Dreieck des Giebels wie geschnitzt. Die Kreuze im zweiten Stockwerk sind alle unterschiedlich gestaltet, keines ähnelt dem anderen. Alberti war ein hervorragender Kenner der antiken Kunst und hat sich von ihr – ganz im Sinne der Renaissance – inspirieren lassen, was man an der Tempelhaftigkeit der Fassadengestaltung ablesen kann. Kolportiert wurde übrigens seine athletische Sportlichkeit: Er soll in der Lage gewesen sein, einen Apfel über die berühmteste aller Kuppeln, der von Brunelleschi geschaffenen, zu werfen.

Der Innenraum ist ur-toskanisch. Nirgendwo sonst als in den Kirchen, Basiliken und Domen dieser Region wird man Strebepfeiler und Bögen sehen, die gestreift sind. Dazu benutzte man unterschiedlich farbige Steine. Säulen mit perfekten Rundbögen trennen die drei Schiffe voneinander. Sie sind derart hoch, dass man sich in einem einzigen Raum wähnt.

Who's who

Auch in der Santa Maria Novella schreitet man buchstäblich das Who's who der einflussreichsten Florentiner Familien ab. Und der Florentiner Künstler dazu, denn die wurden von den Familien mit den Kunstwerken beauftragt. Am berühmtesten sind die Fresken von Domenico Ghirlandaio (bei denen ihm der blutjunge Michelangelo zur Seite stand), die er im Auftrag der Familie Tornabuoni, eng verwandt mit den Medici, ausführte. Ghirlandaio bedeckte die Wand hinter dem Hochaltar mit Szenen aus dem Leben Marias und Jo-

Geheimtipp

MUSEO NOVECENTO

Einen spannungsvollen Kontrast zu den zahlreich vertretenen Exponaten der Renaissance in Architektur, Skulptur und Malerei setzt dieses Museum, das auf Schenkungen basiert, die nach der verheerenden Flut von 1966 eingegangen waren. Es porträtiert in 15 Sälen die italienische Malerei des 19. und 20. Jahrhunderts, ist aber noch viel mehr: Videoinstallationen, Rauminstallationen und von den USA inspirierte Underground-Filmkunst. Fotos und Skulpturen belegen die Produktivität der zeitgenössischen Kunst. Das Thema Mode bleibt auch hier nicht ausgespart: Ein Film zeigt das erste Mode-Defilee 1952 im Palazzo Pitti. Eine weitere Überraschung wartet auf der Dachterrasse: Die Präsenz von Florenz im Kino ist hier zu sehen, der älteste Film stammt von 1919! Ein wirklich lohnenswertes Highlight.

Museo Novecento. 1. Okt.–31. März Fr–Mi 9–18 Uhr, Do 9–14 Uhr, sonst bis 19 Uhr. Piazza Santa Maria Novella 10, Tel. 055 28 61 32.

Oben: In der Hauptachse der Kirche hängt das berühmte Kreuz von Giotto.
Mitte: Detail aus einem Fresko von Ghirlandaio in der Kapelle der Tornabuoni
Unten: Reich verzierter Kreuzgang des Dominikaner-Klosters

hannes des Täufers – dies war der begehrteste Platz überhaupt. Es sind lichtflirrende, zarte Fresken, auf denen Mitglieder der Familie Tornabuoni, so beispielsweise die Mutter Lorenzo de Medicis, Lucrezia Tornabuoni, zu entdecken sind.

Das Holzkruzifix im Querschiff ist ein Werk von Giotto, der damit, so sagt man, die Konkurrenz zu Donatellos Kreuz in Santa Croce aufnahm. Ein weiteres Meisterwerk: Tommaso Masaccios *Fresko der hl. Dreifaltigkeit* aus dem Jahr 1427, das man im linken Seitenschiff entdeckt. Die Familienkapelle der Rucellai wird von einem Altargemälde des Sieneser Meisters Duccio (gest. 1319) geschmückt. Auch die Familie Strozzi hat hier eine Kapelle, die sie mit Fresken von Filipino Lippi ausmalen ließ.

Doch nicht nur die Kirche, der gesamte Komplex ist von exquisiter Schönheit und Kostbarkeit. Zum Kloster gehören zwei hintereinandergelegte Kreuzgänge, die man über einen separaten Eingang links der Fassade erreicht. Der Chiostro Verde, der »grüne Kreuzgang«, zeigt Fresken von Paolo Uccello. Die spanische Kapelle, der Kapitelsaal, prangt in der schieren Bilderfülle von Andrea Buonaiuti (gest. 1377), die unter dem Titel *Streitende Kirche* zusammengefasst wird. In einer unglaublichen Vielfalt von Szenen sind Thomas von Aquin, Propheten, Evangelisten, Apostel und Christi Himmelfahrt zu erkennen.

Infos und Adressen

Auf der Renaissance-Piazza Santa Maria Novella

SEHENSWÜRDIGKEITEN

Santa Maria Novella. Mo–Fr 9–17.30, Sa 9–17 Uhr, So 13–17 Uhr. Piazza Santa Maria Novella 18.

ESSEN UND TRINKEN

Ristorante Buca Mario. Es geht ein paar Schritte hinab ins Kellergewölbe, in dem die Küche feine Gerichte Italiens auf die Teller bringt. Eigener Weinkeller. Tgl. ab 19 Uhr. Piazza Ottaviani 16r, Tel. 05 21 41 79, www.bucamario.com

Arnold's. Wer einmal nordamerikanisches Frühstück haben will und Filterkaffee liebt, der ist in diesem Lookalike-Starbucks' richtig. Es gibt Cheesecake, Bagels mit Lachs, Cookies. Tgl. 8–19.30 Uhr. Via degli Avelli 8, Tel. 055 906 03 99, www.arnoldcoffee.it

ÜBERNACHTEN

Hotel Garibaldi Blu. Recht neues Designhotel mit einladender Lobby in einem historischen Haus; der Aufenthalt von Guiseppe Garibaldi dort ist verbürgt. Deckenfresken, indirekte Beleuchtung. Bequeme, modern und anspruchsvoll gestaltete Zimmer. Zum Komplex gehört auch das Hotel Rosso. Piazza Santa Maria Novella 21, Tel. 055 27 73 00, www.whythebesthotels.com

Hotel Roma. Ein dezenter Klassiker, der so aussieht, als sei er schon immer da gewesen. Der Palast stammt aus dem 18. Jahrhundert, behagliche Atmosphäre. Piazza Santa Maria Novella, 8, Tel. 055 21 03 66, www.hotelromaflorence.com

Hotel Adler – Cavaliere. Ebenfalls ein Klassiker mit dezent klassischer Möblierung, fast ein wenig altmodisch. Einige Zimmer haben (französische) Balkone. Hat einen hübschen luftigen Frühstückspatio und ein elegantes Restaurant, Bar. Via della Scala, 40, Tel. 055 27 78 10.

Aus *pietra serena*: die Wappen-Lilie der Stadt

40 Ognissanti
Sandro, Simonetta, Liberty

Im Westen, wo nur noch wenige Touristen durch die Gassen schlendern, und wo es elegant, schön und großbürgerlich ist mit einem baumbestandenen Arnoufer, dort liegt Ognissanti. Auch Ognissanti hat eine alte, aufsehenerregende Kirche aufzuweisen, nach der das kleine Viertel benannt worden ist. Sie liegt an der gleichnamigen Piazza, die sich zum Arno hin öffnet.

Für Liebhaber von Alessandro di Mariano di Vanni Filipepi, des bedeutendsten und bekanntesten Malers der Renaissance, berühmt geworden als Sandro Botticelli (1445–1510), ist die Kirche von Ognissanti (»Allerheiligen«) allerdings ein Wallfahrtsort: Denn hier liegt er begraben.

Oben: Blick auf die Kirche Ognissanti
Unten: Überbordender Fassadenschmuck in der Via Borgo Ognissanti

Die schönste Frau der Welt

In dieser Kirche wurde auch seine größte Muse bestattet, Simonetta Vespucci. Sie galt als schönste Frau des Erdballs, und das nicht nur zu ihrer (freilich sehr kurzen) Lebenszeit. Niemand kann sich dem zarten Reiz der blonden Schönheit verschließen, den Simonetta als Venus und in *Der Frühling* verströmt. Ihr Gesicht, ihre Proportionen definierten das Schönheitsideal ganzer Epochen. Von Botticelli ist in dieser Kirche ein Fresko des hl. Augustinus zu sehen. Botticelli arbeitete als Lehrling in der Werkstatt von Domenico Ghirlandaio, und dessen Fresko des *Letzten Abendmahls* im *Cenacolo* (Refektorium) ist weltberühmt.

Ognissanti geht auf eine Klostergründung der Umilitati im Jahr 1251 zurück, die sich der Askese und der Arbeit verschrieben hatten. Sie widmeten sich der Wollweberei und gewannen Wasserenergie aus dem Arno und einem Seitenflüsschen, das sich entlang ihres Klostergeländes erstreckte. Im Laufe der Zeit errangen sie in der Florentiner Stadtgesellschaft einigen Einfluss; reiche Familien ließen sich Kapellen in der Klosterkirche von den damals populären Künstlern wie Giotto (1266–1337), Taddi und Ghirlandaio ausstatten, später dann von Giovanni da San Giovanni (1592–1638). Die elegante Barockfassade ist ein Werk aus dem 18. Jahrhundert, verziert wird es mit einer schönen Majolika von Benedetto Buglioni, die eine Krönung der Maria zeigt.

An der Piazza Ognissanti zieht ein weiteres Bauwerk die Blicke auf sich; es ist der Palazzo Lenzi, in dem seit 1907 das französische Konsulat und das Kulturinstitut residieren. Er hat eine Renaissancefassade aus hellgrauem Stein, die mit Friesenbändern geschmückt sind. Sie ist nicht das Original – der Palast wechselte oft den Besitzer und veränderte sein Aussehen. Im 19. Jahrhundert war er Luxushotel – genau wie sein Nachbar gegenüber, das Westin Excelsior, das ebenfalls in einem Renaissancepalast untergebracht ist.

Gleich um die Ecke in der Via Borgo Ognissanti überrascht in diesem architektonischen Zusammenspiel ein Wohnhaus in fantasievollstem Jugendstil; hier nennt man ihn Liberty. Elegant ist auch die Umgebung. Die Via Montebello, die Via Curatone und die Via Melengnano zeichnen sich durch repräsentative Paläste aus, die oftmals aus *pietra serena* errichtet wurden und aufwendig geschnitzte Holztüren aufweisen. Das hübsche Flussufer Lungarno heißt an dieser Stelle Amerigo Vespucci und besteht nicht nur aus Stein, Zement und Beton, sondern aus frischem Grün, was ihn zu einem begehrten Ziel für Fahrrad fahrende und joggende Florentiner macht.

Infos und Adressen

SEHENSWÜRDIGKEITEN

Chiesa Ognissanti. Borgo Ognissanti, 42, Mo–Do, Sa 7.30–12.30 und 16–19.45 Uhr, Fr nur nachmittags, So 8–12.30, 16–19.45 Uhr.

ESSEN UND TRINKEN

Il Profeta. Nicht gerade groß, aber voll! Gelobte Küche mit toskanischen Spezialitäten und Meeresfrüchten in guter Qualität. Bieten ein Mittelalter-Menü an. Stil: dezent-chic und gutbürgerlich. Tgl. 12.30–14.30 und 19–22.30 Uhr. Borgo Ognissanti 93e, Tel. 055 21 22 60.

Sei Divino. Du bist göttlich lautet der Name dieser netten Weinbar mit kleinem Restaurant. Mi–Mo 16–23 Uhr. Borgo Ognissanti, 42r, Tel. 055 21 57 94.

ÜBERNACHTEN

Hotel Executive. Aus einem Palast des 19. Jahrhunderts ist ein feines Viersternehotel mit klassischer schöner Ausstattung geworden. Via Curtatone, 5, Tel. 055 217451, www.hotelexecutiveflorence.com

Hotel Magenta. Typisches kleines Stadthotel in einem historischen Haus. Liegt sehr schön und ruhig ganz in der Nähe des Arno. Via Montebello 40, Tel. 055 267 05 11, www.hotelmagentafirenze.it

EINKAUFEN

Gastronomia Fratelli Boschetti. Eine chic aufgemachte Lebensmittelhandlung für biologisch-ökologische Produkte. Hat Öl in Designerflaschen etc. Mo–Sa 8–20 Uhr. Borgo Ognissanti 121r, Tel. 055 21 30 78.

Oben: Super zum Entspannen – die Wiesen des Parco Cascine
Unten: Das Grabmal des indischen Prinzen

41 Parco Cascine
Grüne Oase

Es wirbelt, hupt, drängelt, staunt und schaut: Florenz ist eine der schönsten Städte der Welt; da will jeder hin. Ruhe vom Besichtigungssturm gewährt der Parco Cascine im Westen der Stadt, der sich am Ufer des Arno lang und breit macht. Dieser alte, von hohen Bäumen beschattete Park ist spielend leicht und schnell zu erreichen: Mit der Straßenbahn vom Bahnhof Santa Maria Novella aus sind es nur zwei Stationen.

Mit seinen stattlichen 130 Hektar darf sich der Parco Cascine die grüne Lunge von Florenz nennen. Man kann sich hier ausruhen, spazieren gehen, Golf und Ballspiele spielen, Fahrrad fahren, Nordic Walking praktizieren und Segways mieten. Sogar ein Skate-Lehrer steht zur Verfügung, zudem gibt es einen Trimm-dich-Pfad. Gemeinsam mit seiner balsamischen Ruhe bildet der Parco Cascine also das beste Erholungsprogramm vom aufregenden Stadtbummel. Nur am Dienstagvormittag wird es eng, wenn sich hier halb Florenz auf dem Markt versammelt. Die Lage entlang des Flusses im Schatten hoher alter Bäume ist aber auch gar zu verträumt, um dem Markt keinen Besuch abzustatten.

Jagdgrund der Medici

Das Gelände direkt am Arno ließ die Medici-Familie im 16. Jahrhundert als Jagdgrund einrichten, auch Vieh wurde hier gezüchtet. Als die Dynastie Habsburg-Lothringen Florenz im 18. Jahrhundert regierte, erhielt die Bevölkerung zu besonderen Festtagen Zugang. In dieser Zeit entstanden auf

Bogenschützen im Park

dem Parkgelände wichtige Bauten wie die Palazzina Reale und die Ghiacciaia-Pyramide. Unter napoleonischer Herrschaft (1807–1815) wurde der Parco Cascine dann endgültig der Öffentlichkeit zugesprochen.

Wiesen, See und Pyramiden

Der Park wurde stets erweitert und umgestaltet. Ein einst hier platziertes Denkmal zu Ehren von Vittorio Emanuele fand allerdings seinen neuen Standort auf der Piazza della Repubblica; stattdessen gibt es jetzt ein Riesenrad und Zuckerwattebuden. Jenseits dieses Platzes hat sich der Gartenarchitekt Attilio Pucci mit einem kleinen romantischen Gartenentwurf verewigt: weite Wiesen, ein kleiner See und die Pyramide mittendrin.

Nördlich davon befindet sich die Galopprennbahn. Weiter in Richtung Westen lockt im heißen Sommer ein Freibad, das allerdings gepfefferte acht Euro Eintritt verlangt und ein bisschen etwas von einem Club hat. Das hübsche Gebäude, in dem der Eingang und dazu noch ein Terrassencafé untergebracht sind, gehört zu dem Pavoniere-Komplex, der zu fürstlichen Zeiten Volieren für Pfauen barg.

Nicht verpassen

DER MERCATO IN CASCINE

Halb offizieller Termin an einem Dienstagvormittag ist der Besuch des Marktes entlang des Arno im Parco Cascine. Halb Florenz ist auf den Beinen, um sich hier zu versorgen. Kilometerlang erstreckt sich ein buntes Angebot, dass einem immer gleich vorkommt, man aber trotzdem jedes Mal etwas findet: T-Shirts, Kosmetika und Schminke, Röcke, Blusen, Hosen, Modeschmuck, Stoffe, Tischdecken, Vorhänge, Haushaltswaren, Taschen, Schlafanzüge, Bademoden, Schuhe, Slips und Socken, Gürtel.

Obst- und Gemüsestände präsentieren Regionales, Bohnen, Erdbeeren, Pfirsiche, Walnüsse, Tomaten, je nach Saison, ein Rezept gibt es gratis dazu. Die Käseverkäufer überzeugen mit ihrer Produktpalette, indem sie die Kunden probieren lassen, die Wurst -und Schinkenverkäufer tun es ihnen nach. Und egal, wie oft man den Mercato besucht, es kommt eigentlich nie vor, dass man mit leeren Händen nach Hause zurückkehrt.

Oben: In der Via degli Oleandri in Isolotto
Unten: Das Amphitheater von Cascine

Hier kann man auch die Fahrgeräte und die Nordic-Walking-Stöcke mieten.

Ein wenig weiter geschlendert, und man stößt auf das nächste auffällige Gebäude. Es ist die im klassizistischen Stil erbaute Palazzina Reale, heute Sitz der Agrarwissenschaftlichen Fakultät. Einige barocke Skulpturen bewachen den Übergang zum Piazzale delle Cascine, es sind Sphingen und Löwen aus dem 18. Jahrhundert.

Isolotto

Wer sich einmal ein Stück ganz normales Florenz ohne Renaissance, Mittelalter, Palast, Kirche und Kunst ansehen möchte, der nimmt an dieser Stelle die Fußgängerpassage Passarella und gelangt in den Stadtteil Isolotto. Diese Begegnung mit dem Alltagsleben von Florenz ist nicht uninteressant. Denn es handelt sich um eine kleine Gartenstadt-Siedlung aus den 1960er-Jahren, die sich durch architektonische Geschlossenheit auszeichnet. Sie hat ihren eigenen Markt, ihren eigenen Lampredotto-Kiosk, ihr Postamt, ihre Cafés, ihre Gelaterias, ihre Geschäfte und Zeitungsstände, kurz eine eigene Infrastruktur. Im Grünstreifen entlang des Arno liegen tatsächlich noch ein paar Bauernkaten, Hunde werden ausgeführt, man joggt und plaudert. Und die Kuppel des Doms bleibt trotzdem immer im Blick und verkündet die Nähe des anderen Florentiner Universums.

Wieder zurück im Parco Cascine: Die früher landwirtschaftlich genutzten Wiesen und ein Amphitheater folgen, und einen kleinen Höhepunkt zum Abschluss des Spaziergangs bildet das indische Grabmal. Es wurde zu Ehren eines sehr jung in Florenz verstorbenen indischen Prinzen gebaut, dessen Asche nach buddhistischer Tradition in den Arno verstreut wurde.

Infos und Adressen

Selten in Florenz: die Piscina in der Pavonniere

ANKOMMEN

Bus 17 C von der Piazza San Marco aus, Bus 22 von der Busstation Porta al Prato aus, Station Cascine mit der Straßenbahn von Stazione Santa Maria Novella-Constanza (zwei Stationen).

ESSEN UND TRINKEN

Zwei Kioske mit Brötchen, Softdrinks, Snacks an der Piazzale delle Cascine und bei der Straßenbahnstation Cascine

ÜBERNACHTEN

NH Firenze. Eines der klassischen Kettenhotels, das stets den Erwartungen entspricht. Schnörkellose gehobene Ausstattung. Piazza Vittorio Veneto, 4, Tel. 055 27 70, nh-hotels.it

Starhotels Michelangelo. Hat einen vergleichbaren Standard, unterschiedlich geschnittene und ausgestattete Zimmer, bequeme Lobby, kleines Gym. Viale Fratelli Rosselli, 2, Tel. 055 278 41, www.starhotels.com

AKTIVITÄTEN

Schwimmbad Le Pavonniere. Geöffnet ab 21. Juni bis Mitte September (genaue Termine erfragen) tgl. 10–20 Uhr, im Hochsommer auch bis 24 Uhr geöffnet. Chic mit Palazzo-Pavillon und einem Kinderbecken, Bar und Restaurant.
Nebenan kann man sich Fahrräder und Skateboards ausleihen; es gibt auch Skate-Unterricht.

INFORMATIONEN

Centro Visite auf dem Piazzale delle Cascine.

Die idyllische Seite von Florenz – Fahrradfahren

AUSFLÜGE

42 Certosa di Galluzzo
Ländlich, prächtig und bedeutsam

Eines der größten und mächtigsten Klöster des Spätmittelalters liegt nicht in, sondern vor den Toren von Florenz: Es ist das 1341 von einer vornehmen Florentiner Familie gestiftete Kloster La Certosa di Galluzzo. Schon der Weg dorthin ist sehr schön.

Und er verschafft Zeit, ein anderes Florenz kennenzulernen, bevor sich die Tore des Zisterzienserklosters öffnen. Wer im Rosengarten oben im Boboli-Garten den Blick auf die verstreut im Grün liegenden Villen genossen hat, weiß jetzt, wo sie sich befinden. Denn die Straße kurvt durch das Florentiner Viertel Bellosguardo empor, einem halb ländlichen, halb großartigen Bezirk mit einem wunderschönen Panorama. In einer der alten Villen soll Galileo Galilei gelebt haben. Das Kloster Certosa di Galluzzo krönt einen Felsvorsprung auf dem breiten Hügelrücken des Monte Acuto. Wie es sich da aus einem Kranz von Zypressen, Pinien, Gärten und Olivenhainen erhebt, ist schon eindrucksvoll. Trotz aller Monumentalität und Strenge wirkt es fast lieblich. Eine von der Landstraße abzweigende Stichstraße führt hinauf, oder man spaziert den alten gepflasterten Weg empor.

Niccolò Acciaioli heißt der vornehme Bankier und Sponsor, der nicht nur das Kloster finanzierte, sondern auch eine Art Wissenschaftszentrum für junge Studierende an diesem Ort einrichten wollte. Er ließ gleich nebenan auf dem Gelände den Palazzo Acciaioli im gotischen Stil errichten.
Das Kloster wurde ursprünglich von Kartäusern geführt, später ging es auf die Zisterzienser über.

Seiten 226/227: Blick auf die Certosa di Galluzzo
Oben: Hier treffen Stilepochen aufeinander: der Renaissance-Innenhof mit dem Glockenturm aus dem 19. Jahrhundert.
Unten: Majolika von Giovanni della Robbia

Der Bau war zunächst längst nicht so machtvoll und hatte einen strengeren Festungscharakter als heute. Zeitgleich entstand die Kirche San Lorenzo di Galluzzo. Der Glockenturm wurde im 19. Jahrhundert beigestellt.

Schatzkästlein Kirche

Der riesige Komplex, der einst Hunderten von Mönchen Heimstatt bot, wirkt edel, zurückhaltend, ruhig. Einer der Höhepunkte gleich zu Beginn des Rundgangs: die im manieristischen Stil gebaute Kirche San Lorenzo aus dem 16. Jahrhundert. Fresken in dem heiteren lebhaften Stil des Manierismus schmücken das Kreuzgewölbe, eine *Wiederauferstehung Christi* den Altarraum, der wertvolle Altar selbst ist aus Marmor. Eine Kostbarkeit auch das zwischen 1570 und 1590 entstandene geschnitzte Chorgestühl. In der alten Krypta befinden sich mehrere Gräber der Gründerfamilie Acciaioli.

Im Stil der Renaissance ist der große Kreuzgang komponiert. Schlanke Säulen tragen Arkadenbögen, die mit kunstvoll gearbeiteten Majolika aus den Werkstätten von Giovanni della Robbia geschmückt sind. Sie zeigen Porträts von Heiligen, die auf den Betrachter hinabschauen. Ein steinerner Brunnen schmückt den gepflasterten Hof. Ursprünglich hatte der Star der Maniera, Jacopo Pontormo, für den großen Kreuzgang Lünettenfresken gemalt, die die Passion Christi darstellen, aber ihr schlechter Zustand machte es unmöglich, sie weiter im Freien zu belassen, sodass sie in die Pinakothek des Klosters überführt wurden. Vom Kreuzgang aus führen Türen in die Zellen, von denen einige zur Besichtigung offen stehen. Die Mönche haben eine Schlaf- und eine Betkammer sowie einen kleinen, umzäunten Garten, in dem sie Obst und Gemüse anbauen konnten.

Infos und Adressen

SEHENSWÜRDIGKEITEN

Certosa di Galluzzo. Di–Sa Führungen um 9, 10,11 und 15,16, 17 Uhr (im Sommer). Im Winter nachmittägl. Führungen nur um 15 und 16 Uhr. Mindestteilnehmerzahl 6 Pers. Montags ganztägig und sonntags vormittags geschlossen. Messe am Sonntag um 10 und 11 Uhr. Eintritt frei, Spende erbeten. Via della Certosa 1, Tel. 055 204 92 26, www.cistercensi.info/certosadifirenze/

ESSEN UND TRINKEN

Antico Ristorante la Certosa. Liegt gegenüber des Klosters auf der Hauptstraße und ist ein ländlich aufgemachtes Lokal mit verschiedenen Sälen und einer hübschen Terrasse. Serviert werden regionale Spezialitäten, hausgemachte Nudeln, Olivenöle und Honig. Die Weine stammen aus Montepulciano. Die Produkte des Klosters (s. u.) werden auch hier angeboten. Tgl. ab 12 Uhr. Via Cassia 1, Impruneta, Tel. 055 20 48 87, www.lacertosa.it

EINKAUFEN

Das Kloster verfügt über eine eigene Destillerie und stellt nach überlieferten Rezepten verschiedene Kräuterliköre und Branntweine her, darunter den Gran Liquore, den es in zwei Geschmacksrichtungen gibt, einen Grappa, einen Anisschnaps, einen Brandy, einen Fernet-Digestif, einen Kirsch und einen Mandarinenlikör. Die Etiketten sind ein Traum. Duftwasser werden ebenfalls produziert; es gibt Eaux de Cologne von der Verbene, vom Lavendel, vom Veilchen und von der Bergamotte.

43 Villa di Castello

Der Sprache auf der Spur

Für die Italiener ist die Villa di Castello ein Hort der Hochkultur, denn hier hütet die Accademia Crusca die italienische Sprache. Sie residiert dort schon seit 1583! Und gilt als die erste Sprachakademie der Welt überhaupt. Die Villa – keine Überraschung – gehörte einst den Medici-Sprösslingen Lorenzo und Gianni Pierfrancesco, die sie im Jahr 1477 erwarben. Sie selbst ist zwar nicht zu besichtigen, doch ihr Garten gilt als der schönste von Italien.

Das dürfte Anreiz genug liefern, dieser Villa einen Besuch abzustatten. Eigens für sie malte Sandro Botticelli, Schützling der beiden Medici-Vettern, *Die Geburt der Venus* und *Der Frühling*, die man heute in den Uffizien bewundern kann. Später ließen Giovanni delle Bande Nere und seine Frau Maria Salviati das Gebäude erweitern; unter Cosimo I. de Medici, der hier in seiner Jugend lebte, wurde es von Giorgio Vasari zu einer der prächtigsten Villen der Region umgestaltet, in denen die Medici, nun zu Großherzögen der Toskana aufgestiegen, Empfänge ausrichteten und feierten.

Im Jahr 1538 wurde Niccolò Tribolo damit beauftragt, einen Garten à la italiana zu gestalten. Das tat der dann so prachtvoll, dass Giorgio Vasari lobte, er hätte den üppigsten Garten Europas erschaffen. Wie er damals aussah, das zeigt eine Lünette von Giusto Utens, die in der Sammlung »Firenze com era« im Kloster San Marco zu sehen ist. Der flämische Maler porträtierte übrigens alle Medici-Villen mit ihren Gärten zwischen den Jahren 1599 und 1602.

Oben: Eine Sinfonie der Geometrie ist der Garten à la italiana.
Unten: Typisch für Castello: Zitrusbäumchen in Terrakotta

À la italiana

À la italiana meint pure Geometrie im Gegensatz zum Englischen Garten, der auch leicht verwilderte Ecken und romantische Verstecke haben darf. Die angestrebte Symmetrie ist hier in Form von schnurgeraden Alleen, einem System von Achsen und halbmondförmigen Beeten und Rasenrabatten realisiert, die von gestutzten Hecken gerahmt werden. Über die gesamte Terrassenlandschaft verstreut findet man Wasserspiele, Fontänen und in Terrakotta gepflanzte Zierbüsche. In den Seitenbereichen warten kühle, aus Heckenarabesken geformte Labyrinthe. Der Skulpturenschmuck ist ebenfalls vielfältig: Auf der ersten Terrasse befindet sich beim zentralen Brunnen eine von Bartolomeo Ammanati geschaffene Figurengruppe, die Herkules im Kampf mit dem Riesen Anteus darstellt. Alle Bronze- und Marmorstatuen beziehen sich auf Themen der Antike und wurden von Battista Giambologna und Ammanati geschaffen.

Unter den Zitrusbäumen auf der zweiten Terrasse stechen viele ungewöhnliche Arten hervor. Auf dieser Ebene befindet sich die Grotte der Tiere, die in stilreinstem Manierismus von Giorgio Vasari nach Entwürfen von Tribolo fertiggestellt wurde. Marmorne Löwen, Pferde, Widder und Rehe bilden im Innern einer Fantasiegrotte ein bewegtes Tableau. Den Abschluss bildet der Januarbrunnen inmitten eines kleinen künstlichen Waldes mit der Skulptur eines Giganten, der über einen kleinen künstlichen See wacht; ein kleiner Bruder des *Apennin* im Parco Demidoff, der ganz eindeutig die Handschrift von Ammanati trägt.

Das Wörterbuch der italienischen Sprache der Accademia übrigens, das bis 1923 die verbindliche Basis für alle weiteren Wörterbücher bildete und als eine Art Bibel für Literaturstudenten gilt, wird als historisches Wörterbuch weiter aufgelegt.

Infos und Adressen

SEHENSWÜRDIGKEITEN

Villa di Castello. Garten, tgl. 8.15-16.30 Uhr im Winter (Nov. bis einschl. Feb.) bis 17.30 Uhr (März) , bis 18.30 Uhr (April, Mai, Sept., Okt.) bis 19.30 Uhr (Juni–Aug.)

ÜBERNACHTEN

Ulivi di Castello. Ist ein Bed & Breakfast in einem hübschen Landhaus mit Garten in ruhiger Lage. Die Zimmer sind nicht groß, aber komfortabel, drei haben direkten Zugang zum Garten. Mit Parkplatz. Via della Covacchia 16, Tel. 055 45 02 19, www.ulividicastello.it

EINKAUFEN

Signum Firenze. Gediegenes Geschäft für Kunsthandwerk und Bastelbedarf, aber auch für Puzzle und Lernspiele. Hier erhält man Reproduktionen der Lünetten von Giusto Utens, Kunstpostkarten, Spiele, schönes Papier, ausgewählte Schreib- und Notizbücher, Puppentheaterkulissen. Tgl. 9.30–19.30 Uhr. Es gibt drei Filialen in Florenz: Lungarno Archibusieri 14r, Via dei Benci 29r oder Borgo dei Greci 40r, www.signumfirenze.it

ANKOMMEN

Mit dem Zug von Santa Maria Novella, aussteigen Station Firenze Castello. Oder mit dem Bus 2 oder 28, aussteigen Station Sestese 5, Via Giulio Bechi.

44 Fiesole

Wie eine Sommerfrische

Oben: Ein Blick in die Gassen von Fiesole
Unten: Auf dem Handwerksmarkt auf der Piazza Mino da Fiesole

Der Weg hinauf nach Fiesole ist einer der schönsten, den man von Florenz aus nehmen kann. Zwischen Olivenhainen, Weinhängen und Agaven gebettet, schraubt er sich sanft in die Höhe und lässt immer wieder neue Ausblicke auf die Stadtsilhouette und auf malerische Villen zu, die sich an die Hänge schmiegen. Mit Glyzinien überwucherte Mauern verbergen nur unvollständig die barocke Schönheit dieser Landsitze und Paläste, die heute mitunter Kunstinstitute bergen.

In einem dieser Kunstinstitute, der Villa I Tatti, heute Sitz der Renaissance-Forschungsgesellschaft der Universität Harvard, lebte früher einer der einflussreichsten Kunstsammler seiner Zeit, Bernard Berenson, der die Wiederentdeckung der Renaissance einleitete.

Fiesole beruht auf einer frühen etruskischen Gründung, und seine größte Sehenswürdigkeit ist ein weites Ausgrabungsfeld aus etruskischer und römischer Zeit. Im Mittelalter lebte es in erbitterter Rivalität zu Florenz, dessen Heere es im Jahr 1125 angriffen und zerstörten.

An der zentralen Piazza Mino da Fiesole, dem Treffpunkt des 14000-Einwohner-Örtchens, rauschen die Vespas, konzentrieren sich kleine Cafés, Hotels und Restaurants, überthront der Sitz der Comune di Fisole in einem Bürgerpalazzo die Reiterskulptur, die das Treffen zwischen Guiseppe Garibaldi und dem König Vittorio Emanuele würdigt. Fiesole strahlt eindeutig einen wohlhabenden Sommerfrische-Charme aus. Gegenüber ragt steil der Turm der mittelalterlichen Kathedrale in die Höhe.

Panoramaweg

Eine ausgeschilderte Passegiata Panoramica führt von der Piazza um den Ort herum. Dieser Panoramaweg führt an gepflegten Villeneingängen und Blumengärten vorbei, und die Ausblicke auf Florenz und Umgebung, die man von dort genießt, sind atemberaubend, auch weil die Gegend idealtypisch die Toskana verkörpert. Da sind die Pini di Roma zu sehen, die charakteristischen Pinien mit den weit ausladenden Kronen. Zypressen malen Akzente auf die Hügel, Walnussbäume beschatten Gärten. Und dazwischen schieben sich immer wieder die grauen Steinmauern, die für den Terrassenfeldbau angelegt wurden. Die Passegiata steigt an, sinkt hinab; und wer sie abkürzen will, nimmt die Via Monte Ceceri zurück ins Zentrum. Die Straßen sind schmal, die ockergelben geschindelten Häuser gepflegt – hier wohnt man gut.

Die Ausgrabungen

Gleich nördlich der Piazza Mino da Fiesole liegt die römische Ausgrabungsstätte. Ein angeschlossenes archäologisches Museum zeigt wichtige Funde und Schenkungen und Sammlungen. Mit einem Audioguide ausgestattet, kann man auf eigene Faust das Gelände erkunden, das sacht ins Tal abfällt. Zwischen Amphitheater, Tempeln und Badeanlage, zwischen Mohnblumen, Rosmarin, Thymian, Kapernbüschen und Pinien sucht man sich selbst den passenden Platz.

Die Bühne des Amphitheaters breitet sich zu Füßen der halbrund ansteigenden Zuschauerränge aus. Die Bühne bestand aus zwei Etagen und wurde von Säulen strukturiert. Den zentralen Büh-

Geheimtipp

WO LEONARDO SEINE FLUGGERÄTE AUSPROBIERTE …

… und der *pietra serena* gebrochen wurde, der Stein, aus dem halb Florenz (und Fiesole) besteht, ist die idyllische Waldregion um Monte Ceceri. Bis ins letzte Jahrhundert war sie allerdings alles andere als idyllisch, der Monte Ceceri vollständig entwaldet, die Region durchsetzt von 42 Steinbrüchen. In den 1950er-Jahren wurde mit der Wiederaufforstung begonnen, und nun steht sie unter Naturschutz. Sie lässt sich von Fiesole aus ganz leicht auf einem Spazierweg erreichen: Er führt von der Piazza Mino da Fiesole auf die Via Garibaldi (wie bei dem ausgeschilderten Panoramaweg) und weiter bis zum *Ingresso B* des Parco Montececeri. Von dort ist es nicht weit zum Piazzale Leonardo, auf dem ein Gedenkstein an den Ort erinnert, an dem der Erfinder seine Flugmaschinen ausprobieren ließ. Es gibt noch weitere angelegte Wege, in deren Verlauf man immer wieder auf die Steinbrüche trifft. Das Verkehrsamt von Fiesole hat dazu eine Broschüre auf Italienisch und Englisch herausgebracht.

Das römische Amphitheater, ein Ort der Ruhe

Oben: Der Klosterhof von San Francisco
Unten: Etruskische Exponate im Archäologischen Museum von Fiesole

nenzugang durfte lediglich der Hauptdarsteller nutzen – alle anderen betraten die Szene von der Seite aus. Aufgespannte Segel schützten die Zuschauer vor der Sonne, die mit regelrechten »Eintrittskarten« ausgestattet ihren Platz einnahmen – man hat einige davon gefunden.

Neben dem Theater liegt die Badeanlage. Ganz offenbar rückten die Römer die Zentren des gesellschaftlichen Auftritts in Fiesole eng zusammen. Denn das Bad besuchte man nicht ausschließlich, um kalte Wassergüsse zu genießen, sondern auch, um gesellschaftlichen Umgang zu pflegen. Den Frauen stand es ebenfalls offen. Die verschiedenen Becken und die Zisterne sind klar zu erkennen. Man hat ein Tepidarium, ein Frigidarium und ein Calendarium identifiziert, ebenso eine Toilette und Heizöfen. Drei große Arkadenbögen, früher einmal mit Marmor verkleidet, bildeten einst den Eingang, und es ist noch ein System erhalten, das für die Belüftung und die Beheizung diente.

Das angeschlossene Museum zeigt Fundstücke auch etruskischer Herkunft, Grabstelen, Funeralurnen, Skulpturen von Göttern, römische Münzen, korinthische Keramik, Amphoren und ein Grab aus der Zeit der Langobarden.

Franziskanerkloster und Friedensgedenkstätte

Oberhalb von Fiesole thront ein kleines, altes Franziskanerkloster mit einem angeschlossenen ethnografischen Museum, das allerdings nur unregelmäßig geöffnet ist. Der schöne Spazierweg führt vorbei an einer Gedenkstätte für den Frieden, welche die Stadtverwaltung angelegt hat. Die bescheidene Ordenskirche hat liebliche Fresken aus dem 15. Jahrhundert und einen winzigen Kreuzgang.

Infos und Adressen

Porchetta sollte man essen!

SEHENSWÜRDIGKEITEN

Area Archeologica, Museo Archeologico. Okt. und März 10–18 Uhr, Nov.–Feb. 10–14 Uhr, April–Sept. 9–19 Uhr. Via Portigiani 3, Audioguides.

Chiesa, Convento e Museo Etnografico Francescano. Frühling und Sommer tgl. 6.30–20 Uhr, Herbst und Winter tgl. 7.30–19 Uhr, Sonntagsmesse um 11 Uhr.

ESSEN UND TRINKEN

La Reggia. Dieses in einem historischen Gebäude untergebrachte und gediegene Restaurant mit freundlichem Personal liegt auf dem Weg zum Franziskanerkloster. Einladende Terrasse, eleganter Innensalon, regionaltypische, sorgfältig zubereitete Gerichte. Tgl. 12–15 und 19–22 Uhr. Via S. Francesco 18, Tel. 055 5 93 85.

Trattoria El Fiesolano. Liegt direkt an der Piazza und bietet deftige italienische Spezialitäten. Tgl. 12.30–14.30 und 19.30–22.30 Uhr. Piazza Mino Da Fiesole 9/r, Tel. 055 59143.

Ristorante Teatro. Gleich beim Eingang des Amphitheaters. Hat Bistroküche und einen fabelhaften Ausblick zu bieten. Terrasse. Via Portigiani am Eingang des Museums, tgl. 11–22 Uhr.

ÜBERNACHTEN

Belmond Villa San Michele. Die Villa ist ein Barockensemble mit unwiderstehlichem Garten und einem fabelhaften Panoramablick. Elegante, individuelle Luxuszimmer, First-Class-Restaurant, Bars und Pool. Via Doccia 4, Tel. 055 567 82 00, www.belmond.com

Hotel Villa Aurora. Sympathisches Stadthotel mit romantischem Flair, tolle Aussicht, schöne Restauranttterrasse. Piazza Mino da Fiesole, Tel. 055 5 93 63, www.villaurorafiesole.com

ANKOMMEN

Mit dem Stadtbus Nr. 7 von der Haltestelle La Pira bei der Piazza San Marco, werktags alle 14 Minuten.

AKTIVITÄTEN

Fahrradtouren von Florenz nach Fiesole und vice versa, aber auch Ganztagesausflüge. Fahrradmiete. www.fiesole bike.it

INFORMATIONEN

Ufficio Informazioni Turistiche, Via Portigiani 3, www.turismo.comune.fiesole.it

Im »Ristorante Vinandro Vino e Desco Molle«

Eine Gasse in Vicchio im Mugello – ob der Fahrradfahrer gleich bergab starten wird?

45 Das Mugello
Mode, Badesee, Wälder, Klöster und Messer

Das hügelige Florenz findet eine schöne Fortsetzung im etwa 30 Kilometer nordöstlich gelegenen Mugello, einer intensiv landwirtschaftlich genutzten Region, die vom Fluss Sieve durchzogen und vom Apennin geformt wird. Grüne, weite Täler, dichte Kastanien- und Buchenwälder, schroffe Felslandschaften, ein Stausee mit Strandleben – und wie hineingetupft alte Dörfchen, historische Klosteranlagen und ein sagenhafter Park machen es zu einem beliebten Ausflugsziel.

Das Mugello ist spielend leicht über die gut ausgebaute Straße Richtung Bologna zu erreichen. Erstes Ziel kann ein Einkaufstrip sein: Zwischen Zypressen und Mohnfeldern liegt das wie ein historisches Städtchen aufgebaute Outlet Barbarino, dessen Besuch tatsächlich lohnt, weil sich hier die italienischen Supermarken Pucci, Prada, Fendi, Cavalli, Gucci, Anna Molinari zu Preisen eines besseren deutschen Kaufhauses präsentieren.

Unter Linden und Plantanen liegt das *podere* »Le Maschere«, das die alte Straße zwischen Florenz und Bologna markiert. Im Wald verborgen findet man noch den Weg, auf dem früher die Bauern entlanggezogen sind. »Le Maschere«, heute ein schönes Ausflugslokal, diente früher als Poststation, danach als Hospital. Heute werden hier frische weiße Trüffel angeboten und die Spezialität des Mugello: selbst gemachte Tortelli mit Kartoffelfüllung. Kartoffeln gehören neben Getreide, Wein und Obst zu den wichtigsten Anbauprodukten.

Rundgang Mugello

A **Fashion Outlet Barbarino** – Ein als Dorf aufgemachter Outlet, in dem man die italienischen Mode-Namen zu guten Preisen kaufen kann.

B **Le Maschere** hieß früher die alte Poststation auf dem Weg zwischen Bologna und Florenz. Heute gibt's hier ein Ausflugslokal.

C **Lago di Bilancino** – Die Rettung für alle, die während der heißen Sommermonate eine Abwechslung zum florentinischen Sightseeing brauchen. Richtig schöner Badesee.

D **Convento Bosco ai Frati** – Soll die älteste Abtei in der Toskana sein.

E **Sant'Agata** – Alte Kirche von 948 und ein altes Dörfchen.

F **Scarperia** ist ein ländlicher alter Ort mit einem beeindruckenden Palazzo dei Vicari von Arnolfo di Cambio, der auch den Palazzo Vecchio entworfen hatte. Heute ist dieser immer noch Rathaus – und ein Museum.

G **Parco Demidoff** – Ursprünglich ein gigantischer Medici-Garten, wurde er im 19. Jahrhundert von einem reichen russischen Prinzen gekauft, restauriert und mit neuen Attraktionen, Villen und Gebäuden versehen.

Oben: Die tolle Silhouette von Scarperia
Unten: Die Ragnaia-Brücke bei Vicchio: Der Legende nach soll hier Cimabue dem jungen Giotto begegnet sein.

Hügelauf, hügelab auf der SS 65: Nicht weit entfernt erreicht man den Lago di Bilancino, ein kleines glitzerndes Juwel für Sommerfrischler. Wer schon mal auf das in Italien weitverbreitete Mineralwasser Panna gestoßen ist: Ganz in der Nähe sprudeln die Quellen dafür.

Ein schattiger Waldweg führt auf sechs Kilometern von dort zu einem der frühesten Klöster in der Region überhaupt, dem von Eichenwäldern umrahmten Convento Bosco ai Frati, das bereits im 6. Jahrhundert bestanden und Eremiten Zuflucht geboten haben soll. Historisch dokumentiert ist jedenfalls seine spätere Zugehörigkeit zum Franziskanerorden ab 1212. Als die Pest ausbrach, wurde es verlassen und erst von Cosimo de Medici wieder aufgebaut, erweitert und mit Kunstwerken ausgestattet, so z. B. mit einem *Jesus am Kreuz* aus der Schule Donatellos. Auch zählte das Altarbild von Fra Angelico zu seinem Besitz, das man jetzt im Museo San Marco bewundern kann. In der Kirche verblieben ist ein Gemälde von Jacopo Ligozzi, das die Gründung des Franziskanerordens zum Thema hat.

Sant'Agata

Der Weg führt durch das Gabbiano zu einer weiteren religiösen Kostbarkeit des Mugello, dem Kloster Sant'Agata, religiöser und gesellschaftlicher Mittelpunkt der gesamten Region. In dem Dörfchen mit seinen Gassen und den geduckten Häuschen lebt nun das Mittelalter wieder auf – wenn man sich die Putzschicht auf den aus groben Steinen zusammengesetzten Mauern wegdenkt. Die Existenz von Sant'Agata ist seit 948 verbürgt. Die Fassade hat ein tabernakelähnliches Profil. Unüblich sind die Schachbrett-Verzierungen außen und die Lünetten aus grünem Marmor, der in Prato gebrochen wurde. Die Kirche hat eine Holzdecke und wirkt recht weiträumig.

Scarperia

Von Sant'Agata sind es etwas über sieben Kilometer auf der SP 37 nach Scarperia, dessen Silhouette vom Turm des mittelalterlichen Palazzo dei Vicari bestimmt wird. Zuvor sind noch ein paar beschauliche Weiden von Milchkühen zu passieren. Eine Via dei latti – Milchstraße – führt quer durchs Mugello.

Scarperia wurde 1306 als San Barnaba de Scarperia von der florentinischen Republik als militärischer Stützpunkt zur Sicherung des Weges nach Bologna aufgebaut. Der Ort liegt sehr hübsch auf einer Hügelkuppe zu Füßen des Apennin; Teile der Befestigung sind noch zu sehen. Sein stolz herausgestelltes Wappen ist das von Florenz, die Lilie mit ihren Blütenstempeln. Im ummauerten Scarperia erblühten zwei Geschäfte ganz besonders: die Eisenschmiede und die Wirtshauskultur. Pilger auf ihren verschiedenen Pfaden, die die italienischen Landschaften kreuzten, suchten Schutz und Rast in der Festungsstadt. Die Messerschmiedekunst entwickelte sich zu einer Industrie, an der

Geheimtipp

MESSER AUS SCARPERIA

Das mittelalterlich geprägte Städtchen Scarperia hat eine alte Handwerkstradition: die Messerschmiede. 30 Werkstätten waren einst über die Gassen verteilt, heute sind es nur noch wenige. Über deren Geschichte informiert sehr unterhaltsam das Museum im Palazzo dei Vicari; wer ganz real ein Messer erstehen will, wird in dem Geschäft »Coltellerie Giglio Scarperia« aufs Blendendste beraten. Die Messer stammen aus allen Regionen Italiens, die kunstvollen Griffe sind aus Elfenbein, Silber und aus Horn und bemaltem Holz. Kostbar gearbeitete Messer mit eingeprägten Herzen dienten früher auf Sizilien sogar als Brautgeschenke, um symbolisch das Herz zu öffnen, wie der Ladenbesitzer erzählt. Nur manchmal, zwinkert er, traf die Klinge dann irgendwann in die Brust des Schenkenden.

Coltellerie Giglio snc. Via dell'Oche 44–50, Scarperia, Tel. 055 846 99 36.
Familia Consigli. Via Roma 8, Scarperia, Tel. 055 843 02 70.

sich viele Familien beteiligten, die das Wissen von Generation zu Generation weiter vererbten. Das auffälligste Gebäude des hübschen Ortes ist der 1326 entstandene Palazzo dei Vicari, eine für damals typische wehrhafte Residenz mit Garten. Sie wurde von Arnolfo di Cambio entworfen, der auch die Pläne für den Palazzo Vecchio in Florenz gezeichnet hatte. Er hat einen Innenhof, in dem die Wappen der herrschenden Familien in Stein gehauen zu betrachten sind – viele sind mit Löwen- und Tigerdarstellungen geschmückt. Mitglieder der Werkstatt von Ghirlandaio und Lucca della Robbia malten die Fresken im Palast. Heute ist im Palast das Rathaus untergekommen, außerdem ist er Sitz sorgfältig zusammengestellter Schauen, die die Geschichte von Scarperia und der Messerschmiedekunst präsentieren. Eine weitere Ausstellung zeigt die Kreationen der Juweliersfamilie Torrini, deren Begründer bereits im Jahr 1369 kostbare Objekte schuf.

Parco Demidoff

Auf dem Weg zum Parco Demidoff bei Pratolino auf der SR 65 liegen zwei der traditionsreichsten Gasthäuser des Mugello: die »Antica Osteria di Casenuove«, die regionale Produkte und auch eine selbst gemachte Sauce für die *tortelli di patate* anbietet. Und das »Ristorante Zocchi« in Pratolino selbst, das für seine Suppe *Acquacotta* berühmt ist – das bedeutet zwar lediglich »gekochtes Wasser«, ist aber eine toskanische Köstlichkeit.

Der Parco Demidoff ist ein Garten der Medici und trägt doch den Namen eines Russen. Mit Francesco I. de Medici beginnt die Geschichte im Jahr 1568, als der sich von Bernardo Buontalenti einen Park planen ließ. Alle Parks der Medici übrigens sind als Weltkulturerbe der UNESCO deklariert, weil sie ein frühes Beispiel für das Zusammenspiel

Oben: Der Palazzo dei Vicari in Scarperia
Mitte: Gute Handwerker können auf ihre Arbeit stolz sein.
Unten: Die Villa Demidoff im gleichnamigen Medici-Park.

zwischen Architektur, Landschaft und Umgebung lieferten. Die Villa, die damals auf dem Parkgelände stand, existiert nicht mehr. Der Park wurde 1872 an den russischen Prinzen Paul II Demidoff verkauft. Im Jahr 1981 ging der Park in den Besitz der Provinz Florenz über.

Zwischen Kastanienalleen, Zedern- und Eichenwäldern und Beeten voller Schwertlilien, zwischen Hügeln und Rasenflächen liegt ein bunt gemischtes Potpourri aus eleganten Attraktionen verschiedener Jahrhunderte verstreut, aus denen die Brunnen, Quellen und künstlich angelegten Wasserläufe besonders herausragen. Man kann gut und gern einen ganzen Tag in diesem wunderschön gelegenen Park verbringen. Die erste Sehenswürdigkeit liegt direkt am Wegesrand; es ist der Solardiamant von 2007, der dem Atomium in Brüssel nachempfunden wurde. Darauf folgt ein unterirdisches Eishaus, das zusammen mit weiteren im Umkreis bereits im 17. Jahrhundert für die Eislieferungen an die Stadt Florenz zuständig war. Und weiter geht es zur Grotte des Cupido, zum Jupiterquell und zur Kapelle von Adina Pastiani, einer Demidoff-Prinzessin. Am bekanntesten ist die Plastik des Apennin in Gestalt eines Riesen, eine Groteske, die Giambologna im 16. Jahrhundert schuf. Sie überragt einen künstlich angelegten See, und sie ist so groß, dass man sie von innen besteigen kann.

Oben: Blick in die Landschaft des Mugello bei Scarperia
Unten: Das Wappen der Medici mit den sechs *palle* ist omnipräsent, auch im Parco Demidoff

Infos und Adressen

Ein schattiger Gastgarten macht Freude.

SEHENSWÜRDIGKEITEN

Bosco ai Frati. Vermutlich das älteste Kloster im Mugello. Von Giovanni di Bicci und Cosimo II Vecchio unterstützt. Hat einen *Jesus am Kreuz* vermutlich von Donatello und weitere Kunstwerke der Renaissance. Baumeister war vermutlich Michelozzo. Mo–Sa 8–12 und 18–19 Uhr, So 8.30–10, 11.30–12 Uhr. Località Lucigliano 1, San Piero A Sieve, Tel 055 84 81 11, www.piccoligrandimusei.it

Sant'Agata. Wenn die Kirche nicht offen steht, meldet man sich unter folgender Nummer für einen Besuch an: Frau Renza, Tel. 055 840 67 16. Älteste Kirche in der Region, vermutlich aus dem 7. Jh. Aus Albarese-Stein und *pietra serena*. Piazza della Libertà 1.

Palazzo dei Vicari. Okt.–Mai Mo–Fr 9–13 Uhr, Sa, So Fei 10–13 und 14.30–18 Uhr. Juni–Sept. Mo, Di 9–13 Uhr, Mi–So 10–13 und 15–19 Uhr.

Parco Demidoff. Im Winter geschl. sonst Fr- So 10–20 Uhr, im Herbst eine Stunde früher geschl. Eintritt frei, nicht für unbegleitete Kinder unter 14 Jahren, behindertengerecht. Führungen nach vorheriger Anmeldung. Via Fiorentina 282, Pratolino, www.firenzeturismo.it/pratolino

ESSEN UND TRINKEN

Le Maschere. Der herzliche Wirt legt Wert auf persönliche Beratung bei der Wahl der Speisen und des Weines. Das Angebot: traditionelles Gutes wie Trüffel und Wildschwein, aber auch schlichte Kartoffeltortelli. Hat einen tollen Garten unter Kastanien. Schönes Ausflugsziel. Di–So ab 12 Uhr, ab 1. November bis April So abends geschl. Loc. Le Maschere, Lago die Bilancino, Via Nazionale 70, Tel. 055 841 84 56, www.ristorantelemaaschere.it

Antica Osteria di Novoli Casenove. Restaurants im Mugello waren früher gleichzeitig Läden für Lebensmittel, und so war und ist das auch bei dieser rustikalen Osteria der Fall, in der man gut essen und trinken, aber eben auch die Produkte aus dem Mugello kaufen kann. Stellen eigene Pasta-Saucen her. Via Case Nuove Taiuti 8, Scarperia San Piero, Tel. 055 848 68 33.

Ristorante Zocchl. Ein Ausflugslokal mit über 50-jähriger Familientradition. Bauerngerichte wie Gemüsesuppen und Kaninchennudeln sind hier ganz besonders gut. Es gibt aber auch hervorragende schwarze Trüffel. Dazu passt das ländliche Interieur mit Kamin bestens. Via Fiorentina 428 Vaglia, Tel. 055 40 95 11, www.ristorantezocchi.it

ÜBERNACHTEN

Villa Poggio Bartoli. Das sehr ansprechend ausgestattete Hotel befindet sich in einer schön gelegenen ehemaligen Landvilla und hat großzügig geschnittene Zimmer mit historischem Mobiliar. Es gibt einen Pool und eine Sauna, Mahlzeiten auf Wunsch. Fahrradverleih, Billardraum. Via di Molezzano 45, Vicchio, Tel. 055 840 79 12.

La Locanda di Adele by Giardinetto. Ein nettes Bed & Breakfast in einer Villa, alle hellen und freundlichen Zimmer sind unterschiedlich geschnitten. Via di Filetto 25, Scarperia e San Piero, Tel. 340 357 96 08 (mobil).

EINKAUFEN

Barbarino Designer Outlet.
Entspannt aufgemachtes Outlet mit Dorfcharakter, neben Prada, Cavalli und Gucci auch Boss, Ralph Lauren, Trussardi, Calvin Klein, Guess, Hilfinger, Lacoste…etc. Auf der Autobahn A1 zwischen Florenz und Bologna, Exit Barberino.
Tgl. 10–20 Uhr, im Sommer ab 9 Uhr. Barberino di Mugello, Tel. 055 84 21 61.
Shuttle von der Piazza Stazione Santa Maria Novella, 9.30,11.30, 14 und 16 Uhr. Zurück 13, 15, 18 und 20 Uhr.

Coltellerie Giglio Scarperia. Via dell'Oche 44–50, Tel. 055 846 80 44. www.coltelleriegiglio.it

Cestenoli. Wer sich für Terrakotta interessiert, wird hier garantiert fündig. Amphoren, Vasen, Gartendekorationen, Brunnen, Blumenkästen, Geschirr, Skulpturen, Fußbodenkacheln in allen erdenklichen Größen und Formen und eine eigene Werkstatt sind die Pluspunkte dieses Fachhandels. Die Florentiner stoppen hier gern auf ihrem Ausflug ins Mugello. Mo–Sa 8–12.30 Uhr, 14.30–19 Uhr. Loc. Casanuove Taiuti 45, San Piero a Sieve. www.terrecottecestenoli.com

AUSFLUG

Bahia Mugello. Juni–Sept. Gut ausgestatteter Strand am Stausee, tgl. ab 9 Uhr. Sonnenschirme, Strandliegen, Duschen, Umkleidekabinen. Miete von Paddelbooten und Kanus. Café, Restaurant und Disco. – Nur mit dem Auto erreichbar, Autostrada A1 Ausgang Casello Barberino di Mugello. www.bahiacafe.com

ANKOMMEN

Mit dem Bus von Florenz aus:
Drei Anbieter stehen zur Wahl: Cap (www.capautolinee.it),
Sita (www.sita-online.it)
Florentia Bus (www.florentinabus.it)

In San Piero a Sieve A.M.V. Autolinee Mugello Valdisieve. Fährt auf zwei unterschiedlichen Strecken, eine von Florenz aus (www.amvbus.it)

Mit dem Wagen: Autostrada A1 Ausgang Barberino di Mugello

INFORMATIONEN.

Mugello Tourist Office. Via Palmiro Togliatti 45, Borgo San Lorenzo, www.mugellotoscana.it

Stolzer Wirt mit weißen Mai-Trüffeln im »Podere Le Maschere«

Oben: Der traumhafte Garten des Schlosses vom Collodi
Unten: Im Museum, als Souvenir: In Collodi ist die kleine Lügennase überall anzutreffen.

46 Collodi
Ort mit langer Nase?

Kommt einem der Name nicht vertraut vor, wenn man ihn auf der Landkarte entdeckt? Collodi – das ist der Künstlername des Erfinders von Pinocchio, Carlo Lorenzini, der 1826 in ebendiesem Ort geboren wurde und ihm so verbunden blieb, dass er dessen Namen als Pseudonym wählte. Die pfiffige Lügennase feiert bei Kindern überall auf der Welt große Erfolge.

Der Ort Collodi selbst nun beteiligt sich mit seiner Pinocchiostiftung an einem europäischen Projekt, das Kunst als pädagogisches Mittel und Hilfe bei Inklusion in schulischen Bereichen ankurbeln will. Dabei soll die Märchenfigur Pinocchio mithelfen.

Im Ort gibt es für Pinocchio-Fans einen weitläufigen Parco Pinocchio mit vielen Attraktionen, u. a. mit einem kleinen mechanischen Theater, einem historischen Karussell mit kleinen Oldtimern und venezianischen Gondeln, Spielplätzen und einem Zelt, in dem man sich als Maler ausprobieren kann. Wer sich auf den Weg macht, begegnet den in Bronze gegossenen Figuren aus dem Kinderbuch: der sprechenden Grille etwa, dem Gendarm, dem listigen Paar aus Fuchs und Katze und der Zauberfee mit den blauen Haaren. Im angeschlossenen Museum stellen Künstler mit ihrer Arbeit Bezüge zur Kunstfigur des Pinocchio her, und man kann zahlreiche Buchausgaben in den verschiedensten Sprachen sehen.

Barockgarten

Was Collodi abseits vom Rummel um den Holzknilch so attraktiv macht, ist seine wahrhaft spektakuläre Kulisse. Der Ort selbst ruht zu Füßen einer mittelalterlichen Burg aus dem 12. Jahrhundert, die von einer Bergflanke in den Ort hinabzufließen scheint. Den Schlusspunkt zum heutigen Stadtkern hin setzt eine fürstliche Barockschlossanlage aus dem 18. Jahrhundert. Dazu gehört ein wunderschöner Garten, der als einer der attraktivsten Barockgärten Europas gefeiert wird.

Der Eingang zur Schlossanlage, in der die Mutter Carlo Lorenzinis als Magd und sein Großvater als Gärtner arbeiteten, befindet sich an der Hauptstraße von Collodi. Als Erstes ist ein Schmetterlingshaus zu sehen, eine Art hübsches Tropicarium mit lebenden Tieren. Und dann geht es auf mit Kies bestreuten Wegen den Garten bergan, der wie ein Theater mit Bühne angelegt ist, mit Wasserspielen, Brunnen, mit Wandelgängen, die von antikisierenden Statuen geschmückt werden, Pergolen und mit einem herrlichen Bambushain. Wie blühende Arabesken wirken die zarten Blumenbeete. Konzipiert hat ihn der damals berühmte Gartenbauarchitekt Ottaviano Diodati aus Lucca für die Adelsfamlilie Garzoni. Seltene Palmenarten und die damals exotischen Kamelien gehören zur verschwenderischen Ausstattung. Der Palast selbst ist zurzeit (Stand: April 2016) wegen Renovierung geschlossen.

Colle de Odo

Im Inneren der oberhalb des Schlosses gelegenen Festungsmauern fanden einst die in der Burg Colle de Odo Beschäftigten Schutz; sie lag auf der strategisch wichtigen Verbindungsstraße zwischen Lucca und Florenz. Einige Gebäude aus der spätmittelalterlichen Zeit sind noch erhalten. Vom Schloss aus ist der Zugang nicht möglich. Der Weg führt entlang der alten Mauer nach oben und in den Kern des alten Städtchens.

Infos und Adressen

SEHENSWÜRDIGKEITEN

Parco Pinocchio. Hauptsaison 1. April–1. Nov. tgl. ab 9 Uhr bis zum Sonnenuntergang. In der Nebensaison samstags und an Feiertagen ab 10 Uhr. Via San Gennaro 3, Tel. 0572 42 93 42, www.pinocchio.it

Giardino Stórico Garzoni/Tropicarium. Öffnungszeiten wie im Parco, im Winter ist nur das Schmetterlingshaus Tropicarium geöffnet.
Piazza della Vittoria 3,
Tel. 0572 42 73 14,
www.pinocchio.it

ESSEN UND TRINKEN

Ristorante Villa Garzoni. Ein schönes, einladendes Restaurant mit Terrasse zum Garten. März bis Nov. tgl. 9.30–23 Uhr, dienstags nur bis 19 Uhr, Nov. bis März Di–Fr 19–23 Uhr, Sa/So 9.30–23 Uhr.

ANKOMMEN

Mit dem eigenen Wagen:
Von der A1: A 11 Pisa Nord, Ausgang Chiesina Uzzanese, Ausgang Pescia, weiter nach Collodi (4 km von Pescia aus)
Von der A12: Ausgang Viareggio, anschließend Bretella Viareggio–Lucca-A 11 Lucca–Firenze Ausgang Chiesina Uzzanese, dann weiter wie oben.

Mit dem Zug:
Mit der Linie Firenze–Prato–Pistoia–Montecatini Terme–Pescia.

Shuttle von Montecatini Terme, im Preis inbegriffen ist der Eintritt zum Parco Pinocchio und zum Giardino Garzoni.

Oben: Der schöne Dom von Prato
Unten: Die Fontana di Bacchino vor dem Rathaus

47 Prato

Textilstadt mit Historie

Die 191 000-Einwohner-Stadt nordwestlich von Florenz ist in letzter Zeit in schlimme Schlagzeilen geraten: Man identifiziert sie mit den Abertausenden von Chinesen, die in Fabrikhallen zusammengepfercht »Made in Italy« produzieren müssen. Das ist schlimm - aber Prato selbst ist eine Überraschung! Seit dem 13. Jahrhundert eine der bedeutendsten Textilstädte der Welt, heißt ihr »Lorenzo di Medici« Alessandro Datini, und der hat im 14. Jahrhundert immerhin das größte Handelsarchiv der Welt angelegt.

Prato liegt inmitten einer Hügellandschaft, die vom Fluss Bisenzio durchzogen wird. Die Etrusker haben ihre Spuren hinterlassen, danach die Römer. Seine geografische Lage war so günstig, dass der Ort ein gewichtiger Wirtschaftsstandort wurde. Mit dem Wasser des Flusses konnte man Felder bewässern und an dessen Ufern Mühlen errichten. Prato erlebte im Spätmittelalter einen enormen ökonomischen Aufschwung. Im Jahr 1296 betrieb der Bisenzio nicht weniger als 67 Wassermühlen. Prato verzeichnete einen stetigen Bevölkerungsanstieg, blühte auf, wuchs zur Stadt.

Die von einem Mauerring umgebene Altstadt von Prato zu durchschlendern macht Spaß; es hat wie Florenz Renaissance zu bieten – freilich in geringerem Maße – und nennt Werke von Donatello, Paolo Uccello (1397–1475), Filippo und Filippino Lippi, Michelozzo und Caravaggio sein Eigen. Paläste und Kirchen, behagliche Fußgängerzonen mit ein wenig altmodisch anmutenden Läden, schöne Cafés, interessante Boutiquen, Plätze und

Rundgang Prato

Ⓐ Museo del Tessuto/Textilmuseum – Textilverarbeitung gibt es in Prato seit Jahrhunderten, auf sie gründen sich die Bedeutung und der frühere Reichtum der Stadt. Das Textilmuseum wurde stilgerecht in einem Fabrikgebäude untergebracht. Es bietet einen tollen Überblick über die Wirtschaftsgeschichte.

Ⓑ Staufische Kaiserburg – Castello dell'Imperatore – Imposant überblickt sie das Tal des Bisenzio. Unter Friedrich II. wurde sie errichtet, besucht hat er sie nie. Sie diente militärischen Zwecken.

Ⓒ Kommunalpalast Palazzo Pretorio – Museo Civico – Dieser Palazzo Pretorio ist ein wahres Schmuckkästlein an Museum mit vielen kostbaren Exponaten und Sammlungen zur bewegten Stadtgeschichte.

Ⓓ Duomo/Kathedrale San Stefano – Kirchen mit Außenkanzeln gibt es selten – diese hier wurde eigens für die Präsentation des Madonnengürtels von Michelozzo und Donatello entworfen. Das Innere des Doms wurde von Filippo Lippi und Paolo Uccello gestaltet.

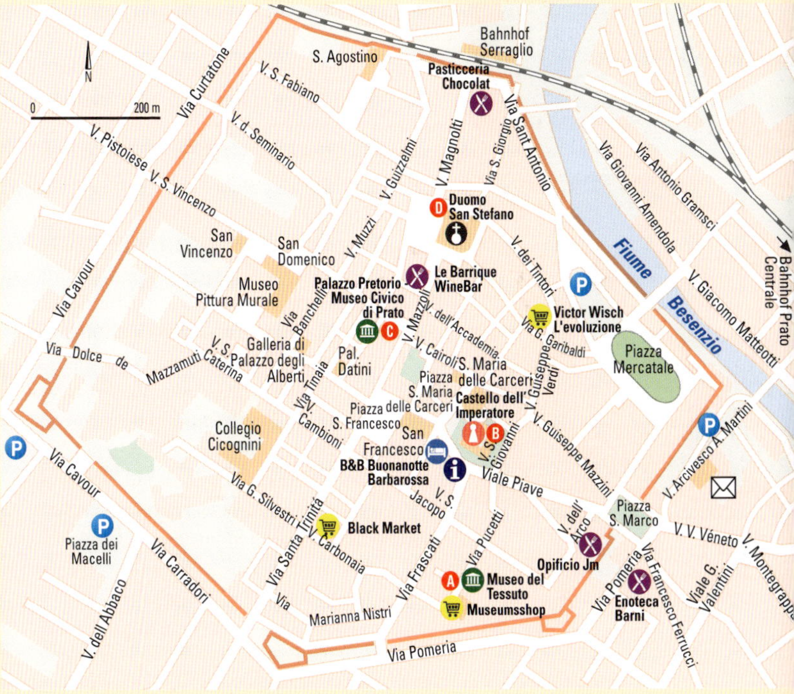

Oben: Das Museo del Tessuto ist in eine ehemalige Fabrik eingezogen. **Unten:** Die Tür des Doms von Prato

die vielen Bäckereien und Pasticcherie – Prato ist berühmt für seine *Cantuccini morbidi* – liefern genügend Anziehungspunkte. Außerhalb von Prato liegen Fashion-Outlets (s. S. 250), um sie zu erreichen, sollte man aber ein Auto haben.

Textilmuseum

Weil das Textilmuseum Museo del Tessuto auch einen guten Überblick über die wirtschaftliche Entwicklung der Stadt aufzeigt, eignet es sich als erstes Ziel. Es liegt in der Via Santa Chiara in der Nähe der Stadtmauer. Untergebracht ist es stilgerecht im ehemaligen Textilveredlungsbetrieb Campolmi. Das Fabrikgelände ist beeindruckend. Backsteingebäude wurden um einen Innenhof gezogen, der von einem prächtigen, 40 Meter hohen Schornstein und einem Wassertank dominiert wird. Im Erdgeschoss ist Platz für Wanderausstellungen und eine Präsentation des Betriebes. Der zweite Stock ist einer Schau zur über fünf Jahrhunderte währenden Geschichte der Textilindustrie mit über 4000 Exponaten gewidmet. Bis in die 1950er-Jahre wurden Wintertextilien aus Wollstoff hergestellt, die ihren Weg in die großen Warenhäuser fanden. Als 1969 die Firma Missoni mit ihren gestrickten bunten Kleidern einen neuen Modetrend schuf, profitierte auch Prato; es entstanden neue Fabriken. Armani und Chanel ließen Wollbouclé herstellen, gemusterte und mit Pailletten versetzte Garne aus Prato benutzten die Modeschöpfer Giovanni Versace und Enrico Coveri, Stoffe von Saliero Sarti verwendete Yves St. Laurent. Beispiele sind in Vitrinen ausgestellt.

Staufische Kaiserburg

Nächstes Ziel in Prato ist die unter Friedrich II. errichtete Kaiserburg. Das wuchtige Bauwerk aus dem 13. Jahrhundert diente dem Schutz einer

Dieses Fresko von Filippo Lippi befindet sich in der Hauptkapelle des Doms und stellt Szenen aus dem Leben des Hl. Stefan dar.

Route zwischen dem Apennin und Süditalien und ist ganz aus leuchtend hellem Albarese-Stein gebaut, gekrönt von einem Kranz aus schwalbenschwanzförmigen, ghibellinischen Zinnen. Der östliche Wachturm ist geöffnet und bietet einen schönen Panoramablick.

Palazzo Pretorio

Die Fußgängerzone der hübschen Via Ricasoli führt zum Palazzo Pretorio, dessen wie geflickt wirkende Mauern von den Veränderungen seiner über 800 Jahre alten Geschichte förmlich zu erzählen scheinen. Er war Kommunalpalast, Gefängnis, Stadtverwaltung, später nahezu dem Verfall preisgegeben.1989 wurde der Palazzo renoviert und zum Museum umgewandelt. Das Museum bietet einen Überblick über die Stadtgeschichte und die wichtigsten Bauwerke. Viele Kunstwerke der Renaissance sind zu sehen, und die Palastarchitektur selbst mit gotischen Spitzbogenfenstern, geschnitzten Holzdecken und Fresken ist reizvoll. Schön sind die Majoliken von Andrea della Robbia und Bernardo Maiano sowie das *Noli me tangere* von Battistello Caracciolo (1578–1653), auf dem Jesus ganz eindeutig einen Borsalino trägt.

Nicht verpassen

MADONNA DELLA CINTOLA

Wichtigstes religiöses Symbol für Prato ist die *Madonna della Cintola*, die Madonna mit dem Gürtel. Dieses Motiv haben sich viele Künstler zum Thema erkoren, allen voran Antonio Gaddi mit seinen Fresken im Dom San Stefano. Dieser Gürtel, den Maria bei ihrer Himmelfahrt dem ungläubigen Thomas als Beweis zugeworfen haben soll, wird alljährlich an Ostern, am 1. Mai, am 15. August, am 8.September und an Weihnachten von der Außenkanzel des Domes präsentiert. Diese Außenkanzel ist extra für diesen Anlass von Donatello und Michelozzo entworfen worden. Die Kathedrale entstand im 15. Jahrhundert und ersetzte mehrere Vorgängerbauten, die erste Kirche an diesem Ort wird für das 7. Jahrhundert vermutet. Ihre Fassade wirkt durch die Zweifarbigkeit aus hellem Albarese-Stein und dem dunkelgrünen Marmor (Serpentin) aus Prato bunt. Im Inneren sind prächtige Kapellen zu sehen, die mit Werken von Filippo Lippi und Paolo Uccello geschmückt sind.

Infos und Adressen

Ausgesucht feine Häppchen präsentiert das Weinlokal.

SEHENSWÜRDIGKEITEN

Museo del Tessuto. Mo–So 10–18 Uhr. Behindertengerecht. Via Santa Chiara 24, Tel. 0574 61 15 03, www.museodeltessuto.it

Castello dell'Imperatore. Piazza Santa Maria delle Carceri.

Palazzo Pretorio. Mi–Mo 10.30–18.30 Uhr. Audioguides. Behindertengerecht.Piazza del Comune.

Duomo, Kathedrale San Stefano. Tgl. 7–19 Uhr. Piazza del Duomo.

ESSEN UND TRINKEN

Caffè Chocolat. Hausgerösterer Kaffee, Kuchen, Törtchen und Mittagstisch im klassischen Stil. Di–Sa 7–20 Uhr, So 7–13 und 15–20 Uhr. Via Magnolfi 83.

Le Barrique. Eine schöne Weinbar mit kleiner guter Speisekarte, auch vegetarische Gerichte, feine Weinauswahl. Tgl. 12–0.30 Uhr. Corso Mazzoni, 19, Tel. 0574 3 01 51

Enoteca Barni. Das »klassische« Restaurant Pratos mit langer Familientradition. Stilvoll, elegant, gut. Fasan, selbst gemachte tortelli. Tgl. 12–24 Uhr. Via Ferrucci, Tel 0574 60 78 45.

ÜBERNACHTEN

Buonanotte Barbarossa. Ein Bed & Breakfast der schicken Art: Vier elegant, teilweise mit Antiquitäten ausgestattete Zimmer mit Bad in unmittelbarer Nähe zum Kastell. Piazza delle Carceri 1, Tel. 335 543 00 82, www.buonanottebarbarossa.it

EINKAUFEN

Black Market. Verkauft Designer aus Prato wie Sessun und Maiko, ein bisschen puristisch, ein bisschen gothic, aber auch elegant. Accessoires und origineller Schmuck, Vintage aus den 1930ern und Designmöbel. Mo–Sa 11–19 Uhr. Via Santa Trinita 19, www.blackmarketshop.bigcartel.com

Victor Wisch L'evoluzione. Punkstil auf klassisch, Hosenanzüge, Etuikleider in Knallfarben, Accessoires. Di, Mi, Fr, Sa 9–13 und 15–19 Uhr, Do 9–19 Uhr. Via Garibaldi 85, Tel. 0574 60 79 02.

Opificio JM. Schöner lichter Concept-Store des Filmschauspielers John Malkovich, den er zusammen mit Freunden eröffnet hat. Mode, Accessoires, witziges Design, Vintage und angeschlossenes gelobtes Café-Restaurant mit Lounge, abends DJ, sonntags Brunch. Di–So 10–24 Uhr. Piazza San Marco 39, Tel. 0574 87 05 03, www.opificiojm.it

Museumsshop Museo del Tessuto. Via Santa Chiara 24, gleiche Öffnungszeiten wie das Museum. Viel originelles Design, T-Shirts, Papierwaren, Schmuck, Taschen, Tücher.

FASHION OUTLETS

Die Textilstadt Prato hat sich für viele Gäste zu einem Shopping-Ziel entwickelt; mehrere Outlets sind in der Stadt oder in der Nähe angesiedelt. Wichtig: Sie sind während der italienischen Ferienzeit im August geschlossen; viele liegen im Industriegebiet Macrolotto bzw. in den Außenbezirken der Stadt.

Angorelle. Herren- und Damenstrickwaren, Accessoires aus Kaschmir. Mo–Fr 9–12.30, 15–18.30 Uhr. Via Vella, Chiesanuova. www.angorelle.it

Fiver Jeans. Jeans für Herren. Mo–Sa 10–13 und 15.30–19.30 Uhr. Via A Pepi 14, www.fiver-jeans.it

Cashmere Outlet. Kaschmirsachen und Accessoires. Mo–Fr 10–12 und 16–18 Uhr. Via Battisti 20B.

Glamour Florence. Mode, Accessoires und Stoffe. Mo–Fr 9–16 Uhr. Via dei Palli 9, www.glamourfolornce.it

Maglificco Denny. Wollmode für die ganze Familie. Mo–Sa 9–13 und 15–19.30 Uhr. Via Santa Gonda 3/1, www.denny.it

ANKOMMEN

Parkplätze

An der Piazza Mercatale (empfehlenswert), Piazza Mercato Nuovo, Piazza Ebensee, Piazza del Marcelli.

Züge

Etwa alle 20 min. von Santa Maria Novella aus, in Prato: Stazione Serraglio.

INFORMATIONEN

Agenzia per il Turismo di Prato.
Piazza Santa Maria delle Carceri 15,
Tel. 0574 241 12,
www.prato.turismo.toscana.it

In Zusammenarbeit mit der Universität von Florenz und der Fondazione Anna Querici entstand in Calenzano ein herausragendes Designmueum.

Oben: Die Silhouette von Volterra
Unten: Blick in die abendlichen Gassen

48 Volterra und die Villa Palagione

Reise ins Mittelalter

Wer stand Vorbild für den Palazzo Vecchio? Der Palazzo dei Priori in Volterra. Es ist der einzige erhaltene mittelalterliche Kommunalpalast in der gesamten Toskana und überragt die vom Mittelalter geprägte Silhouette der bereits zu etruskischen Zeiten gegründeten Stadt. Aus Volterra stammt dazu noch ein berühmter Maler, der auf eine ganz besondere Weise mit Michelangelo verbunden ist.

Man nannte ihn den Unterhosenmaler, Daniele da Volterra (»aus Volterra stammend«), der eigentlich Ricciarelli hieß. Der arme Kerl wurde vom Vatikan dazu verdonnert, den Nackten auf Michelangelos Fresken in der Sixtinischen Kapelle Unterhosen anzumalen, um die »unheilige Unzüchtigkeit« aus den Bildern zu verbannen. Michelangelo und der damals ihn beauftragende Papst Julius II. hingegen hatten diese Nacktheit als Gottes Vermächtnis, nämlich kraftvolle, schöne unabhängige Menschen geschaffen zu haben, interpretiert. Daniele da Volterra, so wird kolportiert, erledigte sein Geschäft mit einer ganz besonders sorgfältigen (und mit Michelangelo abgesprochenen) Langsamkeit. Und inzwischen sind sie die Dargestellten auch wieder zu sehen, wie Gott sie schuf.

Volterra, kunstvoll auf der Kuppe einer der charakteristischen toskanischen Hügel platziert, in seiner so schönen und charakteristischen Lage, beruht auf einer etruskischen Gründung. Seine Exponiertheit hat es über die Jahrtausende zu einem bedeutenden Stützpunkt werden lassen; die Etrusker umschlossen es mit einer sieben Kilome-

Rundgang Volterra

A Porta all'Arco – Dieses Stadttor, das zu Volterra führt, ist einzigartig – kann man es doch in die etruskische Zeit zurückdatieren. Es besteht aus einem machtvollen Torbogen und wird von drei stark verwitterten Steinköpfen geschmückt, deren Bedeutung noch nicht ganz geklärt ist.

B Parco Archeologico Enrico Fiumi – Bei Ausgrabungen stieß man auf etruskische Relikte und Zisternen und Tempel aus der römischen Zeit.

C Kathedrale Santa Maria Assunta – Die Kathedrale entstammt der romanischen Epoche und wurde später mit grün-weißen Marmorbändern geschmückt – ein architektonisches Merkmal, das die Kirchen der Toskana von anderen unterscheidet.

D Baptisterium Misericordia di Volterra – Berühmte Künstler haben an dem ursprünglich spätromanischen Bauwerk mitgewirkt: Mino da Fiesole, Nicola Pisano, Andrea Sansovino.

E Piazza dei Priori – Diese Piazza ist das Vorbild der Piazza della Signoria in Florenz, ebenso wie der Palazzo Pretorio Vorbild des Palazzo Vecchio ist. Alles ist nur ein bisschen intimer.

F Pinacoteca e Museo Civico – Die Gemäldegalerie und das Volterra-Museum sind in dem Palast Minucci Solaini untergebracht.

G Etruskisches Museum Guarnacci – Dass Volterra auf etruskischem Boden errichtet wurde, demonstriert die überbordende Fülle der Fundstücke in diesem Museum: Graburnen und der Schmuck.

H Teatro Romano – Liegt etwas unterhalb der Stadt und datiert in die Zeit des Kaisers Augustus. Ganz in der Nähe wurden Überreste einer Thermalbadeanlage entdeckt.

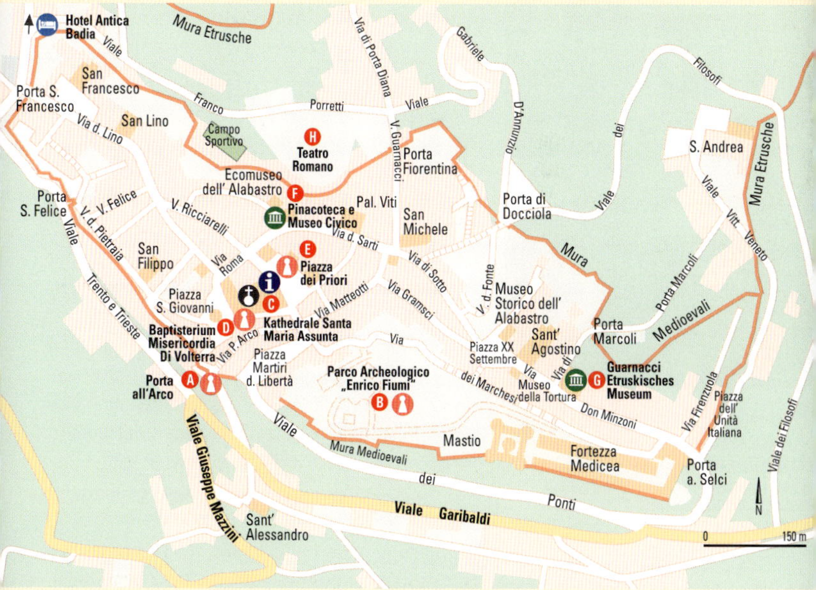

Oben: Auf der Piazza dei Priori mit der Fassade des Palazzo Pretorio
Unten: Das kleine Piaggiomuseum ist ein Muss für den Italienliebhaber.

ter langen Ringmauer. Auch die Römer ließen hier eine Befestigungsanlage bauen. Und die nun noch vorhandenen Bastionen und Mauern stammen aus dem Mittelalter und auch aus der Zeit, als Volterra an Florenz und die Medici fiel. Eine Festung aus der Medici-Zeit dient heute immer noch als Gefängnis. In seinen Kirchen und Bauwerken ist der florentinische Einfluss zu spüren; das Taufbecken im Baptisterium stammt von Andrea Sansovino. Von Daniele da Volterra indes gibt es in seiner Heimatstadt nichts zu sehen.

»Twilight« und Volterra?

Wer durch das Städtchen mit seinen lediglich 10 000 Einwohnern streift, dürfte entzückt sein über seinen mittelalterlichen Grundton, der dabei prall angefüllt ist mit italienischer Lebhaftigkeit. Die Häuser schmiegen sich eng um die Piazza dei Priori und die Kathedrale. Gut, dass der Autoverkehr aus dem historischen Zentrum verbannt wurde; nur Zulieferer, Anwohner und Vespafahrer dürfen hinein. Für die kultige »Twilight«-Serie übrigens verortete die Autorin einige Szenen in Volterra. Die entsprechenden Filmszenen mit Robert Pattinson und Kristen Stewart wurden später aber nicht hier, sondern in Montepulciano gedreht.

Ein ganz besonderes Relikt aus etruskischer Zeit ist ein Stadttor mit drei rätselhaften, leider arg verwitterten Köpfen, die Porta all'Arco. Das ist ein kleines Wunder, sie dürfte fast 2500 Jahre alt sein! Wer die historischen Zeiten auf seinem Spaziergang durchschreiten will, beginnt an dieser Stelle. Eine breite Straße führt hinauf zur Piazza dei Priori, und je weiter entfernt man vom Zentrum Volterras ist, desto normaler geht es zu. Vespas knattern ein bisschen herum, Haushaltswarengeschäfte wechseln sich mit kleinen Alabasterwerkstätten ab.

Östlich der Porta all'Arco erstreckt sich der Parco Archeologico mit Ausgrabungen von Grundfesten aus etruskischer Zeit. Vorbei an der Kathedrale und dem Baptisterium geht es weiter hinauf zur Piazza dei Priori, die von einem Gebäudeensemble umgeben wird, das für jene Zeit als exemplarisch gelten darf, dem Palazzo dei Priori und dem Palazzo Pretorio, der ihm gegenüber liegt und ein wenig später, nämlich 1351 entstand. Der wuchtige Palazzo dei Priori wurde im Jahr 1257 aus groben Mauerblöcken errichtet; seine Zinnenkrone verleiht ihm einen wehrhaften Charakter. Einziger Fassadenschmuck sind Gurtgesimse zwischen den drei Stockwerken und spitzbogige Fenster mit eingestellten Säulchen. Einige Wappen aus Majolika zeigen die Symbole der Volterra im Mittelalter beherrschenden Familien. Der hohe schmale zweigestufte Turm, der über ihm schwebt, wirft seinen malerischen Schatten auf die Piazza. In den oberen Stockwerken, die durch eine breite Treppe erreicht werden, befinden sich die großen historischen Versammlungssäle für die Tagungen des Stadtrates, der Richtersaal und der ehemalige Saal des Stadtarchivs.

Der streng und klar komponierte Palazzo Minucci Solaini, zwei Sträßlein nördlich, birgt die Pinakothek, die in einem stillen Ambiente sehr schöne Sakralkunst und Altarbilder zeigt. Das verblüf-

Geheimtipp

PIAGGIOMUSEUM IN PONTEDERA

Zugegeben, es gibt nicht sonderlich viel, was man sich in Pontedera anschauen müsste angesichts der Flut an Geschlechtertürmen und Renaissance-Palazzi in Florenz, aber eines hat Pontedera doch, was keiner sonst hat. Das Museum der Firma Piaggio, den Erfindern der legendären Vespa.
Und es tut auch gut, dass das Museum in einer Fabrikhalle untergebracht und man also zwischen der werktätigen Bevölkerung zugange ist, die mal nicht als Kellner, Hotelrezeptionist oder Reiseleiter beschäftigt ist. Das Museum bietet einen Spaziergang durch die Geschichte des Unternehmens, das auch Eisenbahnen und Flugzeuge fertigte, aber das Tollste ist natürlich dieses zweirädrige motorisierte Gefährt, das wie kein zweites den Lebensgeist der 1950er-Jahre einzufangen verstand, eben weil es jeder haben wollte, spätestens nachdem Audrey Hepburn und Gregory Peck damit im Film *Ein Herz und eine Krone* (1953) durch Rom kurvten.

Vespa in Rot, im Plüschbezug, in allen erdenklichen legendären Designs, auch die Rennmaschinen, dazu die legendären Ape, die dreirädrigen Lastfahrzeuge, die durch die italienische Landschaft gondeln, ehrlich, was kann italienischer sein?

Piaggomuseum. Di–Fr 10–18 Uhr, Sa 10–13 und 14–18 Uhr. Viale Rinaldo Piaggio 7, Pontedera, Tel. 058 72 71 71.

Oben: Im etruskischen Museum
Mitte: Löwenskulpturen bewachen den Palazzo Pretorio.
Unten: Romantischer Garten des »Ristorante Carabaccia«

fendste Gemälde ist die Kreuzabnahme des Rosso Fiorentino. Der Maler wurde nach dem Rotton benannt, der so typisch für seine Werke ist: *rosso fiorentino*. Der Manierist (1494–1540) zeigt in seinem Bild einen wie verzückt lächelnden Leichnam Jesus und dazu auch noch die Unterwäsche der Maria Magdalena.

Um zum Museo Etrusco Fortezza zu gelangen, läuft man an den Piazze San Michele und XX Septiembre vorbei. Das Museum präsentiert eine Fülle von Kunstwerken aus jener Epoche. Am schönsten und beeindruckendsten sind die kunstvoll gestalteten Graburnen mit Porträts der Beerdigten, und die *Ombra della Sera*, eine nur 55 Zentimeter große, fein und elegant gearbeitete Bronzeskulptur eines nackten Jungen mit extrem lang gezogenen Gliedmaßen, die als Vorbild für die Arbeiten des zeitgenössischen Bildhauers Alberto Giacometti gedient haben könnte. Der italienische Dichter Gabriele D'Annunzio taufte sie *ombra della sera*, »Abendschatten«. Mittlerweile hat die Skulptur einen solchen Bekanntsheitsgrad errungen, dass sie zum inoffiziellen Wahrzeichen für Volterra wurde.

Eine ganz besondere Villa der Medici liegt nur acht Kilometer vom Mittelalterstädtchen entfernt – die Villa Palagione zu Füßen des Monte Voltraio, der wie ein kleiner Pudding aus der von Zypressen geschmückten Hügellandschaft herausragt. Die Villa ist in ein Kulturzentrum und einen rührigen Pensionsbetrieb umgewandelt worden, der eine umfassende Palette an Kunst- und Ausflugsoptionen vorschlägt, vom Bildhauern mit Alabaster bis zum Kulturwandern und Besichtigen der Medici-Gärten. Die erhaltenen Fresken der Villa wurden im Verbund mit Volterraner Künstlern restauriert und absichtsvoll teilweise unvollständig gelassen. Einige der Fresken stammen übrigens vom Unterhosenmaler Daniele da Volterra.

Infos und Adressen

Blick vom Monte Veltraio auf die Gebäude der Villa Palagione

SEHENSWÜRDIGKEITEN

Parco Archeologico. Es gibt eine 72 Stunden gültige Karte, die zu allen Museen und archäologischen Stätten Eintritt bietet. 9.3–1.11. tgl. 10.30–17.30 Uhr, 2.11.–8.3. tgl. 10–16 Uhr. Viale Mende.

Palazzo Pretorio.10.3.–1.11. tgl. 10.30–17.30 Uhr, 2.11.–9.3. tgl. 10.30–16.30 Uhr. Piazza dei Priori 1.

Pinakothek. 10.3.– 4.11. tgl. 9–19 Uhr, 5.11.–8.3. 5tgl. 10–16.30 Uhr. Palazzo Minucci Solaini. Via dei Sarti 1, Tel. 0588 875 80.

Museo Etrusco Guarnacci. Palazzo Desideri Tangassi, Via Don Minzoni 15, Tel. 0588 8 63 47.

ÜBERNACHTEN

Albergo Hotel Nazionale. Liegt mittendrin im Mittelalter-Volterra und bietet 40 ordentlich und freundlich eingerichtete Zimmer. Via dei Marchesi 11, Tel. 0588 862 84, www.hotelnazionale-volterra.com

Hotel Antica Badia. Gemütlich und hell ist dieses Dreisternehotel. Die bequem eingerichteten Zimmer haben Standard-Qualität. Via E. Barsanti 33, Tel. 0588 816 00, www.anticabadia.it

Villa Palagione. Loc. Palagione, Tel. 0588 39014. Die Abfahrt auf der Landstraße SR 68 von Volterra nach Pontedera ist ausgeschildert. www.villa-palagione.org

EINKAUFEN

Arteinbottega heißt eine Vereinigung der Alabasterkunsthandwerker, die sich von den industriell produzierten Stücken absetzen.

ANKOMMEN

Mit dem eigenen Wagen über Cecina, Colle Val d'Elsa oder Pontedera.
Mit dem Bus von Florenz aus über Colle Val d'Elsa, sonst über Pontedera, Montecatini und Pomerance. www.cpt.pisa.it, und www.sita.it

INFORMATIONEN

Eine touristische Informationsstelle gibt es im Palazzo de Pretorio, Piazza dei Priori.

Mitte: Vom Turm Torre des Palazzo da Guidi hat man diese schöne Sicht.
Unten: Im Museum da Vinci, in dem die tollsten Apparate aufgebaut sind.

49 Vinci
Geburtsort des Genies

Vinci könnte ein ganz normales Städtchen sein – ruhig, mit einer belebten Piazza – wie so viele in der Gegend. Doch ist hier nun mal einer der bedeutendsten Künstler und Gelehrten der Welt geboren worden – und das muss besichtigt werden!

Der Museumskomplex liegt in der mittelalterlichen Kastellanlage oberhalb des Städtchens. Sie ist herausgeputzt und sehenswert, schwebt malerisch über den welligen Olivenfeldern und den von Zypressenalleen beschirmten Gutshöfen. Leonardos Wirken ist dort in zwei Museen untergebracht, wobei das zweite der eindrucksvolle Palazzo da Guidi aus dem 12. Jahrhundert ist. Das allein ist schon ein kleiner Höhepunkt, weil sich darstellen lässt, in welchen sozialen Zusammenhängen Leonardo aufwuchs.

Die Domkuppel von Brunelleschi

Der erste Museumsbau beschäftigt sich hauptsächlich mit zwei Themen: der Rekonstruktion des Florentiner Domkuppelbaus durch Filippo Brunelleschi und der Textilproduktion. Von Filippo Brunelleschi sind sehr zum Bedauern seiner Nachwelt keine Zeichnungen oder Skizzen seiner sagenhaften Leistung erhalten. Dem sprang nun Leonardo da Vinci bei. Er fertigte Zeichnungen, Pläne und Notizen an, die faksimiliert hinter beleuchteten Glasscheiben zu sehen sind - aus dem Museum ist das Tageslicht verbannt. In Vitrinen findet man die Geräte in Modellgröße: Drehkran, Gegengewichtskran, Winde – die Kräne erreichten teilweise eine Höhe von 100 Metern. Kein Zweifel: Diese Baumaschinen revolutionierten seinerzeit die Ent-

wicklung des Bauwesens. Anhand dieser Zeichnungen und Modelle wird auch deutlich, dass Architekten Wissenschaftler waren, vom Zusammenwirken der Kräfte Ahnung haben mussten, Kenntnisse der Mathematik waren unerlässlich. Der zweite Saal beschäftigt sich mit der Herstellung von Stoffen und Brokat. Dies ist für Florenz und Prato ein wichtiges Thema. Leonardo da Vinci hat Maschinen für das Weben und Fadenspinnen entworfen, seiner These folgend, dass die Arbeit mit Textilien die zweitwichtigste Zivilisationskunstfertigkeit nach dem Buchdruck sei. Ausgestellt sind historische Webstühle und -maschinen, ergänzt um die Zeichnungen des Schriftstellers Denis Diderot. Eindrucksvoll, dass die Florentiner Handwerkerfamilie Giusto Manetti Battiloro, die hier für ihre Brokatstoffe, Goldfäden und Blattgoldproduktion Erwähnung findet, seit dem 16. Jahrhundert bis heute produziert.

Im Palazzo da Guidi

Weitere wertvolle und bedeutende Exponate befinden sich im historischen Kolorit des Palazzo da

Oben: Blick auf den Geburtsort da Vincis
Unten: Das Museum ist eine Fundgrube für Liebhaber des Tüftelns.

Oben: In der Burg des Grafen Guidi ist ein Teil der Sammlung untergebracht
Mitte: Details zur Stoffproduktion im Museum
Unten: Der Weg von Vinci zum Geburtshaus führt durch Olivenhaine.

Guidi, die Leonardos unermüdlich sprudelnden Ideenfluss verraten: Da Vinci hat seinem Mailänder Gönner Ludovico il Moro beispielsweise verschiedene Kriegsmaschinen entworfen. Da sind schmale kleine Kanonen fächerförmig auf eine Lafette montiert, mit einem extra eingestellten Winkel für die Flugrichtung. Seine Gussform für Kanonen wird anschaulich per Videofilm erläutert, ebenso sein Entwurf für eine Art Panzer mit einer Aussichtskanzel aus Holz, der von acht Männern bewegt werden konnte. Er ist in seiner Schildkrötenform den effektiven römischen Heeresaufstellungen nachempfunden. Seine legendären Flugmaschinen haben im Jahr 1938 zwei Ingenieure nachgebaut. Auch ist er der Frage nachgegangen, wie man Flüsse begradigen und kanalisieren und Wasserenergie gewinnen könne. Und: wie sich der Transportweg Fluss effektiver nutzen ließe – wichtig für den Transport des Marmors aus Carrara und Pietrasanta. Seine Studien zu Optik und Perspektive werden anhand seines Gemäldes *Mariä Verkündigung* erläutert, das in den Uffizien hängt und hier in einer Reproduktion zu sehen ist. Vielleicht die überraschendsten Exponate: en Taucheranzug, Planzeichnungen für seinen Rettungsring und seine Schwimmhandschuhe, die Flossen nachgebildet sind. Leonardo – das Universalgenie.

Wer sich sein Geburtshaus anschauen möchte, spaziert einige Kilometer die Straße entlang die Olivenfelder hinauf. Es ist der Wohnsitz seines Großvaters. Leonardo blieb nicht lange hier, sondern folgte bald seinem Vater nach Florenz und wurde in die Werkstatt des Andrea dell' Verrocchio aufgenommen, der die Goldkugel und das Kreuz auf der Domkuppel gebaut hatte. Sehenswert hier: Seine in Schulfilmart präsentierte Biografie für die man Zeit mitbringen sollte – der Film ist so lang wie eine Schulstunde.

Infos und Adressen

Eines der alten Messinstrumente aus der Werkstatt Leonardos

SEHENSWÜRDIGKEITEN

Museo Leonardino. Das Museum ist in zwei historischen Palästen untergebracht, zum einen in der Palazzina Uzielli (dort befindet sich auch die Kasse) und im Kastell des Grafen Guidi. Die Eintrittskarte gilt auch für das Geburtshaus. März–Oktober tgl. 9.30–19 Uhr, November–Februar 9.30–18 Uhr.

Casa Natale di Leonardo da Vinci. Liegt in Anchiano, 3 km entfernt, ausgeschildeter Fußweg durch Olivenberge. Man kann auch mit dem Wagen hinfahren. März–Okt. tgl. 10–19 Uhr, Nov.–Febr. 10-–17 Uhr.

ESSEN UND TRINKEN

Im Palazzo da Guidi gibt es einen kleinen Museumsshop und ein hübsches Café-Bistro mit Terrasse. Gleiche Öffnungszeiten wie das Museum. Außerhalb der Altstadt gibt es einige Pizzerien und Eissalons.

ANKOMMEN

Mit dem eigenen Wagen auf der SS 67 von Florenz aus nach Terrafino, anschließend auf der SP 105 nach Vinci.

Mit dem Zug/Bus: Von Florenz aus mit dem Zug nach Empoli, von dort stündlicher Busverkehr nach Vinci.

INFORMATIONEN

Ufficio Turistico Intercomunale. Via delle Torre 11, Tel. 0571 568012, www.terredelriniscimento.it

Infos auch unter: www.leonardovinci.eu, www.museoleonardiano.it

Oben: Das malerische Panzano im Chianti
Unten: Der Gallo nero ist das Emblem des Chianti

50 Greve
Herz des Chianti

Chianti hat es immer schon gegeben, aber seit einiger Zeit gibt es auch den Rummel darum. Das sagt Alessandra Moretti, die in der Comune von Greve für »Città slow« zuständig ist, eine Bewegung, die der Bürgermeister Paolo Saturnini ins Leben rief. Città slow, wörtlich: die langsame Stadt, passt gut zur Aufwertung der Region und der Tradition, denn sie richtet sich gegen die Globalisierung.

Greve bildet neben Radda das Herz des Chianti-Gebietes südlich von Florenz. Der Weg führt durch die mit Weinreben bepflanzten hügeligen Anbaugebiete, durch hübsche kleine Ortschaften; einzelne Landgüter liegen malerisch am Wegesrand.

Città Slow hat es sich erklärtermaßen zur Aufgabe gemacht, das Typische dieser Landschaft zu erhalten; im Falle des Chianti und von Greve heißt das: Weingüter im regionaltypischen Stil konservieren. Weinbauern, die keine eigenen Lagermöglichkeiten haben oder deren Kapazitäten erschöpft sind, Keller anzubieten. Wer neu bauen möchte, sollte das Landschaftsbild nicht stören.

Cantina Falorni

Ein Beispiel liefert die Cantina Falorni. Dabei handelt es sich um eine stillgelegte Kellerei aus dem 19. Jahrhundert. Die Lagerkapazitäten reichten den damals beteiligten Winzern nicht aus. Im Jahr 1906 erwarb sie dann ein Konsortium von Weinbauern, die ausschließlich Chianti anbauten. Dieses Datum gilt als Startzeichen für das Produkt Chianti Classico.

Rundgang Greve in Chianti

A Piazza Matteotti – Dieser Platz ist einer der unbestritten schönsten im Chianti, besticht er doch durch einen außergewöhnlichen, fast dreieckigen Grundriss. Umgeben wird er von dreistöckigen Häusern, die architektonisch ein schönes Ensemble darstellen. Besonders attraktiv sind die Arkadengänge. Und am besten: Der Verkehr wurde verbannt. Das Flanieren macht richtig Spaß.

B Piazza Santa Croce – An diesem kleinen Platz erhebt sich die gleichnamige Kirche mit einigen sehenswerten Fresken aus der Schule Fra Angelicos.

C Die **kommunale Bibliothek (Biblioteca Communale)** verblüfft durch eine ungewöhnliche Fassade, bestehend aus einem Travertinsockel und einem Obergeschoss, das mit Terrakotta verkleidet ist.

Piazza Matteotti, ein Platz, der einlädt, darauf zu wandeln.

Oben: Auf den Stufen der Chiesa San Salvatore in Castellina
Mitte: Ein Hohelied auf den Chianti. Die Flaschen gibt's auf dem Kunsthandwerkermarkt in Greve zu kaufen.
Unten: Plausch vor der Winebar in der Via Roma in Greve

Inzwischen ist in den komplett restaurierten Gewölben eine ungewöhnliche Probier-»Stube« entstanden. Ein Beispiel für den Città-slow-Effekt: Man reißt nicht ab und baut neu, sondern man widmet das Bestehende um. Der Charakter des Gewölbes wurde beibehalten, nur ist es jetzt wie eine Lounge möbliert, und es gibt sogar eine Kinderecke, was allerdings ein wenig überrascht. Auf hell erleuchteten »Inseln« sind Apparaturen zur Weinverkostung aufgebaut. Die Testflaschen öffnen sich auf Knopfdruck und stehen unter Sauerstoff, damit der darin gelagerte Wein sein Aroma nicht verliert. Informationen zu den jeweiligen Sorten und Weingütern sind auf Tafeln zusammengestellt. Zu Beginn seines Rundgangs erwirbt man eine Chipkarte, mit der man die stilvollen Flaschenautomaten füttert.

Stimmungsvolle Piazza Matteotti

Wer den privaten Kontakt zum Winzer oder zum Weinhändler vorzieht, findet an der Piazza Matteotti zahlreiche Möglichkeiten. Wegen dieser stimmungsvollen idyllischen Piazza dürften viele Gäste gekommen sein. Im Erdgeschoss der hübschen Häuser findet man Weinhandlungen, Cafés, Trattorias, aber auch Haushaltswarengeschäfte.

Das beschauliche Städtchen beruht auf einer Gründung aus dem 11. Jahrhundert, und aus dem Mittelalter stammt auch die Kirche San Stefano oberhalb des Ortskerns. Die neoklassizistische Kirche Santa Croce, die die Piazza gen Norden begrenzt, enthält einige Bildwerke aus dem 14. bis zum 17. Jahrhundert. Greve wirkt trotz allen Chianti-Rummels nicht im Geringsten aufgehübscht oder gar kulissenhaft. Verpassen sollte man auf keinen Fall die örtliche Bibliothek, sie nämlich steckt in einem geradezu revolutionären Bau, der auf der Biennale von Venedig prämiert wurde.

Infos und Adressen

Auf der Piazza Matteotti in Greve wird regelmäßig ein Markt abgehalten.

ÜBERNACHTEN

Albergo Ristorante Giovanni di Verrazzano. Drei-Sterne-Haus, hübsche Zimmer mit Balkonen. Klassisch. Empfohlenes Restaurant unter den Arkaden. Piazza Matteotti 28, Tel. 055 85 31 89, www.albergoverrazzano.it

ESSEN UND TRINKEN, EINKAUFEN

Cantina Enoteca Falorni. Am Eingang liegt ein Lageplan aus, der bei der Orientierung hilft. Mo, Do, So 10.30–18.30 Uhr, Fr, Sa. 10.30–23 Uhr, mit Abendveranstaltungen und Cocktailpartys. Am Sonntag Brunch. Piazza delle Cantine 9, Tel. 055 854 64 04, www.enotecafalorni.it

Enoteca di Greve. Viele lokale Winzer werden in dieser betont nüchtern gehaltenen Weinhandlung präsentiert. Bistro-Küche. Liegt etwas unromantisch neben der Stadtbibliothek. Mo– Sa 10–20 Uhr, abendliche Veranstaltungen, Weinproben. Via Vittorio Veneto 112 a, Tel. 055 854 62 09, www.enotecadigreve.it

La Bottega del Pane. Backstube in Betrieb! Für alle, die an die Bäckereiketten gewohnt sind, ein ungewohntes Bild. Mo–Sa 8–12 und 15–18 Uhr. Piazza Matteotti 89, Tel. 055 85 38 59.

Grazia Giachi. In diesem Traditionsgeschäft gibt es edle Wäsche, konservativ und chic. Tipp: Manche funktionieren die feinen Unterkleider einfach als Sommerkleider um. Spitze, Leinen, Seide, auch Tischwäsche. Mo–Sa 9.30–12 und 15–19 Uhr, Sa nur vorm. Piazza Matteotti 31, Tel. 055 854 46 71.

Jeden Samstagvormittag Markt auf der Piazza.

AKTIVITIÄTEN

Piscina/Freibad. Nur im Sommer (Ende Mai bis Anfang September) geöffnet. Via Montebeni 88, Tel. 055 85 42 29, www.piscinadigreveinchianti.it

ANKOMMEN

Mit dem Auto: Abzweigung von der A 1 aus Richtung Norden: Ausgang Florenz Süd, dann weiter nach Greve in Chianti. Aus Richtung Süd Ausgang Incisa Valdarno und dann Greve in Chianti.

Mit dem Bus: stdl. Verbindungen von Florenz aus. www.sita.it.

INFORMATIONEN

Ufficio Informazioni turistiche.
Piazza Matteotti 10A, Tel. 055 854 62 99.

Romantisches Restaurant: die Terrasse des »La Bottega« in Volpaia

€1,50
2,00 €2,50 €3,00
€6,00
€3,50
€5,00
LA CARRAIA

REISEINFO

Dies ist nur eine kleine Auswahl an Florenz-Souvenirs

Florenz von A bis Z

Anreise mit dem Auto

Florenz ist auf zwei Routen zu erreichen: Über den Brenner nach Verona, Modena, Bologna und Florenz. Oder über die Alternative Gotthard–Mailand–Modena–Bologna. Einmal angekommen, empfiehlt es sich, für das Auto einen Mietplatz in einer Garage zu ergattern. Die Hotels geben Tipps, sofern sie nicht selbst über einen eigenen Parkplatz verfügen. Es ist nicht ratsam, den eigenen Wagen in Florenz einzusetzen, weil Teile der Innenstadt komplett für ausländische Kennzeichen gesperrt sind und weite Bereiche unter dem Schutz der *Zona di Traffico Limitado* stehen, d. h., es dürfen nur ganz bestimmte Fahrzeuge dort zirkulieren. Florenz ist nicht groß – und das Angebot an öffentlichen Verkehrsmitteln ist gut. Vieles lässt sich per pedes erreichen.

Anreise mit dem Zug

Von mehreren europäischen Städten aus werden Direktverbindungen mit Florenz angeboten. Meist ist ein Umsteigen erforderlich. Frühbuchen lohnt sich. Am bequemsten, aber auch am teuersten sind Schlafwagen. www.bahn.de, www.trenitalia.it – Fahrtzeit z. B. von Frankfurt nach Florenz 13–14 Std.

Anreise mit dem Flugzeug

Mehrere Fluglinien haben Direktverbindungen mit dem Florentiner Flughafen Amerigo Vespucci eingerichtet, darunter Lufthansa, Swiss, Air Dolomiti, Air France und Air Berlin. Der Flughafen liegt im Vorort Peretola – für ein Taxi ins Zentrum sind etwa 25 € einzukalkulieren. Der Fahrer darf einen Gepäckzuschlag verlangen. Fast alle Hotels, aber auch Privathaushalte kennen spezielle Taxinummern, die per sms den Auftrag bestätigen und die Fahrtdauer mitteilen. Die Gesellschaft Volainbus bietet einen Shuttle zwischen Santa Maria Novella (Stazione Galleria) und dem Flughafen an (6–23.30 Uhr, alle halbe Stunde, Fahrtdauer etwa 30 Min., 6 €). www.aeroporto.firenze.it

Eine Alternative zu Florenz ist der Flughafen von Pisa, auf dem auch Billigfluglinien wie Ryanair landen. Von dort verkehrt ein Shuttlebus nach Florenz Santa Maria Novella, die Fahrtdauer beträgt etwa 90 Minuten.

Banken

Banken sind von Montag bis Freitag zwischen 8.30 und 12.30 Uhr und 14.45 und 15.45 Uhr geöffnet. Nahezu alle im

Im Hauptbahnhof Santa Maria Novella

Mit dem Fahrrad ist man in Florenz ganz gut unterwegs

Zentrumsbereich haben Außenschalter mit Geldautomaten für EC- und Kreditkarten. Die Zeichen auf den Karten sind entscheidend: Maestro, Mastercard, Cirrhus und Plus.

Diplomatische Vertretungen

Deutschland
Honorarkonsulat
Mo–Fr 9.30–12.30 Uhr.
Corso dei Tintori 3,
Tel. 055 234 35 43, florenz@hk-diplo.de

Österreich
Honorarkonsulat
Mo–Fr 10–12 Uhr.
Lungarno Vespucci 58,
Tel. 055 265 42 22,

Schweiz
Konsulat
Piazzale Galileo 5, Tel. 055 22 24 34.

Fahrradverleih

Mit dem Fahrrad unterwegs zu sein, macht in der Stadt durchaus Sinn, gibt es doch eigene Spuren für Fahrräder. Fahrradverleiher zu finden ist nicht schwer, z. B. **Florence by Bike**, Via S. Zanobi 120/122, Tel. 055 488992, www.florencebybike.it, oder **Alinari**, Via Guelfa, 85r, Tel. 055 280 500, www.alinarirental.com

1. Januar Neujahr
6. Januar Heilige Drei Könige (ist in Italien die gute Hexe Befana, die auf der Suche nach dem Jesuskind – sie hat die Hl. Drei Könige verpasst – die Geschenke bringt.)
25. April Tag der Befreiung vom Faschismus, Ende des Zweiten Weltkrieges
1. Mai Tag der Arbeit
1. Sonntag im Juni Tag der Republik
24. Juni Festlichkeiten zu Ehren des Stadtpatrons San Giovanni
15. August Mariä Himmelfahrt
1. November Allerheiligen
8. Dezember Unbefleckte Empfängnis
25. Dezember Weihnachten
26. Dezember Zweiter Weihnachtsfeiertag (San Stefano)

Die Stadt selbst informiert unter www.bicifirenze.it über den Standort von Fahrrädern, die man auch stundenweise mieten kann. Das System funktioniert in etwa wie rent a bike in Deutschland. Die Räder sind an festen Plätzen deponiert, z. B. an der Piazza della Stazione, Mercato Centrale, Piazza Strozzi, Piazza Beccaria, Piazza di Cestello und an der Porta al Prato.
Adressen für Vermieter von Segways im Reiseteil, ebenso von Anbietern für Fahrradtouren- oder Stadtbesichtigungen per Fahrrad.

Ausruhen! Zum Beispiel auf den Stufen der Justitia-Säule an der Piazza Trinita.

Fremdenverkehrsämter

Staatliches italienisches Fremdenverkehrsamt ENIT (Ente Nazionale Italiano per il Turismo) Frankfurt, Barckhausstr.10, Tel. 069 237434.
Wien, Mariahilfstr. 16,
Tel. 01 5 05 16 39
Zürich, Uraniastr. 32, Tel. 02 2 11 36 33.
www.enit.it.

Im Stadtgebiet von Florenz gibt es mehrere Auskunftsstellen, die hervorragend ausgestattet sind. Am frequentiertesten ist die Zentrale gegenüber des Hauptbahnhofs Santa Maria Novella. Wer da nur einen Stadtplan braucht, muss trotzdem Warteschlangen in Kauf nehmen. Viel bequemer sind die beiden Stellen in der Via Cavour 8 neben dem Palazzo Medici Riccardi, ganz in der Nähe des Doms, und/oder in der Loggia del Bigallo direkt am Dom. APT (Agenzia per il Turismo di Firenze) unterhält auch einen Stand in der Ankunftshalle des Flughafens (www.italia.it). Die Aus-

Die spektakuläre Kuppel des Doms ist einer der Höhepunkte der Medici-Stadt.

kunftsstellen der weiteren besuchten Orte stehen im Reiseteil.

Firenzecard/Pratocard

Ob sich die Anschaffung einer Firenzecard lohnt, richtet sich nach den Plänen. Sie kostet 50 €, gilt 72 Stunden und bietet freien Zutritt zu 67 Museen. Die Benutzung öffentlicher Verkehrsmittel ist kostenlos. Wer sich also überwiegend in Museen aufhalten will, für den lohnt es sich, da die einzelnen Eintrittspreise hoch liegen. Für die Besitzer der Firenzecard wird eine eigene Warteschlange eingerichtet, und die ist wesentlich kürzer als für alle anderen. Die Karte gilt von der ersten Verwendung an; Reservierungen erübrigen sich. Im Preis eingeschlossen sind die wichtigsten Museen: Uffizien, Galleria della Accademia, Palazzo Vecchio, Boboli-Garten, Palazzo Medici Riccardi, das Ferragamomuseum, die Brancacci-Kapelle und die Kirche Santa Maria Novella. Weitere Informationen unter
www.firenzecard.it.
Auch Prato gibt für Museen eine 72-Stunden-Karte heraus. Sie kostet 13 € und gewährt Zugang zu: dem Museum für Gegenwartskunst Luigi Pecci, dem Museo del Tessuto, dem Museo im Palazzo Pretorio und dem Musei Diocesani.

Florenz für Rollstuhlfahrer

Folgende Museen, Paläste und Kirchen sind so ausgestattet, dass Rollstuhlfahrer sie besuchen können: Galleria della Accademia, Uffizien, Palazzo Vecchio, Palazzo Medici Riccardi, Opificio delle Pietre Dure, Boboli-Garten, Museo Bargello, die Medici-Kapellen, Museo Marino Marini und Capella Rucellai, Museo Galilei, Capella Brancacci, Santa Croce, Santa Maria Novella, Santa Maria del Fiore (Dom), Baptisterium, San Lorenzo und Santa Trinita.

Fundbüro

Ufficio di oggetti smarriti
Mo, Mi, Fr 9–12.30 Uhr, Di, Do 9–12.30 und 14.30–16.30 Uhr. Via Veracini 5, Tel. 055 334802.

Gesundheit

Gesetzlich Versicherte haben mit ihrer European Health Card Zugang zu kos-

Segways sind in Florenz ein gute Möglichkeit, weite Teile der Stadt zu erkunden.

Auf dem Lungarno degli Acciaiuoli in der Nähe des Ponte Vecchio

tenloser Behandlung in Krankenhäusern. Die Rechnungen müssen zunächst bezahlt und können bei der Kasse eingereicht werden. Adressen deutschsprachiger Ärzte vermittelt das Honorarkonsulat.

Auch wer keine Versicherungskarte hat, hat in Italien ein Recht auf Behandlung in Notfallkrankenhäusern (*pronto soccorso)*. Die Guardia Medica im Krankenhaus Careggi in der Largo Bambilla 3 ist rund um die Uhr zu erreichen.

Ein zahlungspflichtiger Ärzte-Dienst für ausländische Touristen befindet sich in der Via Lorenzo Il Magnifico 59, Tel. 055 47 54 11.

Apotheken (*farmacia*) arbeiten im Turnus im 24-Stunden-Dienst. Die Adressen der diensthabenden Apotheken sind in den Zeitungen abgedruckt, oder man erfragt sie an der Hotelrezeption oder im Internet. Immer geöffnet sind die Apotheken im Bahnhof Santa Maria Novella und in der zentralen Via Calzaiuoli 7r zwischen Dom und Piazza della Signoria.

Informationen im Internet

Folgende Portale bieten Informationen zu einem Florenzurlaub:
www.comune.fi.it – die Informationsseite der Kommune Florenz hat auch ein Touristenportal auf Englisch.
www.firenzeturismo.it – Ist die offizielle Website der städtischen Touristeninformation APT.
www.aboutflorence.com – Deutschspra-

In Florenz ist Kunst immer ein Thema.

chige Website mit einer Fülle an Adressen, aber auch an städtischer und historischer Information. Aufgemacht wie ein richtiger Reiseführer.
www.theflorentine.net – Dieses Portal wendet sich primär an englischsprachige Sprachstudenten und bietet viele Informationen und Nachrichten zu Sehenswürdigkeiten, Veranstaltungen etc. Schön aufgemacht mit gut recherchierten Artikeln.
www.intoscana.it – Buchungs- und Informationsplattform.
www.florentinermuseen.com – übersichtlich aufgebaute, reich bebilderte Informationsseite zu den Museen in Florenz.

Internetzugang

Fast alle Hostels oder Hotels bieten wireless Lan an, manchmal sind auch Ferienwohnungen damit ausgestattet. Aus-

Auf dem Antiquitätenmarkt auf der Piazza Santo Spirito

schau kann man nach Kaffeehäusern halten. Das »Arnolds« z. B. hat WLAN, aber auch andere.

Die beliebtesten Hotspots sind: Internet Train, z.B. in der Via Guelfa 54/56r, Via de'Benci 36r (Santa Croce), Via Porta Rossa 38r, Borgo la Croce 33r, Borgo S. Jacopo 30r (bei der Ponte Vecchio). Das Arass in der Via Cavour 65r und das Caruso Jazz Caffè in der Via Lambertesca 14/16 bei den Uffizien.

Kartenvorverkauf

Um lange Wartezeiten vor den Museen zu vermeiden, kann es Sinn machen, sich eine Eintrittskarte zuvor im Internet zu besorgen. Die Karte enthält eine Zeitmarge, die einzuhalten ist. Wichtig: Am besten auf den offiziellen Seiten der Museen buchen und nicht auf scheinbar preiswertere Angebote eingehen, die sich im Netz tummeln. Es können welche darunter sein, die von den Museen nicht anerkannt werden.

Klima/Reisezeit

Florenz liegt in der gemäßigten Klimazone und zeichnet sich durch feuchtkühle Winter und schwülheiße Sommermonate aus. Seine malerische Lage an den Ufern des Arno, dicht umgeben von bewaldeten Hügeln, sorgt für oft neblige Morgen, doch im Tagesverlauf klart es meistens auf. Die höchsten Niederschlagsmengen verzeichnen der Oktober bis einschließlich Januar sowie der April und der Mai – die beiden beliebtesten Reisemonate. Sie haben die angenehmsten Temperaturen, ebenso wie der September und Oktober. Wer im August fahren möchte, muss mit oft geschlossenen Restaurants und Geschäften rechnen – die Italiener haben dann selbst Ferien. Höchsttemperaturen erzielen Juli/August mit Werten über 35 Grad, der Oktober verzeichnet 21 Grad, der Mai 24 Grad. Im Dezember und Januar fällt die Temperatur auf 11 Grad Celsius.

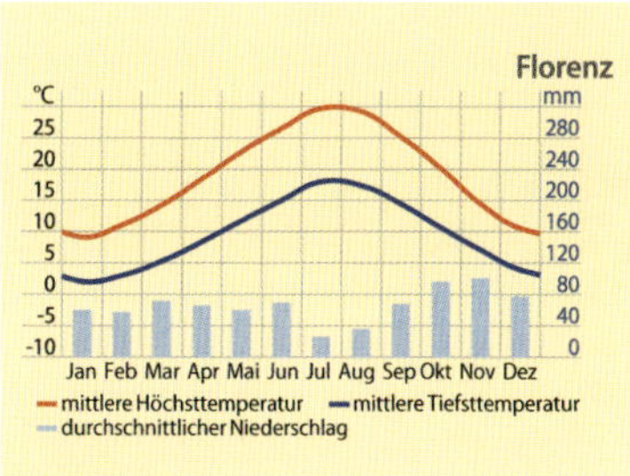

Zum Erkunden immer gut: die Städtischen Busse

Notrufnummern

Polizei: 113
Carabinieri: 112
Ausländerbehörde (Questura):
Via Zara 2, Tel. 055 497 71, ist auch für Diebstähle und Verlust von Gegenständen zuständig.
Feuerwehr: 115
Polizeirevier Notrufnummer:
055 32 83 33
ACI Pannen-Abschleppdienst: 116
Notarzt: 118
Weitere Polizeireviere:
Commissariato di Polizia S. Giovanni, Via Pietrapiana 50r, Tel. 055 20 39 11
Carabinieri – Comando provinciale, Borgo Ognissanti 48, Tel. 055 248 11

Öffentlicher Nahverkehr

Florenz ist mit einem effektiven Bussystem ausgestattet: die Busgesellschaft Azienda Trasporti Area Florentina (Ataf) bedient alle Stadtstrecken mit häufigen Abfahrten und hat moderne Busse im Einsatz; im historischen Zentrum verkehren auf einer Ringstrecke ausschließlich Elektrobusse. Bislang gibt es eine einzige Straßenbahn (*tramvia*), die vom Bahnhof Santa Maria Novella in den Vorort Villa Constanza fährt und zwei touristische Punkte ansteuert, Porta al Prato und Parco Cascine. Zwei weitere Linien sollen folgen.

Busfahrscheine gibt es in den Tabacchi, teilweise auch in Schreibwarengeschäften, sie kosten 1,20 €, die10er-Chipkarte (Agile) 10 €. Ein Streckennetzplan für das gesamte Stadtgebiet hängt an der

Ein wunderbarer Innenstadt-Platz: die Piazza Santa Maria Novella

Ataf-Station an der Piazza San Marco aus.

Die Haltestellen sind gut gekennzeichnet und zumeist mit elektronischen Informationstafeln versehen. Wichtige Nummern: 7 für Fiesole an der Via Lira bei der Piazza San Marco, 12 und 13 für den Piazzale Michelangelo am Bahnhof Santa Maria Novella, 23 für Certosa di Galuzzo von Santa Maria Novella, 25a nach Pratolino und die Ringlinien C1, C2, C3 und D für das historische Zentrum.

... in die Umgebung von Florenz
In unmittelbarer Nähe von Santa Maria Novella liegt Sita an der Via Caterina di Siena (www.sita.it) und bedient die Strecken nach Siena, San Gimignano und Colle Val d'Elsa (mit Umsteigen nach Volterra) und Ziele des Chianti.
Von Santa Maria Novella fährt ein Zug über die Stationen Rifredi und Campo di Marte nach Prato.

Öffnungszeiten

Banken s. S. 269 Die Geschäfte haben in der Regel von 9/10–13 Uhr und von 15.30/16–19/20 Uhr geöffnet.

Sport

Beliebte Joggingstrecken liegen entlang des Arno; der Parco Cascine eignet sich für Laufen, Walken, Nordic Walking (Verleih von Stöcken) Skaten und Ballspielen. Dort öffnet im Sommer ein Freibad. Gyms gibt es eine stattliche Menge, auch in guter Erreichbarkeit im historischen Zentrum, z.B. in der Borgo Pinti, Via de Genori, Via Il Patro, Via Lambertesca.

Im Osten der Stadt liegt das kommunale Schwimmbad beim Giardino Bellariva in der Lungarno Aldo Moro, mit schön beschatteter Liegewiese, Frei- und Hallenbad. Im Winter nur an den Wochenenden geöffnet.

Stadtbesichtigungen

Viele Anbieter tummeln sich hier auf dem Markt, und sie sind nicht unbedingt preiswert. Im Vorfeld ist zu entscheiden, ob eine Walking Tour angebracht ist oder auch Museumsaufenthalte dabei sein sollen. Führungen in Museen und Kirchen werden auch unabhängig von Stadtspaziergängen offeriert. Die meisten offerieren Audioguides.
Wer unabhängig unterwegs sein möchte, entscheidet sich für die Hop-on-hop-off-Doppeldeckerbusse, die an allen wichtigen Sehenswürdigkeiten halten. Die Verweil- und Besichtigungsdauer – oder eventuelle kleine Spaziergänge – werden individuell gestaltet. Es gibt zwei Varianten: von der Santa Maria Novella aus bis zum Piazzale Michelangelo, oder nach Fiesole.

Der Zusammenschluss Associazione Guide Turistiche Fiorentine (www.guidesinflorence.it) vermittelt

Kleinigkeiten zum Aperitivo, z. B. im »Gran Caffè San Marco«

Gibt's überall: die Eisdiele!

Gruppenführungen. Getestete Unternehmen sind Artviva www.italy.artviva.com und Florencetown www.florencetown.com

Taxi

Öffentliche Halteplätze liegen in der Nähe wichtiger Sehenswürdigkeiten wie Dom und Piazza della Signoria. Am Hauptbahnhof bilden sich aufgrund des Andrangs längere Warteschlangen. Die Fahrer sind berechtigt, für Gepäckmitnahme 1 € pro Stück zu berechnen. Taxis halten auf Zuruf, es gibt aber auch Radiotaxis. Die Kosten sind vergleichbar mit denen anderer europäischer Städten, der Nachttarif liegt allerdings mit 6,60 € vergleichsweise hoch.

Trinkgeld

Im Restaurant zahlt man üblicherweise rund 10 Prozent, wobei die Florentiner schon darauf achten, wie viel für *pane e coperto* (Brot und Gedeck) berechnet wird. Ist dieser Zusatz hoch, fällt das Trinkgeld niedriger aus. Zimmermädchen und Gepäckträger erwarten ebenfalls ein Trinkgeld.

Kleiner Sprachführer

ALLGEMEIN

Guten Tag. Buongiorno
Hallo! Ciao!
Auf Wiedersehen. Arrivederci.
Wie geht es Ihnen/Dir? Come sta/stai?
Danke, gut. Bene, grazie.
Ja Sì
Nein No
Bitte ... Per favore ...
Danke Grazie
Gern. Con piacere.
Wie bitte? Come dice?
Ich verstehe nicht. Non capisco.
Ich heiße ... Mi chiamo ...
Ich spreche kein Italienisch. Non parlo l'italiano.
Sprechen Sie ...? Parla ...?
Wie viel Uhr ist es? Che ore sono?

UNTERWEGS

links a sinistra
rechts a destra
geradeaus diritto
Entschuldigung, wo ist ...? Scusi, dov'è ...?
geöffnet aperto/a
geschlossen chiuso/a
die Touristeninformation l'ufficio di turismo
der Hauptbahnhof la stazione centrale
die Bushaltestelle la fermata dell'autobus
der Flughafen l'aeroporto
das Museum il museo
die Kirche la chiesa
das Hotel l'albergo
Hilfe! Aiuto!
die Polizei la polizia
der Arzt il medico

ESSEN UND TRINKEN

Haben Sie einen Tisch für ... Personen? Avete una tavola per ... persone?
Die Speisekarte, bitte! La lista, per favore!
Ich bin Vegetarier. Sono vegetariano/a.
Ich möchte ... Desìdero ...
Die Rechnung bitte. Il conto, per favore.
Das ist für Sie. Questo è per lei.
die Vorspeise l'antipasto
der erste Gang il primo
die Hauptspeise il secondo
die Beilage il contorno
die Nachspeise il dolce
das Gedeck il coperto
das Glas il bicchiere
die Flasche la bottiglia
das Mineralwasser mit/ohne Kohlensäure l'aqua minerale gassata/naturale
der Orangen-/Zitronensaft il succo d'arancia/di limone
das Bier la birra
der Weißwein il vino bianco
der Rotwein il vino rosso
1/4 un quarto
1/2 un mezzo
gebacken al forno
gegrillt alla griglia
der Käse il formaggio
das Obst la frutta
die Pilze i funghi
das Eis il gelato
der Salat l'insalata
die Milch il latte
die Suppe la zuppa
das Brot il pane
das Fleisch la carne
das Steak la bistecca
das Huhn il pollo
das Kalb il vitello
die Leber il fegato
das Würstchen la salsiccia
der Fisch il pesce
die Tintenfische i calamari
die Seezunge la sogliola
der Thunfisch il tonno
die Venusmuscheln le vongole
die Garnelen i gamberi
die Meeresfrüchte i frutti di mare
der Spinat i spinaci
die Kartoffeln le patate

FLORENZ
für Kinder und Familien

Mit einem guten Eis lassen sich viele Stadtspaziergänge aufwerten.

Eine an Kunstwerken so reiche Stadt wie Florenz mit Kindern zu besuchen, stellt eine Herausforderung dar, denn normalerweise finden Kinder Museen langweilig und weder stundenlanges In-der-Warteschlange-Stehen noch Herumsitzen in überfüllten Restaurants besonders prickelnd. Sportliche Aktivitäten könnten da entschädigen. Mit der Familie Florenz erleben – das bedarf auch der eigenen Fantasie.

Kinder bis 6 Jahre

Es gibt natürlich das historische Karussell auf der **Piazza della Repubblica**, doch was sich für Familien mit Kindern wirklich anbietet, ist ein Besuch des **Parco Cascine** (s. S. 222) mit Sportpfad und vielen Wiesen zum Spielen und einem schönen Freischwimmbad, das im Sommer geöffnet ist. Hier kann man sich auch Skates und Fahrräder ausleihen. Der Park ist schnell und unkompliziert erreicht: Es sind lediglich zwei Stationen mit der Straßenbahn von der Santa Maria Novella aus. Im Osten der Stadt liegt das **kommunale Schwimmbad beim Giardino Bellariva** in der Lungarno Aldo Moro. Es verfügt über eine schön beschattete Liegewiese, ein Frei- und ein Hallenbad. Im Winter hat es nur an den Wochenenden geöffnet.

Mit ein wenig Fantasie lässt sich ein eigenes Besichtigungsprogramm gestalten, denn das Mittelalter-Ambiente lädt förmlich dazu ein. Man kann beispielsweise nach mittelalterlichen Wappenschilden suchen. Sie sind oberhalb der Eingangstüren angebracht.

Kinder bis 10 Jahre

Sportlich lassen sich zwei der größten Sehenswürdigkeiten der Stadt angehen: der **Dom mit Glockenturm** und der **Torre Arnolfo beim Palazzo Vecchio**. Sowohl die Domkuppel und der Campanile und der Turm beim Stadtpalast lassen sich erklimmen. Das ist anstrengend und bei sommerlicher Hitze auch schweißtreibend, aber Spaß macht es auf jeden Fall. Man sollte die Mühen aber besser nicht unterschätzen, denn auf halber Strecke umkehren geht kaum.

Der **Palazzo Vecchio** hat ein eigenes **Kindermuseum** eingerichtet. Die Bereitstellung von viel interaktivem Material erleichtert die Tour durch die Geschichte ganz ungemein und ist auch gut für erwachsene Begleitpersonen geeignet. Es gibt Kostümführungen, man lernt die Technik des Freskos und erfährt, dass die Gabel zum ersten Mal bei einem Medici-Bankett zum Einsatz kam. Die Veranstalter bauen ganz bewusst auf den Effekt, den Geschichten-Erzählen im Gegensatz zu Geschichte-Erzählen auslöst.

Das altmodische Karussell an der Piazza della Repubblica verheißt Spaß für die Kleineren.

Tipps für Kinder und Familie

○ Museo di Storia di Scienzia Galileo Galilei
Ein zweites Museum bietet sich förmlich für die Entdeckung durch Kinderaugen an. Es ist das Museo di Storia di Scienzia Galileo Galilei (s. S. 82). Auch hier geleitet auf Wunsch ein als Galileo Galilei kostümierter Führer durch die Ausstellung. Aber was in diesem Museum an Ansichtsmaterial, an Objekten, an nautischen und optischen Geräten, an Land- und Himmelskarten zusammengestellt wurde und wie prächtig dies präsentiert wird, das fesselt vermutlich schon ganz von alleine. Das Jack-Sparrow-Feeling stellt sich besonders bei den Sälen ein, die der Seefahrt gewidmet sind.

○○ Fahrradtouren
www.florencetown.com – Die Firma bietet drei Stadtbesichtigungen täglich auf dem Fahrrad an. Für mitfahrende Kleinkinder stehen kostenfreie Kindersitze zur Verfügung, es gibt auch Tandems und Rikscha-Fahrräder für vier, für die mindestens ein erwachsener Teilnehmer Fahrrad fahren können muss. Wer selbst ein Rad braucht und über zwölf Jahre alt ist, zahlt die volle Gebühr. Die Touren dauern zweieinhalb Stunden und führen durch die wichtigsten Zonen: Dom, Santo Spirito, Santa Croce, Santa Maria Novella, Piazza della Signoria etc. Wichtig: In Florenz gibt es ausgeschilderte Fahrradwege; es sind aber nicht viele.

Mit älteren Kindern: Segway
Für Segways gibt es verschiedene Anbieter, z. B. SegwayrentFlorence,

Unbedingt Porcellinos Schnauze auf dem Mercato Nuovo anfassen – das bringt Glück.

Hauptsache, es geht vorwärts!

www.segwayrentflorence.com
oder www.italysegwaytours.com

Ausflüge

Unter den Ausflügen eignet sich das Mugello mit dem Stausee Lago die Bilancino besonders, denn auf ihm kann man Wassersport betreiben. (s. S. 236) Gegenüber des Parco Demidoff wartet ein richtiger Abenteuerspielplatz mit einer Canopy-Anlage. Mitten im Park selbst wurden zwei schöne Kinderspielplätze eingerichtet.

Kulinarisch

Einen riesengroßen Vorteil gegenüber Zuhause bietet Florenz aber unbedingt. Die Dichte der Eisdielen und der Pizzerien ist einfach phänomenal.

Familienfreundliche Unterkünfte

Campingplatz Michelangelo
Der Campingplatz von Florenz ist wirklich eine Augenweide und liegt neben dem Piazzale Michelangelo, also hoch oberhalb der Stadt mit tollen Ausblicken auf Florenz und einer guten, kühleren Luft. Im Winter geschlossen. Mit Bar-Restaurant und fest installierten Bungalowzelten.
www.ecvancanze.it

La Fattoria di Maiano
Nur fünf Kilometer von Florenz entfernt befindet sich dieses feine, auf ökologischen Olivenanbau spezialisierte Landgut. Ehemalige Stallungen und Nebengebäude inmitten des weiten hügeligen Geländes wurden zu malerisch-rustikalen Ferienhäusern umgewandelt. Es gibt einen Kinderspielplatz und einen Swimmingpool auf dem Gelände und viele Aktivitäten.
Mit eigenem Restaurant. Via Benedetto da Maiano 11, Fiesole,
Tel. 055 59 96 00,
www.FattoriadiMaiano.com

Impressum

Produktmanagement: Claudia Hohdorf
Lektorat: textbildsinn Lothar Reiserer
Korrektorat: Anke Höhne
Layout: textbildsinn Lothar Reiserer
Umschlaggestaltung: Zero Werbeagentur
Repro: Repro Ludwig
Kartografie: Kartographie Huber
Herstellung: Bettina Schippel
Printed in Slovenia by Florjancic

★★★★★

Sind Sie mit diesem Titel zufrieden? Dann würden wir uns über Ihre Weiterempfehlung freuen.

Erzählen Sie es im Freundeskreis, berichten Sie Ihrem Buchhändler, oder bewerten Sie bei Onlinekauf.

Und wenn Sie Kritik, Korrekturen Aktualisierungen haben, freuen wir uns über Ihre Nachricht an
Bruckmann Verlag,
Postfach 40 02 09,
D-80702 München
oder per E-Mail an
lektorat@verlagshaus.de.

Unser komplettes Programm finden Sie unter

www.bruckmann.de

Alle Angaben dieses Werkes wurden von den Autoren sorgfältig recherchiert und auf den neuesten Stand gebracht sowie vom Verlag geprüft. Für die Richtigkeit der Angaben kann jedoch keine Haftung übernommen werden.

Bildnachweis:
Alle Bilder des Innenteils und des Umschlags stammen von Franz Marc Frei, München, außer:
Susanne Asal, S. 243, 257; Anja Feil, S. 120 u., 121 o., 121 u., 258 o.; Hotel Lungarno, S. 123; mauritius images/robertharding, S. 284; Piaggio Museum, S. 254 u.; picture alliance/dpa, S. 120 o.; picture alliance/DUMONT Bildarchiv, S. 263; Shutterstock/freya-photographer, S. 144 u.; Shutterstock/kuvona, S. 168 o.; Shutterstock/Alliance, S. 282 M.; Shutterstock/Jacqui Martin, S. 282 u.; Wikimedia Commons, S. 74 o.; Wikimedia Commons/Artemisia Gentileschi, S. 75; Wikimedia Commons/Sailko, S. 94 u.; Wikimedia Commons7Rufus46, S. 148; Wikimedia Commons, S. 160 o.; Wikimedia Commons/Mattes, S. 186 o.; Wikimedia Commons/sailko, S. 212 u., 228 u., 230 (2), 240 u., 241 u.; Wikimedia Commons, S. 224 u.; Wikimedia Comons/Cyberuly, S. 228 o.

Umschlag:
Vorderseite: Mitte rechts: Barkeeper (Thilo Weimar) Unten: Blick auf die Kathedrale Santa Maria dei Fiore
Rückseite: Links: Café im Quartiere di Santo Spirito; Rechts: Ponte Vecchio

Die Deutsche Nationalbibliothek verzeichnet diese Publikation in der Deutschen Nationalbibliografie; detaillierte bibliografische Daten sind im Internet über http://dnb.d-nb.de abrufbar.

© 2016 Bruckmann Verlag GmbH, München
ISBN 978-3-7343-0419-4